デリダのポリティカル・エコノミー

Derrida's Political Economy

: Parergon, Autoimmunity, Violence

パレルゴン・自己免疫・暴力

田島 樹里奈

北樹出版

目次

凡例

一、欧文文献は、訳書があるものについては適宜参照した。解釈が異なる場合には、適宜訳しかえた。
二、筆者による注記は、〔 〕を付して本文中に記した。
三、筆者による解釈が含まれた用語については〈 〉を付した。
四、注は一括して本文末尾に付した。
五、巻末に一次文献および二次文献の参考文献一覧を付した。そのさい、欧文文献と邦文文献を区別した。

デリダのポリティカル・エコノミー

――パレルゴン・自己免疫・暴力――

序　論

1――本書の目的

本書の目的は、ジャック・デリダ（一九三〇―二〇〇四）の哲学テクストを間文化研究（intercultural studies）の立場から解釈することを通じて、デリダ思想における〈ポリティカル・エコノミー〉を解明することである。というのも、筆者は、デリダのテクスト読解を通じて、現代において〈死〉と〈暴力〉の〈ポリティカル・エコノミー〉を限りなく回避する社会や国家が、安全保障（security）の名の下に、排除されるべき異質な他者だけでなく、自らの内部にある自己すら攻撃するという〈自己免疫疾患〉的状況にあることを明らかにすることができると考えるからである。

筆者が想定している〈自己免疫〉的構造における〈自己免疫〉とは、生体の生理学的システムから着想を得た象徴的な意味で用いられている。そこから本書において明らかにされるように、社会や国家に潜在する〈自己免疫〉的構造とは、生体の免疫システムと同様に、われわれの〈生／生活《ライフ》〉を守るために必要な自己保護機能をもつ構造／仕組みであるが、ある閾を越えてしまうと反対に守るべき〈自己〉を攻撃し、〈生／生活〉の自己否定、端的に言えば〈死〉に行き着く運命[3]にある構造を意味している。

　こうした国家や社会の〈自己免疫〉構造を顕在化させるために、本書は以下の三点に焦点を絞ることにしたい。第一に、〈メディア〉と〈アート〉という二つの概念を、それらの語の原義である「中間・媒介・媒体（media）」と「技術・芸術（art）」を最大限に活用した上で、両概念のうちに、〈倫理-政治的（ethico-political）〉な意味での〈politics《ポリティックス》〉と「贈与と交換」としての〈economy《エコノミー》〉が関わっていること[1]、第二に、〈メディア〉と〈アート〉に関して、二項対立的な価値の序列化や階層秩序《ヒエラルキー》を決定する〈境界設定（demarcation）〉がある種の〈暴力性〉を孕んでいること、第三に、〈境界設定〉そのものが〈自己免疫（autoimmunity）[2]〉と類比的な構造を担っているがゆえに、自らの〈暴力〉によって価値の序列や価値の秩序が自壊することが避けられず、〈自己免疫疾患（autoimmune disease）〉とも言うべき状態に陥ること、である。

　これらの点に関わる術語について少し説明しておきたい。科学技術《テクノロジー》の語源であるτεχνη（テクネー）という語については、この語のもつ意味の豊かさを視野に入れながら、主に「技術・芸術」としてのテクニックやアートを軸に議論を展開する。そもそもギリシア語τεχνηは、ラテン語のars（アルス）へと訳され、英語technic（テクニック）／art（アート）、フランス語technique（テクニーク）／art（アール）、ドイツ語Technik（テヒニーク）／Kunst（クンスト）などに引き継がれ、現在に至っている。竹内敏雄によれば、特に一八世紀末から一九世紀初頭のイマニエル・カントの時代では、τεχνηを語源とする近代諸国語のtechnics, technique, Technikなどの概念が、「効用技術」の意味に局限され、arsに由来するartやKunstという言葉が「芸術（fine art, beaux-arts, schöne Kunst）」の範囲にのみ適用されるようになる。それゆえ本書では、これらの主要西洋諸語に息づく古代ギリシア・ラテン語の「技術／芸術」の意味を踏まえて〈アート〉と表記することで、日本語の直接翻訳不可能な観点を含ませたいと考えている。[4]

本書にとって重要なのは、〈アート〉については、それを用いる人間の思想および価値判断と不可分な関係を念頭に置いているということである。さらにまた、〈メディア〉ということも、「真ん中・中央／中間物」等を意味するラテン語 medium に起源をもち、現在でも「間にあるもの」「媒介するもの（＝媒介者・媒体）」などの意味をもつ。特に忘れてならないのは、〈メディア〉という言葉は、キリスト教文化圏では「神と人との仲介者」としての「キリスト」を意味することである。それゆえ、本書では〈メディア〉という語を、「媒介・媒体」などの原義だけでなく、キリスト教文化圏における「媒介者・仲介者」という宗教的含意を視野に入れ、広義の意味で「（コミュニケーションあるいはマス）メディア」を捉えたいと考えている。

また本書では〈暴力〉という語が多義的に用いられている。この語については、おおよそ以下の四つの意味で用いている。第一に現象的・物理的な意味での暴力、第二に理論的な意味での暴力、第三に価値序列に基づく構造的な暴力、第四に言葉の暴力である。

筆者が国家や社会に潜む〈自己免疫〉的構造を暴露する必要があると考えるのは、次のような社会現象に対する問題意識に起因している。牧野英二も指摘するように、われわれが生きる現代社会は、「グローバルな規模で『文化の危機』（cultural crisis）に陥っている[5]」。とりわけ科学技術の発展は、核兵器、化学兵器、原爆（原発）、大量破壊兵器など、巨大な破壊力をもつ道具を生み出した。もちろん、福祉や医療技術の飛躍的な向上は多くの人命を救ったし、われわれの日常生活も多くの恩恵にあずかっている。けれども産業技術の進歩による大量再生産の拡大や科学技術の発展は、人間の生活様式を根底から変え、文化や経済システム、さらには人々の価値観までも変容させた。情報が溢れ、思想や思索よりも情報が先立つ今日の世界は、知らず知らずのうちに人々の感覚を鈍麻させ、〈死〉や〈暴力〉に対する抵抗感を削減させた感すらある。それはある意味で、かつてヴォルフガング・ヴェルシュが指摘した感性の感受する能力が廃棄されているような状態、そして「無感覚的な麻痺状態（Anästhesie）に

よって感覚能力が閉め出されてしまう」ような「無感性（Anästhetik）」の状態でもある。(6)

今日では、ＩＴ技術の発達に続き、メディア技術産業の飛躍的な発達によって、政治・宗教・教育といった社会的・文化的な活動までもがメディア化され、社会構造そのものがメディアなしには機能しなくなっている。ソーシャルメディアに代表される新しいメディアの普及は、グローバルな次元で自由にコミュニティを形成することを可能にし、コミュニケーションの形態を大きく変えた。そのことは皮肉にも、犯罪組織のグローバル化を促し、テロリストらの好都合な道具としても機能している。国際社会のメディア化は、宗教の非局在化と脱領土化を生み、さらには〈死〉と〈暴力〉の遍在化をも導いた。つまり端的に言えば筆者の問題意識とは、こうした社会現象やグローバルな政治情勢の背後には根本的で潜在的な危機が存在しているのではないかということである。だからこそたんに個々の社会現象や個別的な出来事を分析するだけでは十分ではない。

それゆえ筆者の見解では、〈死〉と〈暴力〉の様相が、さまざまに変容し続けているために、個別の学問、たとえば倫理学や政治（哲）学、あるいは歴史学や芸術学だけでは十分に捉えきることができない。また学問的方法についても、理論研究や実際的な調査だけでは十分であるとは言い難く、学際《インターディシプリナリー》的で複合的なアプローチが必要なのである。それゆえ筆者は、〈メディア〉と〈アート〉を分析することを通じて〈暴力〉の諸相を解明し、相互関係をポリティカル・エコノミーとして分析するためには、「間文化的な」視座が必要であると考える。

2 本書の意義

以上の目的を達成することで得られる本書の意義は、以下の三点に集約できる。第一に、デリダのテクストを解釈するにあたり、〈メディア〉と〈アート〉に潜在する〈暴力〉の相互不可分な関係を解明することによって、無感性的な状態にあるわれわれの〈生／生活〉の感受性を触発すること。第二に、多様な価値観を許容せず、さまざまな価値の序列化や階層秩序《ヒエラルキー》を形成するために推し進める二項対立的な〈境界設定〉が、いかに〈暴力的〉であり、かつそれが無根拠であるかを理論的に批判すること。第三に、〈自己〉と〈非自己〉を明確に弁別し、アイデンティティ（＝自己同一性 identity）を保守するために、異質な他者を排除する安全保障の思想が、結果的に自己崩壊をもたらすという逆説的な構造をもっていることを指摘すること、以上の三点である。

現代のグローバル化した社会に潜む〈自己免疫疾患〉状況を考えるにあたり、筆者は、二一世紀の現代社会が大きなパラドックスを抱えていると考える。というのも、今日のグローバル化した社会では、〈自己〉と〈非自己〉との区別がつきにくい状況になりつつあると考えられるからである。二〇世紀末から今日の時代では、インフラ整備の向上やEU創設に代表されるように、人々は国境という〈境界〉をできるだけ取り払い、比較的自由に他国へ行き交うことが可能になった。また今世紀に入ってからは、通信媒体としてのメディア機器が急速に普及し、グローバルな次元で瞬時に通信の情報交流が可能になった。このことは、ソーシャルメディアの機能からも理解されるように、私的空間と公的空間との〈境界〉つまり、情報空間における〈自己〉と〈非自己〉との〈境界〉をも越境することを可能にした。

その一方で、こうした通信メディアの拡大と利便性は、テロリストらにとっても好都合の状況を作り出してきた。なぜなら、これまで特定の国や地域で活動していたテロリストらが、グローバルな次元で一般の民間人と接触することが可能になったからである。過激な思想がさまざまな情報メディアを使って配信されるようになり、世界中の若者たちをリクルートしている。その結果、一般人とテロリストとの区別がつきにくくなっている。つまりわれわれの社会においては、事実上、どこにテロリストが潜伏していてもおかしくない状況になっている。カール・シュミットが『政治的なものの概念』（一九三二）で唱えた「友・敵」理論が、今日のセキュリティ社会においても、理論的根拠として潜在的に濫用されることで、〈自己〉を守り、〈自己〉を予防するための防衛措置が、〈敵〉という〈非自己〉の排除のために先鋭化され、翻って〈敵〉=〈非自己〉に対する先制攻撃に成り兼ねない倫理的な危険性を孕んでいる。

それゆえ筆者が最も危惧するのは、われわれの生活そのものに危険が迫っているのはさることながら、〈自己〉としての〈国民や国家〉を守るためという名目の下に、警察をはじめとした国家権力が〈自己〉の内に潜む〈非自己〉を排除するために、〈自己〉であるわれわれの〈生/生活〉に積極的に介入する危険性があるということである。このように筆者が述べるのには、筆者自身の個人的な経験が根拠にある。二一世紀が始まると同時に生じた二〇〇一年九月一一日のアメリカ同時多発テロをボストンで経験した筆者は、それまでの〝自由の国アメリカ〟が、一日にして戦時体制に切り替わることを目撃した[7]。そこではテロを機会に急速に〈自己〉を守るための愛国主義と宗教的プロパガンダが蔓延し、アメリカ国内にいる〈非自己〉をあぶり出し始めていた。この世界的事件は、冷戦後の二〇世紀後半に構築されつつあった世界秩序や自由主義がいかに脆弱であり、われわれを支えていた民族観や宗教観が、その深奥に〈自己〉と〈非自己〉を差別化する差別主義を抱えていたことを暴露させた。

いわゆる「九・一一」以後、警察権力のみならず、民間や企業で組織される自警団や自衛組織がわれわれの生活に介入する現実がある。おそらく日本も例外ではない。世界がグローバル化した以上、日本ではそうした事態は訪れないとは誰も言えないのである。筆者の危惧は、われわれの生を脅かすのが、たんに〈敵〉=〈非自己〉としてのテロリストだけでなく、逆にテロリストと戦うべき〈自己〉としての国民を守るべき国家や防衛組織かもしれないという不安に基づいている。しかしこうした事態は、今に始まったことではない。第二次世界大戦中も、大戦後も、国家権力は、強固な管理体制のもとにさまざまな法を制定し、われわれの生を管理統制し、われわれの生に〈暴力〉を振るってきた。これらのことは、歴史が伝える事実である。

そして現在においても、テロとの闘争状況がさらに深刻化し、国家の管理下にある〈自己〉と、国家にとっては排除すべき〈他者〉としての〈非自己〉との間に、どのような〈境界線〉を引く（demarcate）ことが、最も安全なのか誰にも分からない。そもそもわれわれは、いついかなる時でも〈敵〉＝〈非自己〉を排除し得るのか、またわれわれの〈友〉と〈敵〉の両者を本当に区別することはできるのかと筆者は問わざるを得ない。こうした現在の世界においては〈自己〉と〈非自己〉との〈境界〉が曖昧になり両者の区別がつかない状況にある。それゆえ、われわれの時代と世界に、筆者は〈自己免疫疾患〉状態を見るのである。だからこそ筆者は、こうした事態の考察と解決への模索が、われわれ自身が正面から向き合うべき焦眉の急の課題だと考えている。

　そして二一世紀のこのような〈自己免疫疾患〉状態を生きるわれわれは、あらためて技術として発展した〈アート〉、そして〈死〉と〈暴力〉を問題化する必要がある。また極端に進化した科学技術《テクノロジー》としての〈メディア〉も無視できない。というのもわれわれは今後も科学技術《テクノロジー》（＝〈アート〉）を通じた社会で生きることは確実であり、新たな科学技術《テクノロジー》を経験する可能性もまた同様にあるからである。しかしそれはある種の期待や希望でありながら、大きな危険を孕んでもいると思われる。筆者は、科学技術の正の面と負の面が同時にわれわれの時代に表面化していることに危機感をもっている。なぜなら〈アート〉に代表される科学技術《テクノロジー》と〈メディア〉としての情報媒体の極端な進化は、われわれの〈生／生活〉に〈死〉と〈暴力〉をもたらすだけでなく（＝〈死〉と〈暴力〉の贈与）、それらの報復（＝〈死〉と〈暴力〉の交換）も到来することも考えられる。

　筆者が社会の〈自己免疫〉構造を暴き、〈メディア〉と〈アート〉の絡み合いを明らかにするために、デリダの思想が必要不可欠な思想的源泉であると考えたのは、彼の思索が優れて間文化的《インターカルチュラル》な思想であったからにほかならない。デリダは、アルジェリア人という特異な地域性を抱えた思想家でありながら、ドイツ哲学、フランス哲学そして英米哲学をも、自らの脱構築哲学の批判対象とし、言語論、宗教論、メディア論、政治学、文学、美学など、実にさまざまな分野を分析の対象としていた。デリダの多岐にわたる分野の広さは、間文化《インターカルチュラル》研究のめざす多分野横断型研究の先駆とも言える。筆者の理解によれば、これらの他分野の〈境界線〉を横断し、つなぎ合わせ、〈倫理-政治的《エチコ・ポリティカル》〉な思想へと束ねる視点が、筆者にとってのポリティカル・エコノミーの間文化研究であり、それを可能にしているものが哲学・倫理学的思考である。その意味で、筆者は、デリダの思想的実践の試みが、当時の時代と地域に束縛されていながらも、来たるべき未来と世界に向けた思索であり、批判的思索から新しい思想を紡ぎ出すための努力にほかならないと考える。

　デリダは、ハイデガーの反-科学技術《テクノロジー》的な側面から距離をとりながらも、科学技術《テクノロジー》の下で葬られてしまわないために、科学技術に対して、それを拒絶せずして闘う必要性を訴えていた。それゆえ、筆者は、デリダがハイデガーを批判しながらも、科学技術《テクノロジー》に対して闘う姿勢を失わなかったことを念頭に置いて、両者の心意を継承しなければならないと考える。しかしそれに加えて、新しい時代を生きるわれわれは、一五年あまり前に亡くなったデリダよりも、さらに先へ進まなければならない。

　以上を踏まえた上で、本書の特徴を簡潔に述べてみたい。第一の特徴は、哲学的・理論的なアプローチを通じて、〈暴力〉の政治経済学《ポリティカル・エコノミー》の構造を解明することにある。筆者は、ポリティカル・エコノミーの意味での〈贈与と交換〉が、原初的には宗教（religion）と密接に関わっていると考える。というのも、religion（宗教）の概念はラテン語のreligio へと語源学的に遡ることができ、その語はキリスト教思想と密接な関係にあるからである。それゆえ筆者の見解では、〈死〉と〈暴力〉における〈ポリティカル・エコノミー〉は、宗教的言説（特に、キリスト教的言説）と深く関わっている。しかもキリスト教は、「技術」としての〈アート〉と密接に関わりながら、「宗教のメディア化（mediatizaion of religion）」を促進してきた。デリダによれば、〈アート〉の極度な発達としての「遠隔科学技術《テレテクノロジー》」は、元々は結びつきのなかったもの同士の間に介在することによって、隔たりをつなぐ中間項となり、媒介項となる。

その意味で〈メディア〉とは、神と人間という結びつきのなかったもの同士が「キリスト」という「媒介者（Mediator）」によって結ばれるキリスト教的な宗教的構造をもっていると言えるのである。

また本書では、ユダヤ・キリスト教的言説の「犠牲」に注目する。もちろん「犠牲」という宗教儀礼は、文化人類学や民族学、宗教学などの学問で議論され、さまざまな文化・宗教の中で行われてきた。しかし筆者がキリスト教的「犠牲」に注目するのは、たとえそれが宗教的に意味のある行為であったとしても、「間文化研究」に基づく〈倫理-政治的《エチコ・ポリティカル》な立場〉から見たとき、〈暴力〉として把握されるからにほかならない。すなわち、神への「犠牲」は無辜な人間や動物に〈死を与える（=死の贈与）〉ことであり、端的に言えば〈暴力〉を意味する。それゆえ、本書にとって「犠牲」としての〈死の贈与〉は、たんなる宗教儀礼としてだけでなく、文化事象としてのポリティカル・エコノミカルな〈贈与と交換《エコノミー》〉の問題として捉え返すことができると考える。

こうした学問観を批判的に克服するために筆者は、デリダに内在する宗教的思考に着目する。というのも、デリダは極めて宗教的思考に親和性が高く、彼の宗教的思考を媒介させることで、デリダの思想に潜在する〈メディア〉と〈アート〉における〈暴力〉の間-文化的（inter-cultural）な分析がより際立つと考えられるからである。しかも本書では、〈死〉と〈暴力〉の結びつきと相互関係が、デリダのユダヤ・キリスト教思想のうちに、ある種の〈倫理-政治性《エチコ・ポリティックス》〉を帯びていることを浮き彫りにし、宗教的含意とその危険性を明らかにすることがめざされている。

そして本書の最も際立った特徴として、デリダの「エルゴン／パレルゴン」構造[8]の分析を採用していることである。そもそも「エルゴン／パレルゴン」構造とは、二項対立的な価値序列が、一般的には劣位にあると見なされているものによって秩序づけられているという構造を意味する。二項対立的な価値の関係は、一方の価値が他方の価値に対して優位であることを前提とする序列であるが、実はその優位性は劣位なしには成り立たない。

たとえば一般的に、道徳的価値（善／悪）であれ美的=趣味的価値（美／醜）であれ、善は悪に対して優位にあり、美は醜に対して優位にある。しかし実際には、善は悪がなければ優位性をもたず、美は醜に対して優位でなければ意味がない。つまり、対立項の一方が他方に対して優位にあるのは、あくまで劣位にある項に依存しているからにほかならない。それゆえ、対立を際立たせる〈境界線〉や価値の階層秩序《ヒエラルキー》は、対立する項なしに成り立たないという「エルゴン／パレルゴン」構造を前提にしている。この構造は〈自己〉と〈非自己〉の二項対立にもあてはまる。第3章以降に詳述するこの構造分析は、絵画作品を成り立たせている「作品／付属物」という絵画的価値の二項対立的秩序を脱構築し、作品の優位／付属品の劣位という価値序列の優位性を決定不可能に導く実践として位置づけられる。

また本書においては、第3章以降で検討する考察から、人間の感覚・感情的な好き嫌い（選好 preference）や感性的・美感的（ästhetisch）に美醜を判断する二項対立的な「趣味（taste, Geschmack, goût）」の区別にも注目する。そうすることで筆者は、社会や国家における〈自己〉の優位性が、〈非自己〉としての異質な他者の排除の問題や、国家の安全保障の問題にまで適応可能であるという結論を導く。そのさい本書が指摘したいのは、価値の序列化や階層秩序《ヒエラルキー》を形成するために用いられる多様な〈境界設定 demarcation〉や、そこで引かれる〈境界線 a line of demarcation〉の問題が孕む〈自己〉と〈非自己〉の二項対立構造、そして「エルゴン／パレルゴン」構造に潜在する構造的な〈暴力〉の問題である。以上から明らかなように〈境界設定〉が、線引きのさいに過剰な力を発揮した場合、〈境界設定〉を基礎づける価値序列や階層秩序に自己矛盾をもたらし、結果的に、デリダやロベルト・エスポジトが主張するように、〈自己免疫〉的構造を引き起こす可能性が避けられないからである。

これらの分析を通じて、本書では、〈自己〉と〈非自己〉の二項対立的な〈境界設定の暴力〉の無根拠性を批判的に明らかにし、多様な価値や価値の間にある微細な差異の重要性を尊重する。そして多様な文化や思想、多様な言語や民族の共存の可能性の考察には、価値の間にある微妙で瑣末とも言える差異をいかに持続させるかという点に力点を置くことを提案する。筆者は、本書を通じて、高度に発達したグローバルな社会が〈自己〉と〈非自己〉の〈境界設定〉の思想から、ある意味での危険は承知の上で、〈自己〉と〈非自己〉の共存、異質な他者との共生の可能性には、同一化を限りなく回避し、互いの差異を限りなく承認し合う方向性へと思考を転換させることが重要であると考えている。

3　本書の考察方法

本書の考察方法は、主として哲学的手法に基づきながら理論的側面からの〈テクスト分析〉的アプローチをとっている。とりわけ本書は、〈メディア〉と〈アート〉に潜在する暴力性を考察する。そのさい筆者は、間文化研究の立場からデリダの「脱構築（déconstruction）」を具体的な分析方法として採用する。

というのも、デリダ脱構築哲学に依拠することによって、分析対象が歴史的事実であれ哲学思想であれ、「エクリチュール（＝書かれたもの écriture）」として把握することが可能となり、「エクリチュールの集積」としての〈テクスト〉として扱うことが可能となると考えるからである。ポール・パットンらが述べるように、デリダの脱構築的分析は、「それぞれある特定のテクストやコンテクストや現象との一連の出会い[9]」を可能にする。本書で筆者は、〈哲学テクスト〉の内在的解釈と具体的な事実（事実に基づく言説）を、間文化的研究の立場から脱構築的に分析することによって、これら言語対象に潜在する〈倫理《エチコ》-政治的《ポリティカル》な暴力性〉と〈宗教的なもの〉との結びつきを明らかにしたいと考えている。

以下では、本書において重要となる「間文化研究」、〈ポリティカル・エコノミー〉、並びに「脱構築的方法」について説明したい。まず、本書が「間文化研究（intercultural studies）」ということで意図していることは、以下の三つの「間／相互（inter）性」を強調することである。第一に、さまざまな学問の「境界」を横断し、諸学問の知見を協同させることによって、互いの学問の利点を活かす「学際性（inter-disciplinary）」、第二に、国民国家（nation-state）の「境界／国境」を侵犯し、複雑に交流する人やものをグローバルに捉える「国際性（inter-nationality）」、第三に、書かれたものとしての「エクリチュール」だけでなく、文化事象を〈テクスト〉[10]として捉えることによって、それぞれの〈テクスト〉相互の関係や構造を〈テクストのネットワーク〉として捉える「間テクスト性（inter-textuality）」、以上の三つの「間／相互性」である。筆者の理解では、「間文化研究」とは、こうした三つの“inter（間／相互性）”が交叉する文化事象を、文化の「間」で働く「相互性」を踏まえて、「間-文化的（inter-cultural）」に捉えることによって成り立つ。

以上のことから本書が「間文化研究《インターカルチュラルスタディーズ》」を採用するのは、筆者にとって一つの限られた学問的視点から分析する「文化研究（cultural studies）」では不十分だと考えるからである。その意味で、本書はさまざまな学問の「間」を行き交う〈学際的（inter-disciplinary）な視座〉を必要とする。特に本書が対象とする〈哲学テクスト〉や、歴史的事件の言説からなる〈テクスト〉を分析するには、〈テクスト〉の間を横断する〈間テクスト性の視座〉も必要となる。というのも、〈間テクスト性〉に基づいて文化の諸相を分析すること、さらには多角的・複眼的に「文化と文化の間」の〈境界線〉に立つことで、間テクスト的《インターテクスチュアル》分析を実践することができるからである。

しかもより重要なのは、〈テクスト〉が孕むさまざまな価値や価値づけの中に、ある種の〈暴力〉に起因する階層秩序《ヒエラルキー》を見出すことによって、価値の間に引かれる〈境界を設定すること〉には、ある種の〈暴力性〉が伴うことを見出すことができる点である。端的に言えば、相互の価値の間に〈境界線を引く〉ことによって、価値の中にさまざまな階層的な区分が〈暴力的〉に設定され、構成されていることを問題化することができる。

また、本書もグローバルな視点を十分に考慮したという意味では、〈国際的（inter-national）[11]な視座〉を取っている。しかし、先に触れたように、本書では、"intercultural"の接頭辞「inter-」が意味する、〈中間・間・相互的〉という意味をより強調したいと考えている。[12]というのも、さまざまな事象がグローバル化した現在、諸々の文化が国際化していることは周知の事実であり、われわれはそれを踏まえた上で思考する必要があると考えるからである。その意味で筆者にとって文化とは、たんに世界各地の風習や慣習の差異のみならず、人々が生きた時代性や思想的な背景、さらには個々人の思想の過程そのものをも含んでいる。われわれ人間が唯一ただ一人の単独的な主体である限り、個々人そのものが文化的存在であり、国や地域は付随的なものにすぎない。

もちろん、第3章で詳述するデリダの「エルゴン／パレルゴン」理論に従えば、主体はその付随的なものによって支えられていることは明らかである。すなわち、単独に存在する人間存在としての〈私〉という主体もまた、それ自体が未規定な存在ではなく、国や地域、民族や文化伝統などという、〈私〉を規定するさまざまな付随的なものによって支えられていることは自明である。それでも筆者は、西洋に起源をもつとはいえ、哲学＝知を愛することと〈philosophy〉が普遍的なものであるべきならば、私たちがそれぞれに属する文化と、異質な他者が帰属する異なった文化との間の相互的な関係性の中から、互いに意味のある思考を紡ぎ出すことが重要であると考える。なぜなら、それぞれの異なる過去の思索を互いに批判的に継承し合い、それぞれの思索を関係づけることで、来るべき未来に向けた思索の発展を試みる必要があると考えるからである。

次に、本書の主題でもある〈ポリティカル・エコノミー〉について述べておく。本書における〈エコノミー（economy）〉とは、さまざまな形における贈与や交換、あるいはそのさいに働く力動的な関係を表現している。それゆえ本書が、〈死〉と〈暴力〉との関係を敢えてポリティカル・エコノミーという語で表現するのは、筆者が、〈アート〉と〈メディア〉の概念には、〈倫理-政治的（ethico-political）な意味〉で「エコノミー」としての〈贈与と交換〉が関わっていると考えているからである。ちなみに本書で度々使用する「倫理-政治的」という語は、単純に倫理的次元あるいは政治的次元のどちらか一方に属すると明確に言えない〔単純に一方に、還元できない〕、両者の契機を孕んでいることを明確に示すために用いている。というのも筆者の理解では、倫理的次元と政治的次元とは明確に分離できず、また分離してはならない問題がある。それゆえ、両次元を含み込み、両次元に跨がる問題系を取り上げるためには、「倫理-政治的」観点から分析する必要があると考えている。[13]

以上のことから、本書において筆者は、具体的に〈ポリティカル・エコノミー〉という語句の哲学的・思想史的起源に立ち戻ることで、現行の流布している「Political Economy」と異なる意味をもたせたいと考えている。というのも、本書で扱う〈ポリティカル・エコノミー〉は、いわゆる「Political Economy（政治経済学）」とは多くの点で異なるからである。たとえば、バリー・R・ウェインギャストとドナルド・A・ウィットマンらの理解に基づく「Political Economy」は、社会科学としての経済学や政治学、社会学との横断的学問である。[14]それに対して、筆者が本書の中で検討したいと考えている〈ポリティカル・エコノミー〉とは、既成の社会科学的（特に、経済学的な色彩の濃い）意味での「Political Economy」に限定されない、ある意味で古くて新しい概念である。

筆者の念頭にあるのは、「ポリティカル（＝ポリス〔都市〕国家的）」な「エコノミー（＝交換）」というギリシア語原義に基づきながらも、より広い対象領域を念頭に置いている。すなわち、元来「ポリティカル」はギリシア語の「ポリテイア πολιτεία」に原義を持ち、「①市民たること、市民権、②政治、政策、③政治制度」など複数の意味をもっていた。それに対して、「エコノミー」は、ギリシア語の「オイコノミア（＝οικο-νομία）」から派生し、「家政、統治、管理、計画」などの意味をもっていた。特に、「オイコノミア」は「家」を意味する「オイコス」と「法・秩序」を意味する「ノモス」からの合成語であることは周知の通りである。

ちなみに佐々木雄大によれば、西洋思想史では、「エコノミー」という概念は、ギリシア語の語源的意味である「家政」、キリスト教神学における「救済」、神による世界の「配置」、有機的組織の「秩序」など、複数の意味を担ってきた。[15]佐々木によれば、元々オイコノミアは、「主人による家政、王による国政、神による宇宙経営」という三つの水準に通底するものであった。このうち、一人の家長によってなされる単独支配としての家政こそがオイコノミアであり、国政から明確に区別すべきだとしたのがアリストテレスである。アリストテレスにおいて、オイコノミアの主人は、家とそれに属する財産を支配する者であると同時に、自己自身を支配する者である。また、ここで言う「家」とは、今日イメージされるような一家族からなる小さな家ではない。それは家族だけでなく、奴隷、家畜、そして農作業用具の一切を含む、大きな家族による生産的共同体であった。

それゆえ、本書の〈ポリティカル・エコノミー〉とは、現行の経済学に特化される狭い領域を超えて、生死や、われわれの生死をめぐってなされる、あらゆる〈贈与と交換〉、さらにはそれに関わる支配や統治の問題を念頭に置いている。付言するならば、本書における〈ポリティカル・エコノミー〉とは、政治的領域（公的領域）と家族の領域[16]（私的領域）という、相反する領域を結合させた意味をもつ概念でもある。かつてハンナ・アーレントは、近代以降の特色について、「私的なものでもなく公的なものでもない社会的領域の出現」[17]（強調・筆者）と表現し、「公的領域」と「私的領域」、「ポリスの領域」と「家族の領域」の境界線がまったく曖昧になってしまったと述べていた。そして彼女は、公的とも私的とも画定し難い社会のことを「ポリティカル・エコノミー」と呼んでいた。本書が〈ポリティカル・エコノミー〉という語を使用するのも、まさに〈境界設定〉が困難な、ある意味では不可能性の問題に主眼を置いているからである。[18]

また、本書が〈政治《ポリティックス》〉という語を用いるさいには、目に見えないような微細な構造や関係性を表す、いわゆる「政治的なもの（le politique）」が念頭に置かれている。[19]たとえば、カール・シュミットは「政治的なものの概念（Der Begriff des Politischen）」[20]（一九三二）の中で、「政治的なもの」が国家に関わることを主張していた。そして「政治的なもの」とは、政治特有の区別としての「友／敵」を前提にしており、他の領域、たとえば「道徳的なもの」

においては「善／悪」が、「美的なもの」においては「美／醜」が、「経済的なもの」では「利／害」との区別とは根本的に異なる区別である。

　以上から理解されるように、シュミットの定義に基づけば「政治的なもの」は「友／敵」という価値の二項対立的秩序に基づいており、本書においても極めて示唆的である。また、ラクー＝ラバルトによれば、いわゆる政治と異なる「政治的なもの《ル・ポリティック》」とは、「ギリシャ語のタ・ポリティカの翻訳であり、政治にかんすることがらの本質の方を指し示している」[21]（強調・ラクー＝ラバルト）。あるいはニコス・プーランツァスの区別によれば、「政治的なもの《ル・ポリティック》」とは、「一つの生産様式および一つの社会構成体の政治的諸構造」であり「国家という法的‐政治的上部構造」と呼び得るものである。[22]以上から筆者は、これらの諸家の理論を下敷きにして、価値の二項対立を前提にしながらも、「政治的なもの」という概念を極めて広い含意をもったものとして理解する。

　次に、「脱構築的実践方法」について述べておきたい。本書では、間文化研究の立場から、デリダの脱構築的実践方法を採用する。デリダの思想に触れたことのある読者であれば周知の通り、「脱構築（déconstruction）」を意味するフランス語は、もとはドイツの哲学者ハイデガー（一八八九―一九七六）が古代ギリシア以来の西洋形而上学の言説を批判するために用いた「解体（［独］Abbau, Destruktion）」という用語に由来するデリダの造語である。デリダは、ハイデガーの「形而上学の解体」という哲学的作業を引き継ぎ、この用語を用いていた。ただそのさい、ハイデガーが「形而上学の解体」を通じて、新しい「形而上学」を構築しようとしたことには注意しなければならない。つまり、ハイデガーが試みようとした形而上学の「解体＝破壊」は、同時に「再建＝構築」を含意する可能性があることをデリダは鋭く察知した。それゆえ、デリダは「解体＝破壊」の仏訳語として否定的なニュアンスの強いデストリュクション（destruction）を用いることで、「再び‐建てる」を予想させてしまうことを避けるため、この使用を避け、「デコンストリュクシオン（déconstruction）」という言葉を用いた。つまりデリダの戦略は、「構築」という「construction」という語幹を残しつつ、それに「脱-(dé)」という接頭辞を付けることにより、構築されたものを崩しつつ、しかしながら新たな何かを構築することを避けるという、ズラしの思考なのである。その意味でデリダの脱構築とは、広義の意味での西洋形而上学の批判であり、西洋形而上学に特有の階層秩序に基づく二項対立的な思考を解体し、その思考の有効性を宙吊り状態にする思想実践である。

たとえば、西洋形而上学で古来より最も重要な価値である真／偽、善／悪、美／醜、正常／異常、精神／物質、自己／他者などの二項対立的価値関係は、斜線を挟む二項が対等な価値を保持している関係ではない。西洋形而上学的思考においては、前者の価値が後者の価値に対してつねに優位性をもち、後者の価値を差別的に排除する。つまり、デリダが着目したのは、形而上学的な思考における二項対立的価値には、権力や〈暴力〉に基づく潜在的な価値の序列化と差別・排除が前提されているということである。デリダは、以上のような潜在的に前提されている権力的・〈暴力的〉価値秩序を明るみに出し、その潜在的な構造を、さまざまな〈テクスト〉解釈を通じて、脱構築するのである。

デリダは、こうした価値の階層秩序を基礎づける西洋形而上学が「ロゴス中心主義」であり「音声中心主義」、そして「存在-神-目的論（onto-théo-téléologie）」の構造に根拠があると考えている。しかも、ここで注意しなければならないのは、西洋形而上学の〈テクスト〉それ自体に、そして〈テクスト〉を書き残した哲学者の思考の中に、ある種の神学的かつ倫理-政治的な思想が潜在しているということである。

ただ、二項対立的な（西洋形而上学的）思考は、先のシュミットの「政治的なもの」概念においても見られるように、たんに哲学の分野のみに限られているわけではない。つまり、西洋形而上学的な階層秩序に基づく価値判断は、特定の学問に限らず、われわれの日常のあらゆるところに潜在している。その意味で、二項対立的思考そのものは、われわれの常識と言われる領域にまで、根深く浸透していると言える。デリダによれば、われわれは日常生活のあらゆる場面で二項対立を何の疑いもなく前提し、感覚・感性的に優劣を判断することで、異質なものを排除する可能性がある。それゆえ、われわれの日常生活は、すでに形而上学的な〈倫理‐政治的な〉価値判断に浸食されていると言っても過言ではない。それは、われわれが西洋形而上学的思考をことさら意識しないとしても、われわれの価値判断に内在する二項対立的な価値序列に基づいて、権力・暴力的な排除を実行してしまう危険性があり、〈倫理‐政治的〉な問題を引き起こし得るということである。

デリダの脱構築が、哲学の分野で西洋形而上学批判として登場して以来、さまざまな分野で脱構築が適用されてきた。しかし、だからといって、脱構築が必ずしも万能ではないことも指摘しておかなければならない。ロドルフ・ガシェが厳しく言うように、またデリダ自身も述べているように、デリダの脱構築は体系的理論でもなければ哲学的分析の「方法」でもない。それればかりか、デリダに依拠する限り、脱構築そのものを一義的に定義づけたり、特定の方法に還元したりすることもできない。それでもなお、デリダの脱構築は哲学分野ではもちろんのこと、それとは異なる学問領域においても、批判的戦略として積極的に採用されてきた。

たとえば、フィリップ・ラクー＝ラバルトやジャン・リュック・ナンシーは、文学や政治の文脈でデリダ的思想を取り入れた。また、ベルナール・スティグレールは産業技術やメディアの文脈で脱構築を積極的に評価し、自らの手法として用いている。またガヤトリ・チャクラヴォルティ・スピヴァックやホミ・K・バーバに代表されるポストコロニアル理論や植民地批判の言説においても、デリダの脱構築は政治的・理論的道具として強力な武器となり得ることが実証されてきた。

デリダ自身によって厳しく禁じられていながらも、これらの思想家・哲学者たちが脱構築的方法を積極的に評価するのは、デリダの脱構築が道具的な方法を越えて、思想家独自の実践と深く密接につながっているからにほかならない。つまり、脱構築的方法は、デリダの手を離れ、それぞれの思想家・哲学者たちの間でさまざまに変容し、さまざまな事象やテクストを脱構築していく実践を表している。そのさいに注意すべきなのは、彼らが、脱構築という実践方法を換骨奪胎しながら、それぞれの文脈の中に広い意味で〈倫理‐政治化〉を引き起こす戦略として採用している点である。

それゆえ本書においても、筆者はデリダの脱構築を〈倫理‐政治的〉な実践方法として積極的に採用する。その意味で本書の〈倫理‐政治的解釈〉という考察方法もまた、一つの理論的実践として位置づけられる。つまり本書にとって脱構築的方法が重要なのは、それが、われわれの日常生活の思考や判断、さらには中立的なものと考えられる言語活動の中にも〈倫理‐政治的な次元〉を見出し、多重的・多角的に政治化するからにほかならない。それゆえ端的に言えば、脱構築とは、政治化を引き起こす哲学であり、かつ理論的実践であると筆者は考えている。

以上のように、デリダの哲学として展開された脱構築を、本書が間文化研究の立場から採用する理由について、以下の二点があることも指摘しておきたい。

第一に、われわれは日常生活においていわゆる常識的な思考や価値判断に束縛されがちであるが、デリダの脱構築的方法は、われわれの日常生活に潜在する〈倫理‐政治的な次元〉を開示し、常識的な思考や価値判断そのものを政治化する。それゆえ、脱構築的方法は、われわれの日常生活の中で暗黙のうちに隠蔽され、複雑に絡み合った〈倫理‐政治的〉意味での排除構造を暴き出すことを可能にするのである。また第二に、脱構築的な方法は、一見すると理論的で、非倫理的・非政治的かつ中立的であるかのように見える〈哲学テクスト〉が、実際には極めて〈倫理‐政治的な次元〉を内在させていることを明らかにする。その意味でデリダの脱構築的方法は、極めて実践的な方法である。

これら二つの理由が意味することは、脱構築的実践方法が、われわれの日常性に潜在する不可視の権力や暴力に対する、抵抗の戦略として有効な手段となり得るということである。それゆえ筆者にとって脱構築の哲学やその方法は、自己および他者への配慮を含んだ〈倫理‐政治的な抵抗〉をもたらすための戦力となる。

　以上のような筆者の見解は、かつて米澤有恒が「デコンストラクション」について述べたことと非常に近しい。米澤は、「デコンストラクション」という造語を内＝哲学的に考えてみた場合、それは「構築的という哲学の伝統、思索の習慣から離れてみること」であると述べている。(23) つまり彼は、“de-construction”を“de construction”のように切り離して考えてみるならば、接頭辞の de は、字義通りの意味で「～から離れて」と解釈できると言う。さらに米澤の指摘で重要なのは、この語が「近代以降、体系的・構築的になることで自らの価値を実現してきた哲学的価値意識から、離れてみること」と理解できるとしていることである。そして、デリダがフッサール現象学やハイデガー哲学から多くを学んでいることを勘案すれば、米澤が“deconstruction”とは、「哲学が自分自身に対してする、現象学的な〈判断停止 Epoche〉のような具合である」と述べている点も重要な指摘であろう。つまり米澤も言うように、デリダの脱構築とは、たんなる破壊（destruction）でもなければ再構築（reconstruction）でもない。言うなれば、既存の習慣や秩序という構築（construction）に対して一歩立ち止まり、構築から、離れて（de-construction）観察する視野をもつことである。ちなみに米澤は、「デコンストラクション」の提唱者であるデリダを名指すことを避け、また、その翻訳語として「脱構築」と呼ぶことも注意深く避けている。

　最後に、筆者の見解との関連で、カプートがデリダの脱構築的実践方法の意義について次のような重要な指摘をしている点に触れておきたい。


　制度は、テクストのいわゆる内部構造にまで徹底して及んでおり、こうして内部と外部の区別そのものを不確かなものにし、内側を外側にし、外側を内側にする。制度は外部構造にすぎず、哲学的な本質にかんしては哲学そのものとはなんの関係もないという古典的な観念は保守的な幻想なのである。脱構築はつねに政治的で制

度的な分析だったのである。(24)(強調・筆者)

カプートが適切に指摘したように、デリダにとって脱構築とは、つねに「制度」が孕む形而上学に向けられており、形而上学を脱構築することがつとめて政治的な意味をもっていた。だからこそデリダにとって脱構築とは、つねに「政治的」かつ「制度的」な分析であった。われわれが注意しなければならないのは、デリダにとって形而上学の脱構築の実践は、必ずしも哲学的・形而上学的な〈テクスト〉だけを対象にしていたわけではないことである。筆者の理解によれば、デリダの脱構築とは、われわれの日常的な思考や価値判断、さらには文化のさまざまな現象の「制度」に潜む、あらゆる形而上学的思考を対象とする。その意味で脱構築は、たんに哲学的な意味でのみ形而上学をズラしつつ解体することだけがめざされているのではない。脱構築的実践は、つとめて〈倫理-政治的＝制度的批判〉を含む実践にほかならないのである。

4　本書の基本構成

第1章では、マーティン・ヘグルンドが提示する「デリダのラディカル無神論」説を手掛かりに、ポスト世俗化時代における信仰の可能性と不可能性について考察する。そうすることで筆者は、デリダの宗教観と〈自己免疫〉概念の今日的意義を検討する。またヘグルンドが批判するカプート説の諸問題を確認すると共に、実際にカプートはどのようにデリダを理解しているかを筆者の視点から検討する。

第2章では、「媒介・媒体」という意味をもつ〈メディア〉概念に注目しながら、その概念に潜在している〈倫理-政治的な〉意味での〈暴力〉を明るみに出す。まず本章では、「メディア」概念を宗教(学)との関わりから検討するために、「メディアタイゼーション（mediatization）」という概念を取り上げ、その意義を明らかにする。そのさいに本章では、「メディアタイゼーション」という問題が、たんに最近のメディア論の分野だけでなく、デリダによって哲学的にも議論されていたことに着目する。

第3章では、デリダの『絵画における真理』（一九七八）所収の「パレルゴン」論文を〈テクスト〉内在的に分析する。そのさい筆者は、〈アート〉作品における〈境界設定〉の問題を浮き彫りにし、〈制度〉の問題を検討する。デリダによると、〈アート〉作品は、それ自体が作品（エルゴン）として成立するためには、〈アート〉作品をそれとして成り立たせている「付随的なもの（パレルゴン）」が必要である。それゆえ作品の本質とは、作品の〈外部〉としての「付随的なもの」によって支えられるというパラドックスに巻き込まれてしまう。この点に着目し、デリダはカント第三批判の「パレルゴン」の分析に内在する〈倫理-政治的な〉問題を暴くのである。特に、デリダは画家セザンヌが友人に宛てた手紙の中で「絵画における真理」を語るという点に着目し、そこに「約束」という言語行為を確認することで、〈言語の制度〉の政治性を明らかにしている。

第4章では、デリダの『絵画における真理』と同時期の「エコノミメーシス」[25]（一九七五）論文を中心に、カントの『判断力批判』に即して、〈アート〉と「趣味」の問題を分析する。『絵画における真理』も「エコノミメーシス」論文も共に、デリダがカントの『判断力批判』を〈アート（＝芸術）〉の書として〈倫理-政治的《エチコ・ポリティカル》〉に論じた〈テクスト〉である。その意味で両著作は、同じ主題を共有していると言える。また『判断力批判』第一部は、カント美学が展開されていると一般に理解されているのに対して、筆者の理解では、デリダはそこに「政治的なもの（le politique）」や「エコノミー」を見出し、同書を脱構築的に解釈する。[26]筆者は、こうしたデリダの脱構築的解釈に即しながら、『判断力批判』が前提とする〈アート（＝芸術）〉における〈エチコ＝ポリティカル・エコノミー〉構造を顕在化させたいと考える。特に本章で筆者は、デリダがバタイユの「限定的エコノミー」と「普遍的エコノミー」の対立を脱構築するという実践を行っていることに注目する。そしてカントの〈アート〉における価値の序列化が、「詩」を頂点とする階層構造を根拠にしていることを明らかにする。

第5章では、第4章に続いて「エコノミメーシス」論文の後半部「口例性」を中心に、デリダの『判断力批判』の脱構築的解釈を検討する。そのさいに筆者は、カントが感覚器官の中で「口（味覚）」を重視するというデリダの解釈を媒介にして、カントにおける〈五感のポリティックス〉を考察する。つまり筆者は、カントが、人間の感覚器官のうちで「口」を重視することの背景には、外的なものを「口」を介して「体内化」することで、同化＝同一化するという〈ポリティカルな〉含意があることを明らかにする。カントにとって「口」は、芸術の頂点にある「詩」を唱え、「味覚＝趣味」を判断する器官であるという意味で、感覚の最上位に位置づけられている。その一方で、デリダによれば、カントにとっての「口」は、「同化＝体内化」できないものを「吐き出す」ことのできる部位でもある。そこから筆者は、デリダの『判断力批判』解釈を通じて、「吐き気」の議論が生体におけるアレルギー反応との類比性を見出すのである。つまり、生体にとって異質な外的なものは、「体内化」されないだけでなく、「飲み込まれもせず」、たんに「吐き出されるもの」として「吐き出される」しかない。筆者は、こうしたデリダの「吐き気」をめぐる議論を、社会や国家において〈絶対的に排除されるもの〉としての他者排除のメカニズムとして解釈する。

つまり筆者は、身体と国家の「類比（analogy）」から、「安全保障（security）」の問題へと接続させ、「表象不可能なもの」としての「吐き出されるもの」を他者排除のメカニズムとして明らかにする。感性的・美感的（ästhetisch）な「趣味」は、悟性的理解や理性的な反省に先だち、感性的な水準で他者を排除することに直結してしまうのである。最終的に筆者は、本章の結論として、現代のグローバル化した社会では、自らの社会や国家の内部に取り込めない／吐き出さざるを得ない他者を排除するという二項対立的図式が、その〈境界線〉を強調するあまり、自らのうちにも排除の論理を適用せざるを得なくなるという、ある種の〈自己免疫疾患〉状態に陥る可能性を指摘する。

1

デリダのラディカル無神論と自己免疫概念

1　問題提起——私たちは何を信じているのか

アメリカ同時多発テロの発生とそれに付随する諸々の事件から、早くも一六年が経過した。当時の破壊的で危機的な状況とそれに伴う混乱は、二一世紀がまさにテロとの戦いの世紀になることを予告していたかのような強烈な印象をもたらした。それからわずかの間に、世界では急速にメディア化が進み、ソーシャルメディアがあらゆる分野で力を発揮するようになった。そのことは、宗教やテロリズム、さらには信託を基盤とする資本主義経済とも無縁ではない。周知のように、二〇一四年に樹立を宣言した「イスラム国（Islamic State）」は、ソーシャルメディアを巧みに利用することで、世界八〇カ国以上に及ぶ地域から若者をリクルートすることに成功した。そこで浮上した問題は、ソーシャルメディアの利用によって、ごく普通の日常生活を送る一般市民が、簡単に過激な思想にアクセスすることが可能となり、過激派組織と交信することができるようになった点である。

このような現状において、われわれは次のような深刻な問題を抱えていると考えている。第一に、国民の安全保障の観点から、危険の回避や暴力の予防のための政策が、人権を無視した先攻手段になりかねないこと。たとえば、米国愛国者法（USA PATRIOT Act）の施行時に見られたような「疑わしきは拘束せよ」というような、人権の制限を許可するような状況である。こうした先行措置は、国家・国民の安全や安全保障を名目にして〈境界設定〉を敢行することにより、過剰で〈暴力的な〉他者の排除を伴うだけでなく、時として味方までをも排除し、国家や社会そのものも自壊させる可能性を孕んでいる。第二に、ソーシャルメディアの拡大によって、私的空間と公的空間の境界線が曖昧になったことから、過激な思想を持った（あるいは影響された）人物とそうではない一般庶民との区別がつきにくくなったこと。このことは第一の点とも密接に関わる。以上の二点は、そのいずれもが、他者をどのように認識し、相手を信じるのかということと深く結びついている。すなわち、信＝信仰の問題と関わっている。

後述するように、デリダはわれわれの社会生活があらゆる場面において、信＝信仰、信頼、信託が前提になっていることを繰り返し強調していた。社会関係における他者への呼びかけ、約束、制度、憲法、計算、署名、科学的な知を技術として行動に結びつける遂行性など、あたかも実証的で合理的であるかのようなさまざまな行為が、信憑を基礎にした経験であると考えるからである。それゆえデリダは、こうした基本的に信憑に基づく行為が、遠隔科学技術的なものの持つ本質的に経済的・資本主義的な合理性をも支えていることを強調する。とはいえ、上述したようなイスラム国の問題はもちろんのこと、デリダの生前においてはこれほどまでにソーシャルメディアは普及していなかったし、インターネット空間の利用も活発ではなかった。彼の死後、わずか一五年ほどの間に、科学技術を基盤とするわれわれの資本主義社会は劇的に変化した。その意味で筆者は、人々の信＝信仰のあり方も大きく変化しているのではないかと考えている。そしてこうした人と人との信頼関係をめぐる問題は、われわれの日常生活の中に散在している。他者に対して何を根拠に、どこまで信じるのかという問題は、結局のところ経験的で主観的な感覚にすぎない。

以上のような時代認識と問題意識から、筆者はデリダの思想を手がかりに、以下の内容について考察したい。すなわち、本章の狙いは、次の三点の検討を通じて、ポスト世俗化時代における信仰の可能性と不可能性について考察することである。またそれを通じて、デリダの宗教観と自己免疫概念の今日的意義についても考察したい。本章で検討する三点とは、第一に、デリダの思想が一貫して「ラディカル無神論」に基づいていると主張するマーティン・ヘグルンドの解釈を検討することを通じて、デリダの「信＝信仰」についての思想を再検討すること。第二に、ヘグルンドが自身の論述を展開するさいに批判の対象とするジョン・D・カプートの解釈を確認し、両者のデリダ解釈を検討すること。そのさい本章では、デリダの鍵概念の中でも、「不可能なもの」と「メシア的なもの・メシアニズム」の二つに絞って取り上げることにする。第三に、デリダが「信＝信仰」の構造について論じるさいに用いる「自己免疫」概念を検討することで、デリダの宗教観と自己免疫概念の意義を検討することである。最終的に筆者は、今日の社会において、デリダの信＝信仰に対する思想と「自己免疫」概念が、われわれの生きる現代社会にとってどのような意味を持ち得るかを検討する。

2　デリダの宗教観と自己免疫概念

デリダはこれまで、一九八〇年代あるいは九〇年代において、政治的転回ないし倫理的転回をしたと言われてきた。また時には、後期デリダの著作に宗教的な用語が多用されるようになったことから、宗教的転回あるいは神学的転回があったとされてきた。これら転回説に対する賛否は両論あるが、デリダ自身はそのような転回など「けっしてなかった」と否定している[1]。デリダが転回説を否定したことに助力を得て、（あるいはそれ以前からも）デリダの思想をある鍵概念と結びつけることによって、彼の思考のうちに一貫した筋を読み取ろうとする研究者も少なくない。そのうちの一人がヘグルンドである。ヘグルンドは、『ラディカル無神論――デリダと生の時間』[2]（二〇〇八）

の中で、デリダの著作が一貫してラディカル無神論の論理（logic of radical atheism）によって展開されていることを主張している。またヘグルンドは、これまでデリダ解釈の中でも宗教的観点から論じることで名の通ったカプートに対して、真っ向から強い口調で批判的な見解を向けている。本章では、まずデリダの宗教観（信＝信仰や自己免疫概念を含む）を概観した上で、ヘグルンドとカプートの思想を比較検討していきたい。

そこでまずわれわれは、デリダが宗教を語るさいに、何に留意していたのか、それはどのような思想によるものなのかを確認しよう。その上で、信仰と自己免疫概念との関わりについて検討したい。デリダは、『信仰と知――たんなる理性の限界における「宗教」の二源泉』（一九九六）の中で、宗教概念については、次のことをよく見極める必要があると指摘していた。それは、「信（foi）は必ずしも宗教に同一視されてこなかったし、今後ともそうであろう、また神学――むろん、神学と宗教とは別のものだが――必ずしも同一視されてこなかったし、今後もそうであろう[3]」という点である。この言葉から理解できるのは、デリダが信＝信仰について語るとき、それは必ずしも宗教的な意味で用いられているわけではないということである。むしろデリダは、信＝信仰がたんに宗教的な局面に限られたものではなく、われわれのあらゆる活動と密接に関わっていることを強調する。

さらに、伝統的には切り離して考えるべきだとされていた理性と宗教について、むしろ両者が共通の「資源（ressource）」から発して展開していると考えている[4]。そしてこの点に宗教を語るさいの基礎を置いている。デリダにとってこの見解が重要なのは、「もしひとが〈理性〉と〈宗教〉とを、〈批判あるいは学問＝科学〉と〈宗教〉とを、そして〈技術的科学による近・現代性〉とを、これほど単純素朴に対立させ続けるとすれば、その限りにおいて、ひとはこんにち『宗教の』と呼ばれる現象、もしくは『宗教的なものの回帰』と言われている現象に盲目となってしまうだろう[5]」と考えているからである。こうしたデリダの見解は二〇年以上も前のものであるが、まさに現在進行形で進んでいる社会のメディア化や機械化（あるいはＡＩ化）、そして宗教のメディア化時代[6]を生きるわれわれに対するメッセージとして重要な意味をもつ。

それゆえ筆者の観点から見たとき、デリダにとって宗教が問題であり、語る必要があると考えるのは、われわれが無反省のまま伝統的な思考方法に従うこと――言い換えれば、理性や宗教という概念によって分離され、別々の領野の問題としてそれぞれの課題に取り組むこと――は、今日、実際に起きている問題を取りこぼして捉えることになりかねない。デリダにとって問題なのは、もはや理性と宗教を和解させることではなく、両者に共通の出発点があることを認め、それらを思考するための新しい場を開くことである。以上のような危機感ゆえにデリダが問題視しているのは、ひとが「知とは何かを知っていると信じることであり、さらには知が、その構造からして、信じることや信＝信仰から解放されている――もっぱら信託＝信用に基づくものや信頼＝信用によるものから自らを解き放っている――ということを知っている、と信じること」である。われわれは日々の言語行為において、特段の注意を払うことなく、知や信＝信仰（あるいはその他諸々の概念）がどのようなものであるか知っているかのようにして過ごしている。しかし実際に、宗教とは何か、信＝信仰とは何か、知や理性とは何かと考えたとき、われわれは本当にそれらを理解しているとは言い難い。

ここで筆者が注目したいのは、デリダの「自己免疫（auto-immunité・autoimmunity）」概念である。デリダは、信と知の間、宗教と科学の間の関係を考えるにあたり、「無傷なものの自己-免疫性という論理（logique *l'auto-immunité de l'indemne*）」の重要性を指摘している。デリダによれば、ラテン語の indemnis は、被害や損害（dammum）を受けなかったという意味を持つ。後者の dammum という語は、のちにフランス語の〈dam（損害）〉を生じさせることになるのだが、dap-no-m を起源として生まれており、それは daps、dapis（祝宴、饗宴、宴会の食事などを意味する）に結びつく。つまり、これらは神々に捧げられる供犠、儀礼的な償いにおいて神々へと奉納される供犠のことである。ちなみにこの場合、補償作用＝無傷なものへと復元する作用（indemnisation）について語ることもできる。

補償のプロセスと復元作用――時には供犠による作用であって、こういう復元作用は、手つかずの純粋さ、健やかさで無事な完全無欠性、侵害されていない清潔さおよび固有性＝特性を再び生じさせる――を同時に指し示すためである。それは要するに「損害を受けておらず無傷な（indemne）」という語がまさに告げるものであり、つまりは、あらゆる冒瀆、あらゆる傷、あらゆる侮辱、あらゆる損傷以前の、純粋なもの、汚染されていないもの、触れられていないもの、聖なるもの、神聖なものである。なおこの語は、ハイデガーにおけるheilig（聖なる、健やかで無事な、手つかずの）という語を翻訳するためにしばしば選ばれてきた[7]。

デリダによれば「無傷な（indemne）」という言葉が意味するのは、「宗教の本質は無傷なもの（l'indemne）でありたいと望むのであるが、そういう無傷なものの経験における『無傷な』ということ[8]」である。つまり、何ものにも触れられておらず、傷つけられていない、汚染されていない、純粋な聖なるものを意味する。また免疫反応とは、生理学の分野でも用いられているように、外部からくる抗原に対抗して抗体を生み出すことにより、自己の身体を異物から保護し守るための反応である。そのことは、外部から侵入してきた異物に汚染されぬよう、自己の身体が「無傷なもの－であること（l'*indemn-ité*）」を保護するための反応と言える。生命という有機体にとって自己－免疫作用のプロセスは、自分自身の免疫的な防衛を破壊することによって、自己防御に対抗して自らを保護しようとすることにある[9]。

デリダが宗教を語るさいに自己免疫性という論理を持ち出すのは、宗教には聖性を望みながらも自らを脅かす政治的なものを欲するという事実があると考えているからである。つまり、文化なしに宗教が存在しない以上、宗教は不可避的に社会的関係のうちに置かれ、政治や経済などに汚染される可能性を孕んでいる。その意味で、宗教はある種の汚染の脅威に依存していると言っても過言ではない。デリダはこうしたある種のパラドックスを「根本悪（radical evil）」と名づけている。そしてデリダは、このプロセスを「生ける存在者が『みずから』、ほとんど自殺のごとき仕方で、自己自身の防護作用を破壊するように働く」[10]ものであると考えている。デリダが自己免疫作用のプロセスに関心を寄せるのは、まさにこのプロセスが自己自身を守る免疫に対する免疫を、自らに与えるように働く「奇妙な作用」だからである。そして宗教的なものの権力が縮減され、もはや固有の場所をもたなくなった今、宗教は次第に脱局在化され、汚染され、変容していると考えているのである。

3　ラディカル無神論と根本悪

次にヘグルンドのデリダ解釈を大まかに捉えておきたい。ヘグルンドが強調するように、本書における彼の主眼は、デリダの思考の中に宗教的な転回があったとする見解を斥け、一貫してラディカルな無神論が展開されていると主張することにある。もともとラディカル無神論という言葉自体は、デリダが用いた言葉であるが、その意味内容は必ずしも明確ではない。たとえばデリダは、「神を忘れずにいるラディカル無神論、つまりひとつの過剰記憶的（hypermnesique）無神論は、ここで今、今日明日、来るものに関して、それのうちで、メシア的（メシアニズム的ではない）前提のアンガージュマンを革命的精神や、正義と解放の精神や、そしてそれはここかしこでそれを信じるための関心を持ったりする人たちに出現し得るほどかなりレトロだが、ある種のマルクスの、ある種の精神と、これらをうまく組み合わせるものである」と述べているものの、その意味内容については言明していない[11]。

ヘグルンドも同様に、ラディカル無神論とは何かについて、一言で定義づけることはせず、いくつかの言い回しによってその内実を示そうとする。たとえばヘグルンドは、ラディカル無神論が「望まれうるものはどれも本質的には死すべきものであるという主張に由来している」[12]としている。そしてそれは、デリダが「有限性の経験なしではひとは愛することなどできない」[13]（強調・ヘグルンド）と考えていることに基づいているという。このデリダの思想がラディカル無神論的であるのは、死すべきものしか愛することができないならば、神を愛することはできないということが帰結するからである。

さらにヘグルンドは、デリダが無神論者のように「神は死んだ」と言うにとどまらず、「神とは死である（God is death）」と主張したことをラディカル無神論的であると主張する。そのさい「神とは死である」という言葉が意味するのは、神が存在しないということだけでなく、神の不死性など、はじめから望ましいものではないということでもあるという。そして伝統的な無神論が、有限性を「われわれが乗り越えようと望む〈存在の欠如〉」と解釈するのに対し、ラディカル無神論は、有限性を「欲せられるものすべての条件」であることを主張する。[14] その意味で、ラディカル無神論は、たんに宗教的伝統を否定するにすぎないような批判ではない。それは「根本悪（radical evil）」についての解釈においても同様である。もちろんデリダは、カントとはまったく異なる独特な意味で、この術語を用いている。だからこそヘグルンドは、このようなラディカル無神論的な議論が、「自己免疫性」という観念を通じてより一層明らかになると考えているのである。

ヘグルンドが端的に述べるように、カントは悪を自由意志の結果と見なしており、自由意思によって人は道徳法則よりも自らの感覚的な本性の誘因に従うと考えている。それゆえ悪の可能性は人間本性の根幹にあり、われわれを構成する仕方からは排除することができない。その意味で、カントにとって悪は「ラディカル＝根本的」である。[15] それに対してデリダは、「悪はわれわれが望む善に内在している」と考える。ヘグルンドが指摘するように、そのさいこの悪の脅威は、突如として善に到来するのではなく、（悪は）われわれが望む善の一部を為している。[16] それゆえヘグルンドは、デリダの場合には、悪が善の根幹にあるという意味で「ラディカル＝根本的」であると解釈する。

以上のことからヘグルンドは、デリダの信＝信仰の分析を特徴づけているのは、根本悪の論理であると主張する。

すなわち、われわれが他者と関わるとき、われわれは他者の心や行動を理解することは不可能であり、他者を信頼するほかない。その意味で信＝信仰は、他者とのあらゆる関係を構成している。その結果、信＝信仰は欺かれる可能性に対して開かれていなければならず、他者への信頼はそれが荒廃してしまうことに対して開かれていなければならない。ヘグルンドは、ひとが信じるものは何であれ、それ自体、決定不可能な未来に従っており、それによって起こり得る脅威を引き受けなければならないと考える。そしてこのような根本悪の論理によって、ヘグルンドは絶対的免疫という宗教的理念を自らに抗するものとして読むことができると主張する。そしてデリダにとって重要なのは、「死すべき生を構成する欲望」であると主張する。

以上のことからヘグルンドは、デリダにとってのメシア的な希望は、時間的な生き延びへの希望であり、信は有限なものへの信であり、神への欲望は他のすべての欲望と同様に、死すべきものへの欲望であると考える。そしてこれらの共通分母を「欲望とは不可能なものへの欲望」であるというデリダの主張に帰属させる。[17]ここでヘグルンドは、自身の論述と対比させながら、カプートのデリダ解釈を取り上げる。

まずヘグルンドが指摘するのは、カプートの「不可能なもの」に対する解釈である。ヘグルンドによれば、何かが不可能であるとデリダが書いているとき、カプートはそれが死すべきものにとっては不可能だが、神にとってはそうではないという意味で理解している。そしてカプートは、デリダの不可能なものへの情熱は、宗教的な情熱に、とりわけ預言的な終末論に対応していると理解していると言う。[18]その結果、カプートの不可能なものという概念は、われわれが望む理想的な可能性として描かれており、デリダの用いている意味での不可能なものとはまったく異なると批判する。

さらにヘグルンドは、デリダの「メシア的なもの」という概念をめぐって、この語が「デリダを宗教的に読解することのアリバイとして機能してきた[19]」ことを指摘する。ヘグルンドは、その代表として、カプートがメシア的なものとメシアニズムとの間の区別について「精巧なまでの誤読（an elaborate misreading）」をしていることを強い口調で批判する。[20] ヘグルンドによれば、カプートは（デリダにおける）メシア的なものとメシアニズムの区別を、「戦争と平和との差異を意味する」と解している。そしてメシア的なものの意味が「平穏や平和」であるのに対し、具体的なメシアニズムはつねに「戦争」を意味してきたという。[21] ヘグルンドは、こうした読解は支持し難いものであり、「メシア的なものは最終的な平和を約束しないばかりか、戦争を引き起こす」[22] ものとして捉えている。ヘグルンドの主張は、救済なき salut（the *salut without* salvation）という観念のうちにたどったラディカル無神論の論理の結果、メシアニズムなきメシア的なもの（the messianic without messianism）というデリダの観念が生じたというものである。[23]

ヘグルンドから見たとき、脱構築的とされる宗教に関するカプートの著作は、そのどれもが他者を歓待する「善き」宗教と、他者を排除する「悪しき」宗教との対立をめぐって構造化されている。[24] そしてヘグルンドが理解するカプートのデリダ解釈によるならば、デリダの著作によってわれわれは戦いのメシアニズムから離れ、すべての人に開かれた神の王国の「メシア的な」約束を支持することができるということになる。[25]

4　「宗教なき信仰」と「信」の構造

以上のようなヘグルンドの批判に対して、カプートは強い異議申し立てをしており、二〇一一年に長い反論論文を提出している。[26] その中でカプートは、ヘグルンドは自分の著作について論じていることのすべてを歪めていると憤りを示している。そしてヘグルンドがカプートを揶揄したのと同じ言葉を使いながら「素晴らしい言い回しで私を語るように」、ヘグルンドはカプートの言うことすべてについて「体系的誤読のマトリックス」を構成していると反論している[27]。それでは実際のカプートは、どのようにデリダの論じる「宗教」を理解しているのだろうか。

たしかにヘグルンドが指摘するように、カプートはデリダを論じるさいに、極めて宗教的な言葉を用いながら論述を展開する。また、デリダの思考が複雑なのはさることながら、カプート自身の宗教の取り扱いもかなり独特であるため、宗教色の薄いわれわれにとってカプートを理解するのはより一層の難儀を要する。それでもカプートは、デリダと脱構築に憑きまとう人々の誤解から彼らを救うために、デリダの思想を丹念に読み解く試みもしている[28]。

筆者が、カプートのデリダ解釈でまず触れておきたいのは、彼がデリダの脱構築を「宗教なき信仰（Faith without Religion）」として語る場面である。「宗教なき信仰」という言葉自体は、デリダが『マルクスの亡霊たち』の中で使用したものであり、デリダの宗教観を一言で言い表したものである。筆者の読解によれば、カプートはデリダの思想および「宗教なき信仰」について、次のように理解している。第一に、脱構築は信仰に依拠している。そのさい信仰とは、「宗教なき信仰」である。またその信仰は、宗教的メシアニズムという意味での宗教からは区別された信仰、非-知としての信仰であり、デリダが理性という語で言い表しているものである。第二に、デリダは理性を一種の信仰と考えている。なぜなら、われわれが行う日々のコミュニケーションやさまざまなやり取りは、相手を信用し、自らに対する信用を要求することで成り立っているからである。その意味で、信仰はわれわれの最も日常的な行為の根元に横たわっている。つまりデリダの言う信仰とは、「様々なメシアニズムの規定可能な信仰ではなくて、われわれが言ったり行ったりするあらゆることに宿る信仰の構造そのものである[29]」。

以上から理解できるように、カプートによれば、デリダの思想あるいは脱構築は、信仰に基づいたものであり、信仰と知（理性）という伝統的には別次元のものとして論じられていた観念を同じ次元で捉えようとしている。ただし、そのさいにデリダが想定する信仰とは、必ずしも一般的な意味での「宗教」に限定して使われるようなものではない。デリダはわれわれの社会生活があらゆる場面において、信＝信仰、信頼、信託が前提になっていることを繰り返し強調していた。社会関係における他者への呼びかけ、約束、制度、憲法、計算、署名、科学的な知を技術として行動に結びつける遂行性など、あたかも実証的で合理的であるかのようなさまざまな行為が、信憑を基礎にした経験であると考えるからである。それゆえデリダは、こうした基本的に信憑に基づく行為が、遠隔科学技術的なものの持つ本質的に経済的・資本主義的な合理性をも支えていることを強調する。

つまり端的に言って、デリダの考える信仰とは、「信じること（croyance）」であり、日常的な行為の基盤となるようなものとして考えられている。それゆえカプートが指摘するように、デリダは理性を信仰に対立させることはしないし、信仰に関して理性に法廷を開かせることもない。というのも、カプートの解釈によれば「理性と呼ばれているものの脱構築的、ポスト（批判）哲学的、ポスト世俗化的分析の要点全体、すなわち新しい啓蒙主義の要点は、理性がどれほどまでに信仰という織物によっておられているかを示すこと[30]」だからである。

さらにカプートは、ヘグルンドが批判した「不可能なもの」について、「脱構築は不可能なもの（*the* impossible）の絶え間なき追求である[31]」と述べている。カプートによれば、「可能な」ものという語は、デリダの専門用語であり、この語が意味するのは予見可能なもの、プロジェクト可能なもの、計画可能なもの、プログラム可能なものであり、デリダが「未来現在」と呼ぶものに該当する。それに対して「不-可能なもの（*the im*-possible）」とは、脱構築-不-可能なもの（the *un*-deconstruction）である。カプートは、「不-可能なもの」が未来の可能性を超えているか、そうした可能性以上のものであると解釈している。そもそもデリダがこの語を用いるのは、彼の用法において「否定的ではないことを示唆するため[32]」である。デリダにとって、「l' im-possible（＝不-可能なもの）」とは、出来事、歓待、贈与、赦し、エクリチュールの可能性の条件を表現しており、これらは「不可能なこと」（強調・筆者）なのではなく、「不可能なものの経験」（強調・筆者）を意味する。

たしかにカプートの論述からは、ヘグルンドが指摘するようにデリダを宗教的に読解しているように見えなくもない。しかし実際のところカプートは、ヘグルンドが批判するように、デリダを宗教的に読むことで曲解しているわけではない。むしろカプートは、同じデリダのテクストを読んでいるにもかかわらず、なぜこんなにもヘグルンドとの解釈が劇的に異なるのか驚きをあらわにしている。そしてヘグルンドが、デリダの著作をラディカル無神論として読解しようとする試みに対して、デリダはたしかに無神論であるが、ヘグルンドが企てるような無神論ではないと主張する(33)。つまりカプートによれば、デリダは神の名が無意味なものであると非難しようとしているわけではない。そうではなく、デリダは不可能なものの可能性という「出来事（event）」の名として神の名を繰り返しているのであり、それを救おうとしている。

最終的にカプートは、ヘグルンドによる「デリダのラディカル無神論」は、自己免疫について独自に組織化された理論ではあるが、デリダについての本ではないと厳しく言明する。そしてわれわれはヘグルンドのラディカル無神論とジャック・デリダとの間に一定の距離を保つべきであると注意を喚起している(34)。

最後に、ボラッドリの指摘を参照しながら、デリダ思想の一つの意義を確認したい。すなわち、デリダにとって哲学の限界を経験することとは、「私たちの思考方式を積極的《ポジティヴ》に変えることである。限界を知ることは、思考を過剰な自己確信からばかりでなく独断論からも守ってくれるのであり、徹底した不完全性と懐疑の健全な感覚を思考に注入してくれる(35)」というものである。本章で取り上げたデリダの宗教や信＝信仰をめぐる問題も、まさにこの点が一つの重要な課題になっている。デリダが『信と知』の副題につけた「たんなる理性の限界における『宗教』」の二源泉」という名前は、宗教論の伝統を構成する二つの題名が縮約されている。デリダがこのようなタイトルをつけたのは、まさに「二つの題名を変形させ、もっと別の場所へと導こうとする(36)」ためである。そしてカントやベルクソンの意志を継承し、現代の問題として宗教を考え直すことの重要性と必要性を訴えるためではないだろうか。

ここまで筆者は、デリダの宗教をめぐる思想を手がかりに、デリダ、ヘグルンド、そしてカプートの思想と解釈を検討してきた。限られた中での検討であり、ヘグルンドとカプートの解釈に特化した内容になったが、デリダの宗教観をどのように理解し、考えて行くべきかを検討することはできた[37]。最後に筆者の残された課題について触れておきたい。それはヘグルンドが、デリダの思想をラディカル無神論と名づけたこととも密接に関わる問題である。すなわち、デリダの自己免疫概念の重要性を認めた上で、次世代を生きるわれわれはいかにして来たるべき未来に希望をもてば良いのかという問題である。具体的には、善の中にすでに悪が存在すると考えるとき、そして自らが信頼し信用する人、愛する人がある日突然に変貌する可能性がつねにつきまとうとき、われわれは実際のところ、どのようにして「信じる」という行為を行えば良いのだろうか。というのも、先述したようなイスラム国の問題はもちろんのこと、デリダの生前においてはこれほどまでにソーシャルメディアは普及していなかったし、インターネット空間の利用も活発ではなかった。彼の死後、わずか一五年ほどの間に、科学技術を基盤とするわれわれの資本主義社会は劇的に変化した。その意味で筆者は、人々の信＝信仰のあり方も大きく変化しているのではないかと考えている。もちろんこうした問いは、容易に解決するものではない。そこで続く次章では、デリダの宗教解釈に関して〈メディア〉の観点からアプローチすることにしたい。そのさいにデリダの「死を与える」におけるメディアと犠牲の問題を明らかにする。

2 メディアタイゼーション時代の〈ユダヤ-キリスト〉教

本章では、「メディア」概念を宗教（学）との関わりから検討するために、「メディアタイゼーション（mediatization）[1]」という概念を取り上げ、その意義を明らかにする。そのさいに本書では、「メディアタイゼーション」という問題が、たんに最近のメディア論の分野だけでなく、デリダによって哲学的にも議論されていたことに着目する。

そこで第一に、スチー・ヤーワード（Stig Hjarvard）[2]の「宗教のメディアタイゼーション（The Mediatization of Religion）[3]」という論考を取り上げ、メディア論の観点からメディアタイゼーションの問題を検討する。さらにメディア論の指摘を受けて、第二に、メディアタイゼーション[4]と宗教との関わりについて、デリダの哲学的な議論を検討する。第三に、メディアの原義とその用法が、宗教、特にキリスト教文化と密接な関係があることを明らかにする。しかもデリダが、キリスト教に見られる宗教的な構造と「遠隔メッセージ」の構造を「類比《アナロジー》」の論理を用いて語る点に注目する。最後に、デリダの論文「信仰と知」（一九九六）について論じたS・マルジェルの論考を参照しながら、メディアタイゼーションの渦中を生きるわれわれの問題として、筆者なりの考えを提示する。

それでは、ヤーワードたちがどのように「宗教のメディアタイゼーション」を論じていたのか、次節ではその点を明らかにしよう。

1——「宗教のメディアタイゼーション」とは何か

これまで「メディア」については、さまざまな学問ジャンルで議論されてきた。特に最近では、カルチュラル・スタディーズの文脈で「メディア・スタディーズ（＝メディア研究 media studies）」として学際的なアプローチが盛んである。ジュリアン・マクドゥーガルによれば、一九六〇年代から八〇年代にかけての第一期のメディア・スタディーズは、権力に対抗するために人々の抵抗手段として、メディアに注目が集まっていた。それと同時に、メディア・スタディーズの主軸は、新聞やラジオ、さらにはテレビなどのマス・メディアの普及に支えられ、いわゆる「マス・メディア」研究に支配されていた。

ところが第二期の九〇年代から二〇〇〇年代に入り、高度なテクノロジーに支えられたデジタル・メディアが急速に拡大したことから、メディア・スタディーズは、メディアとテクノロジーの問題としても議論されるようになった。そして現在進行中の第三期のメディア・スタディーズでは、デジタル・メディアに加えて、インターネットの世界的拡大に伴って、根本的に変化した[5]。

こうした歴史的背景をもとに、近年のメディア・スタディーズでは、「メディアタイゼーション」という語が頻繁に議論されている。メディアの問題を論じるためには、もはやこの語を避けて通ることはできないと言っても過言ではない。筆者が取り上げるヤーワードは、この概念に早くから注目し、その発展に貢献した一人である。また特筆すべきなのは、近年の現象としてメディアタイゼーションを宗教との関連で論じていることである。しかも注意したいのは、あらゆる宗教でメディアタイゼーションという現象が生じており、特にキリスト教においては、メディアタイゼーションの力が絶対的であり、その構造は極めて特異的であるということである。管見に触れた限りでは、先のヤーワードが「宗教のメディアタイゼーション」を論じた最初の人物である。さらにヤーワード以外にも、メディアタイゼーション概念の理解については、イェスペル・シュトレムベックの分析も忘れるべきではない。

まず、ヤーワードは、「宗教のメディアタイゼーション」論文の中で、「宗教のメディアタイゼーション（mediatization of religion）」を近代西洋社会に特有の現象として分析している。また、メディアタイゼーション概念を論じるその他の研究者も、この概念を分析するさいに、西洋社会に焦点を当てる傾向にある。それに対して、日本国内の状況はといえば、管見に触れた限りでは、「メディアタイゼーション」概念に特化した研究は見当たらない(6)。

しかし、筆者の理解では、政治や経済のみならず、文化を含めたあらゆる側面でグローバル化が進み、多様なメディアを通じて世界とつながるようになった現代において、「メディアタイゼーション」の現象や「宗教のメディアタイゼーション」の現象を、たんに西洋社会の問題として片づけてしまうことはできない。特に本書で、〈メディア〉と〈暴力〉との関係を〈贈与と交換のポリティカル・エコノミー〉として捉え直すためには、「宗教のメディアタイゼーション」の問題は、われわれ日本人にも避けて通れない問題である。

ヤーワードは「宗教のメディアタイゼーション」論文の中で、「いかにしてメディアが宗教的変化を引き起こす主体（agents）として働くのか」という問いを提起し、その理論的枠組みを検討している(7)。彼の見解では、メディアは社会の中で一つの独立した制度へと発展してきた。その結果、他の制度はますますメディアに依存するようになり、「メディアの理論（theory of media）(8)」に適合しなければならなくなってきた。宗教は「メディアタイゼーションのプロセス」を通じて、ますます「メディアの論理（Media logic）」に組み込まれてきているという。それでは宗教がメディアの論理に組み込まれるとは、具体的にどのようなことを意味しているのだろうか。そもそもメディアタイゼーションとは、何を意味するのだろうか。

ヤーワードによれば、「メディアタイゼーション」とは、「長期に渡る社会的・文化的な変化」を意味する。それは、個性化、都会化、グローバル化、世俗化といった高度近代化の社会的・文化的変化をもたらすプロセスと同等のものとして考えることができる。[9] もっとも彼は、メディアタイゼーションの現象を限定的に捉えており、メディアが独立した諸制度となっている西洋社会のうちで見られる近代に特有の現象であると捉えていることには注意しなくてはならない。そしてメディアと宗教との間の接点に関する理論は、文化的・歴史的な諸々の文脈のうちで考察しなければならないと考えている。[10]

またシュトレムベックも、メディアタイゼーションという語が「多次元的で本質的にプロセスに重点をおく概念」[11]であると述べている。彼とフランク・エッサーとの共同論文では、「メディアが益々大きな影響を与え、社会のそれぞれに異なった空間を深くまとめるようになる社会的変化のプロセス」を示すものであり、「より幅広く、よりダイナミックで、プロセスを重視した概念」であるという分析もしている。[12] さらには、フリードリッヒ・クロッツも「歴史的で進行中の長期的なプロセスとして定義づけられるべきである」[13]と主張している。上記の研究者たちの分析から見えてくるのは、いずれも共通して、メディアタイゼーションが「プロセス」を重視した概念であると捉えていることである。つまり彼らは、メディアの影響によって社会のさまざまな領域が変化するその「過程《プロセス》」に力点を置いている。

それに対してディヴィッド・モルガンは、やや異なる見解を示している。モルガンによれば、メディアタイゼーションの諸理論がさまざまに論じるのは、コミュニケーションとメディア・テクノロジー産業における構造的な変化が、政治、宗教、あるいは消費のような他の社会的領野の中で激増していること。そして、それらの構造的変化によって上述のような社会的領域が変換されていることだと分析している。[14] また彼は、「ヤーワードにとってメディアタイゼーションは、宗教、教育、政治のような伝統的に非-メディア的な社会圏へメディアの論理を伝播する一面的なプロセス」であると解釈している。[15] 彼としては、メディアタイゼーションが近代や後期近代だけの現象とは考えておらず、むしろ mediation の理論を広げたいと考えているようである。またヤーワードが、以前は宗教制度によって支配されていた多くの作業をメディアが引き継ぐと主張することに対しても、実際には宗教とメディアは近代においてかなり複雑な関係をもつと指摘している。[16]

またG・マッツォレーニとW・シュルッツもやや異なる見解を示している。彼らは、メディアタイゼーションという語が、「近代マス・メディアの発達の問題含みな付随物あるいは帰結を意味する」[17] としている。またそれは、"mediation（媒介・調停・仲裁）" とも区別すべきであるという立場をとっている。彼らによれば、"mediation" は「異なる行為者間、集合体間、あるいは諸制度間をそれぞれ調停したり、伝達したり、和解させるさまざまな作用」を中立的な意味で指し示している。[18] 先のシュトレムベックは二〇〇八年の論文の中で、"mediation" とメディアタイゼーションの二つの概念が、メディアと政治に関する変化を述べるために使用されてきたものの、適切に定義されるよりも多用されてきたことを指摘していた。[19] 彼らの指摘もあってか、その後のメディアタイゼーションに関する研究では、両者の区分を意識した論文が複数見られる。[20]

以上のような諸論文の分析から明らかなのは、メディアタイゼーション概念が捉えにくく、これまでのメディア・スタディーズやメディア論の枠組みを超えていることである。そのことを明確に示しているのが、ヤーワードによる「パラダイム区分」である。彼は、これまでのメディア・スタディーズやメディア論が大きく二つのパラダイムによって支配されてきたと分析した上で、メディアタイゼーションの理論がまったく異なる第三の立場を取ると主張する。[21]

彼によれば、これまでのメディア論のパラダイムとして、第一に、最も古いパラダイムである「メディア効果の諸理論」があげられる。これは、メディアが社会的レベルと個人的レベルの双方で、態度や行動の変化を引き起こす諸方法と関わりがあるという。政治的プロパガンダの効果に関する研究やテレビスクリーンで暴力に晒されることで起こり得るさまざまな帰結に関するリサーチは、このパラダイムに含まれる。

そして第二のパラダイムは、「諸個人と社会的な諸々のグループが、さまざまな目的のためにメディアをどのように利用するか」ということに焦点が当てられたものである。いわゆる使用と満足に関するアプローチは、第二のパラダイム内部における一つの要素を表していると言う。またヤーワードによれば、それはいかにしてメディア使用の特殊な形式が、異なるタイプの社会的かつ心理学的な満足によって動機づけられるかを研究してきた[22]。第一のパラダイムが、「メディアは人びとに対して何をするか」に主眼が置かれているのに対し、第二のパラダイムは、「人びとはメディアと何をするか」（強調・筆者）ということに関わっている[23]。これら二つのパラダイムに対してメディアタイゼーションの理論では、メディアが社会の外部ではなく、まさに社会構造の部分として捉えられる。それゆえ、上記の二つのパラダイムに対しても懐疑的な立場を取るという。なぜなら両方のパラダイムとも、メディアを文化と社会から分かれたものとして概念化しているからである[24]。ヤーワードの分析に従えば、「メディアタイゼーション」とは、まさに社会の内部あるいは社会構造と一体化したものであり、相互に影響し合っているものとして捉えることができる。

さらにヤーワードは、メディアタイゼーションが宗教の三つの局面の変換（transformation）を伴うことを指摘する[25]。それが「宗教のメディアタイゼーション」である。それは第一に、宗教的な情報と経験は、一般的なメディアのジャンルに応じて、強く影響されるようになる。現実に存在する宗教的なシンボル、実践、信念は、世俗的な問題や神聖な問題の両者についての物語の、メディア自身の語りのための素材になる。第二に、文化的で社会的な環境としてメディアは、制度化された宗教の文化的・社会的な多くの諸機能を取り入れてきたし、精神的な手引き、道徳的宗教心、儀式の進行、共同体や帰属の感覚を提供する。第三に、メディアは宗教についての情報を提供するだけでなく、物語やヴァーチャルな世界を創造する。彼によれば、この世界は、人々が宗教的な特徴のある経験をもつように誘惑する。さらにソーシャルメディアは、人々に議論のための舞台を提供したり、似たような宗教的志向をもつ人々に対して、互いにコミュニティを形成する機会を提供したりする。

以上のようなヤーワードの分析を筆者なりにまとめれば、第一に、メディアの大幅な普及と拡大によって、メディアはわれわれの日常の至る所で使用され、社会や人々の生活を形成する一部となった。その意味で、メディアはある種の〈ポリティックス〉を身につけ、社会の人々の〈生／生活〉に浸透していった。第二に、メディアがたんに情報を伝達するという〈贈与と交換のエコノミー〉を獲得するだけでなく、宗教的な儀式や体験、宗教的な癒しや教えなどを発信することによって、人々の精神をも〈ポリティカルに〉支配するようになった。第三に、そのことは同時に、宗教のあり方をも変え、宗教が伝道を目的としてメディアを利用するというよりも、より日常性に入り込んだかたちで、〈倫理‐政治的《エティコ・ポリティカル》な意味〉をもつ積極的な素材となるようになった。

要するに、「宗教のメディアタイゼーション」とは、宗教そのものがメディア社会の一部と化し、内部化されたことを意味する。それは、宗教が、かつてのようにメディアを利用してプロパガンダを発信するというより、宗教そのものがメディアとなって、信仰や宗教的体験を共有したり、宗教的な実践を行う場として、信仰や宗教的体験の〈贈与〉と、さまざまな宗教的実践の〈交換〉の場を形成し始めたと言えるだろう。ここにおいて筆者は、「宗教のメディアタイゼーション」とは、宗教的体験や実践を〈宗教〉という〈メディア〉を介して、ある種の〈贈与と交換のポリティカル・エコノミー〉に回収することであると指摘したい。

ところで、ヤーワードたちの諸論客たちが宗教ということで想定しているのは、どのようなものだろうか。彼らの多くが「メディアタイゼーション」を西洋社会に特有の現象として特徴づけていることから推測して、アブラハムに由来する三大一神教だろうか。そこでメディア論における「宗教のメディアタイゼーション」に示唆を受けて、次に筆者が注目したいのは、デリダの論考である。というのも、デリダは哲学的な視点から、「宗教のメディアタイゼーション」がキリスト教に特有の現象であると考えていたからである。

2 ──「宗教」の意味論的二源泉

ヤーワードらのメディア論的な観点から、「メディアタイゼーション」概念が注目されている一方で、それ以前にも哲学的な文脈で「メディアタイゼーション」が問題にされていた。特にデリダは、哲学的な視点から〈宗教のメディアタイゼーション〉を論じており、メディアや遠隔テクノロジーが宗教と密接不可分な関係にあることを指摘している。そのさい重要なのは、デリダが、「宗教」を意味する「religion」という語には、キリスト教的な起源があると指摘している点である。デリダによれば、「religion」という語の「re-」という接頭辞にこそ、重要な意味が含まれている。さらにデリダは、エミール・バンヴェニストを参照しながら、「religion」の語源にまで遡り、この語が本質的にキリスト教的なものであることを明らかにしている[26]。そこで本節では、デリダの論考に即して、〈宗教のメディアタイゼーション〉のキリスト教的起源を探ることにしたい。そうすることで、デリダがメディアと宗教との関わりをどのように捉えていたかが明らかになるだろう。

二〇〇一年に出版された『宗教とメディア』[27]という論文集の中に、デリダの「Above All, No Journalists!（何よりもまず、だれもジャーナリストではない！）」という論考が収録されている。その中でデリダは、「グローバル化された宗教のメディアタイゼーションが、根本的にキリスト教的」であることを指摘しながら、なぜこの現象が、ユダヤ教、イスラム教、仏教などではないのかという問いを提起している[28]。もちろんデリダは、「宗教のメディアタイゼーション」という現象そのものに関しては、すべての宗教がその現象にあると認めてはいる。しかし彼の指摘で注目すべきなのは、デリダが「キリスト教のメディアタイゼーションの力と構造のうちには、絶対的に唯一の特徴がある」[29]と考えていることである。そしてデリダはそれを「世界ラテン化（mondialatinisation）」[30]と名づけている。

それではデリダは、なぜ「宗教のメディアタイゼーション」がキリスト教に特徴的な現象だと考えているのだろうか。本節と次節で、この問いについて考察する。まず本節では、宗教の問題を、「宗教」という翻訳語の原語「religion」の語源に遡って検討する。続く次節では、「religion」という言葉を〈メディア〉という観点から検討することにしたい。そうすることで、〈メディア〉と宗教との関係が明らかになると考える。

まずデリダは、「Above All, No Jounralists!」の冒頭で、テレビの宗教番組について語り始める。デリダによれば、多くのキリスト教者たちの間では（他の諸宗教とは対照的に）神と信徒の交わり／聖餐（communion）、真の精霊の到来、ある意味での聖餐（the Eucharist）、そして奇跡さえもがカメラの前で生じるという特異性がある。他の諸宗教においては、宗教的なことが話されることはあっても、神聖な出来事そのものが実際にカメラの前にいる人々の身体に起こることはない。神の顕現／受肉、仲介者、「これは私の体である（*hoc est meum corpus*）」、聖餐／聖体といった、神が顕現するような出来事は、キリスト教徒をユダヤ教やイスラム教から区別するある種の構造と結びついているとデリダは言う。

またデリダは、当時のローマ法王ヨハネ・パウロ二世のメディア戦術の鋭さを指摘している。パウロ二世は、今日のメディア・テクノロジーの力をいかにして世界中で利用するかということをよく理解していた。しかも「ローマカトリック教会は、今日唯一のグローバルな政治的制度」[31]でもある。デリダがこのような指摘をするのは、教会の歴史と教会の諸制度の構造を福音書（キリスト教の良き知らせ、顕現、真の精霊や福音主義、殉教、復活）に関係づけて考える重要性を強調するためである。筆者の見解では、デリダの指摘で重要なのは、ローマカトリック教会が「グローバルな政治的制度」であり、地上で最高の権力であるということである。宗教的諸制度を

〈倫理-政治的に《エティコ・ポリティカリー》〉教化／強化するために、福音書が用いられているということは忘れるべきではない。その意味で、〈メディア〉がローマカトリック教会の布教に一役買っているだけでなく、精神の教導の名のもとに人々を〈ポリティカルに〉支配する構造を必然的にもっているということである。しかも、宗教とメディアが結びつくことによって、すなわちテレビというメディアを用いて行われる宗教のグローバル化は、同時に宗教概念の「世界ラテン化」であると考えられるのである。[32]

デリダは九〇年代に『信仰と知』[33]（一九九六）というタイトルで、宗教と遠隔科学技術・メディアについて語っていた。この中でデリダは、「『宗教』を考えることは、『ローマ的』なものを考えること」[34]であると述べながら、「世界ラテン化」を「神の死の経験としてのキリスト教と遠隔科学技術的資本主義の結合」として語っている。筆者の解釈によれば、「世界ラテン化」とは、キリスト教という宗教と、遠隔科学技術というテクノロジー（＝〈アート〉）と、世界資本主義という〈ポリティカル・エコノミー〉が密接に結びついたところに成り立つ。そして「世界ラテン化」という言葉が含意しているのは、グローバルな世界が宗教性を孕むメディア化された世界であり、そこには経済システムの枠を超えた〈ポリティカル・エコノミー〉が支配しているということにほかならない。[35]

その意味で、デリダがこのような「世界ラテン化」という言葉を用いるのは、もはやわれわれの世界が「インターナショナル（＝国際的 international）」や「グローバリゼーション（＝グローバル／地球化 globalizaton）」などのような言葉では表現しきれない世界、つまりたんなる政治的な意味でのインターナショナルな世界でもなく、グローバリゼーション化された世界でもない世界へと入り込んでいると認識しているためである。高度に洗練されたキリスト教的世界観が、資本主義的な〈ポリティカル・エコノミー〉と一体となって世界を覆っていると言ってもよい。

端的に言えば、「世界ラテン化」とはまさに「世界のラテン語化＝ローマカトリック化」である。そして、筆者の解釈では、世界が「ラテン語化すること（＝ latinisation）」は、ローマカトリック教会の公用語としての「ラテン語」が世界を席巻することにほかならず、キリスト教的世界観が、日本を含む非キリスト教的世界をも呑み込むことを意味している。[36]

さらにデリダは、バンヴェニストを参照しながら、「われわれが『religion』と呼ぶものには、インド＝ヨーロッパ語に『共通の』用語はない」と語ることで、"religion"という語の起源についてわれわれの注意を喚起する。[37]それは、インド＝ヨーロッパ語族の人たちは、"religion"という「どこにでもある現実（réalité omn présente）を独立した制度」[38]として考えておらず、今でもそうした場所があるからである。バンヴェニストによれば、"religion"を表す「単一で一定した呼称が見られない」のは、その「概念自体の特質」が関係している。[39]というのも、"religion"の基となるラテン語の"religio"は、西欧諸語で唯一安定した用語と考えられていたものの、それがいったい何を意味するのかについては古代より論争が続いていた。そこには主として二つの解釈があり、一つには"legere（集める）"に結びつける解釈、そしてもう一つには"ligare（結びつける）"によって説明する解釈があった。前者はキケロによる解釈であり、後者はラクタンティウスとテルトゥリアヌスによる解釈である。

バンヴェニストは、"religio"が「本来〈宗教〉を意味してはなかった」ことを証明するために、意味の二源泉を遡行する。結論を先取りするなら、バンヴェニストが「たった一つの解釈しか許さないように思える」と述べながら、彼が"religio"の起源として選んだのは、キケロの解釈（ligere）であった。[40]バンヴェニストは、"religio"が「新たな選択のために再び取る、以前のやり方に立ち戻る」ことを指し、その本義は「すでに行なった選択をやり直すこと、その結果としてなされる決定を訂正すること」にあると述べる。[41]本来、宗教とは何の関係もないはずの"religio"が、なぜ神や信仰と深い関係をもった、いわゆる「宗教」としての"religion"の意味をもつようになったのか。そして何故それは「キリスト教のもの」なのか。それには、先に示した後者の解釈、すなわち"religio"を"re-ligare〈再び‐結びつける〉"によって説明しようとする解釈が深く関係している。

バンヴェニストによると、後者の解釈をしたラクタンティウスにとって、“religio”は「われわれを神聖に〈結びつける〉信仰の〈絆〉(42)」を意味した。つまり、ラクタンティウスが“ligare〈結びつける〉”と言うとき、それは神と私とを〈結びつける〉ことを意味した。キケロが生きていたのが紀元前であったのに対し、ラクタンティウスが生きていたのは紀元三世紀つまり初期キリスト教の時代であった。しかもラクタンティウスは、初期キリスト教の著述家であり、神託を司った女預言者シビュラたちの言葉を本に集めて記録をしたり、コンスタンティヌス皇帝の息子の教師を務めたりした人物だった。このことに鑑みれば、彼の解釈はある意味で戦略的だったと言える。ラクタンティウスは、「もともと神に結びついていた人間がいったん神から離れたが、イエス・キリストを通じて再び神に結びつく(43)」という意味を“religio”に読み込み、“re-ligare〈再び-結びつける〉”による解釈を提唱したのである。その後、彼の説は、アウグスティヌスやトマス・アクィナスなどキリスト教思想家たちによって支持され、「正しい解釈」として受け入れられるようになったという(44)。バンヴェニストが述べているように、キリスト教徒にとって、「新しい信仰を異教から際立たせるものは信仰の絆」であり、“religio”概念の改変は「人間がみずから神との関係を打ち立てるという考え方」に基づくものであったのである(45)。

以上のように、意味論的な二源泉に関する解釈の相違は、デリダにとって「疑いなく刺激的」なものであった。ただ“legere”にせよ“ligare”にせよ、解釈の意味上の差異はそれほど重要ではない。デリダによれば、“religion”の語源的な源泉がどちらの場合であろうと、ともに「re-」という接頭辞に関わっていることが重要なのである。というのも、両者ともに「自分をまず自分自身に結びつける執拗な結びつき関係に関わっている(46)」からである。デリダにとって問題なのは、まさに“religion”が、二つの語の起源も「re-」という接頭辞をもつという意味で、集合、再-集合（ré-assemblement）、再-収集（ré-collection）であり、完全に引き離された絶-対的他性（l'altérité ab-solue）に対する一つの抵抗（ré-sistance）あるいは一つの反動（ré-action）であるからである。

つまり、ミカエル・ナースが二つの語源（re-legere と re-ligare）の「re-」が「第三の可能性をほのめかしている」(47)と述べるように、デリダにとって「宗教（re-ligion）」の問題は、応答（re-sponse）、責任（re-sponsibility）との関係のうちでさらに考察されなければならないのである。(48) デリダにとって「宗教」としての“re-ligion”の問題は、つねに〈倫理《エティコ》-政治的《ポリティカル》な〉問題として捉え直されなければならない。しかも“religion”の概念の根底には、「抵抗」や「反動」の契機もまた含まれていることは忘れるべきではない。

3　キリストという「メディア」とメディアの亡霊化

前節では、「religion（＝宗教）」という語の語源に遡って考察することによって、“religion”が二源泉の含意を保持しつつ、その可能性の一端が示された。そこで本節では〈メディア〉の原義について検討することによって、〈メディア〉と宗教との語源に関する思想的な関わりを明らかにする。それに続けて、われわれは、デリダが、受肉や聖餐などの宗教的儀式の構造が、「キリスト」という〈メディア＝仲介者 Mediator〉の「スピリチュアル化」を意味しており、デリダの言葉で言えば、「亡霊化」されていることを指摘する。

つまりデリダによれば、〈メディア〉という概念もまた、本質的にキリスト教的であると言えるのである。そして、あらゆる宗教で「メディアタイゼーション」という現象が生じている一方で、特にキリスト教においては、「メディアタイゼーション」の力が絶対的であり、その構造は極めて特異的であることが明らかになるだろう。

そもそも〈メディア〉という語には、その原義である「中間・媒介・媒体（medium）」や「仲介・媒介・調停（mediation）」という意味だけではなく、そこから推測できるように、「仲介者（mediator/ The Mediator）」という言葉を派生語として持っている。特に本書で重要なのは、〈メディア〉という語には、本来、イエス・キリストの意味が与えられていることである。これはイエス・キリストが、文字通り、神と人とを〈仲介する者〉だからである。

そしてまた〈メディア〉という語がわれわれにとって興味深いのは、〈メディア〉という語の初期の使用法にある。

ジュビレ・クレーマーによれば、〈メディア〉という語には二つの重要な使われ方があった。[49] 一つは、ギリシア文法の中には、能動態にも受動態にも影響されない〈中間の態〉としての中間態（中動相 middle）と呼ばれる用法があることである。中間態（中動相）とは、「する（能動）」と「される（受動）」との間の事態を指し、作用と反作用の間の混合形式をなす行為であった。[50] もう一つは、三段論法の中間概念、いわゆる大概念と小概念を媒介する媒概念（middle）を指していた。[51] この二つの用法からも分かるように、そして彼女が強調するように、「中間こそがメディアの場所」なのである。[52]

上記の点を強調した後、クレーマーは「中間」には三通りの理解が可能であると述べている。[53] 第一に、空間的に「あいだ」の位置を占めること。第二に、機能的に媒介者であること。第三に、形式的に中立化することである。以上のことから、彼女の理解をキリスト教の文脈にまで敷衍して考えれば、まさに神と人との仲介者であるイエス・キリストが、三通りの働きをしていることが見てとれる。第一に、神と人との「あいだ」をつなぐ者。第二に、神のみ言葉《ロゴス》を伝える媒介者。第三に、神でも人間でもない、あるいは神でありかつ人間でもある中立者である。以上のことから、イエス・キリストが、The Mediator（仲介者・媒介者・中立者）と呼ぶに相応しい存在であることが理解できる。そして彼こそが神と人類との間に交わされる「新しい契約の仲介者／仲立ち」[54] であり、神のみ言葉《ロゴス》を伝える媒介者でありかつ、唯一の中立者と呼ぶことができるのである。[55]

以上のように、〈メディア〉は、本来的な意味でも現在的な意味でも「中間」をその本質的な要素としてもっている。現在でも、〈メディア〉は、マス・メディアからソーシャル・メディアまでその形態はさまざまであるが、いずれも「中間」・「仲介」・「媒介」などを意味している。さらにここで注目したいのは、〈メディア〉のもつ機能である。この場合〈メディア〉の機能とは、遠く離れた場所を行き来して、それぞれのメッセージを届ける働きのことである。こうした機能は、〈メディア〉特有にして最大の働きであると言えるだろう。そして、デリダは、遠隔地にメッセージを届ける〈メディア〉の機能を、「遠隔メッセージ」と呼ぶ。

現在では、いかに放送局から空間的に離れていようともテレビやラジオを視聴したり、インターネット環境さえ整っていれば、誰でもEメールを送受信したりすることができる。しかしこのように、遠く離れた地域間で容易にメッセージをやりとりすることができることは、たしかに便利な反面、デリダに言わせれば、結果として「私的でも秘密でもない空間の中で（メッセージが）瞬時に送ったり受け取られたりする」[56]ことを意味する。つまり、何かを〈媒介〉して、メッセージを伝える以上、もはや特定の閉じられた完全な私的空間を保つことは不可能である。〈メディア〉を介してつながっている場所では、つねに媒介するための空間が開かれており、私的空間における「秘密」が破られる可能性がある。

なぜなら先に述べた通り、〈メディア〉という語の「媒介」という意味は、「中間」という意味をも含意しており、何かと何かをつなぐことが含まれているからである。ところが他方、「秘密（secret）」とは、「se-（離れて）-cret（分けられた）もの」であり、何かと何かを媒介してはならないものである。その意味で、デリダが述べるように、秘密（se-cret）とは「絶対的なもの（ab-solutum）そのもの」[57]である。なぜなら、「絶対的なもの」もまた、「ab-（分離、離れて）-solutum（束縛のない、結びつきのない）もの」であるからである。それゆえ、デリダによれば、「秘密」とは、いかなる結びつきからも分離されていなければならない。しかし「秘密」の絶対性を破壊するのが〈メディア〉である。つまり、〈メディア〉は、結びつきのなかったもの同士の間に介在し、それらを媒介することによって、両者の間にあった隔たりをつなぐ〈中間項〉となり、〈媒介項〉となるからである。

デリダは、遠隔メッセージによって秘密を破ることが、宗教的な構造を含意すると指摘している。そしてデリダによれば、その構造もまた、キリスト教に深く関わっている。つまり、この場合、宗教的構造とは、ある公的なメッセージを、宗教が精神に対して語るさまざまな物事にたとえることである。たとえば、キリスト教を特徴づける受肉のプロセスそのものや、聖書に見られる「これは私の体である」という表現、そしてパンを体内へ取り入れる聖餐式などに、宗教的構造が見られるのである。これらの具体例はいずれも、キリストの死せる身体のスピリチュアル化であり、スペクトラル化（亡霊化）であるとデリダは言う[58]。そして、メディアを通じて間接的に送られるメッセージもまた、「使徒《メッセンジャー》（天使や福音伝道者）と同様に、こうした亡霊化（spectralization）を産み出すかあるいは含意する[59]」と言うのである。

こうしたデリダの主張は、筆者なりに解釈すれば、大きく分けて二つのことを意味している。第一に、「宗教（キリスト教）」と「秘密」の関係であり、第二に、遠隔メッセージと亡霊化との関係である。

まず、「宗教」と「秘密」との関係について考えてみよう。アブラハムに由来する唯一神とは、本来、「絶対的なもの（ab-solutumu）」であり、「絶対的他性（l'altérité ab-solue）」であり、それゆえに決して近づくことのできない存在のはずだった。ところがイエス・キリスト（The Mediator）という媒介が現れたことにより、その絶対性としてのab-（離れて）-solutum（結びつきのない）はずのものが結びついてしまった。み言葉《ロゴス》としての神は、イエスという人間性をもった肉体となって、人間の前へと顕現する[60]。人間から絶対的に分離されているはずの神は、仲介者イエス・キリストとなり、神のみ言葉《メッセージ》を人々へ伝える。仲介者の顕現によって、絶対的なものとしての秘密（se-cret）は破られたことになる。前節で見た、religionの語源としてのre-legereとre-ligareが「結びつく」ことに関わっていたことを思い起こしてみれば、この語がキリスト教的なものであることが再び理解される。

次に、遠隔メッセージと亡霊化との関係について検討してみよう。ただし筆者が理解する限り、この関係については問題があるように思われる。そこでまず、受肉や聖餐式のような儀式が亡霊化であるというデリダの主張を確認してみよう。

周知のように、聖餐式では「これは私の体である」というイエス・キリストの言葉にならい、スピリチュアル化されたパン（イエス・キリストの身体）を信徒たちは食する。その儀式は、キリストの身体を、パンとして（パンというメディアを介して）体内化することを意味するのであり、同時に神のみ言葉を体内化することでもある。それが亡霊化であるとデリダが語るのは、実際にイエス・キリストが現前していないにもかかわらず、信徒たちが食するパンにみ言葉が宿っているからである。しかも、メディアの観点からすれば、神のみ言葉をイエス・キリストが媒介し、そのキリストの身体をパンが媒介するという意味で、二重のメディア化が存在していることになる。それゆえ、パンを食することによって、キリストが体内化され、キリストを体内化することで、神のみ言葉を体内化することになる。

またデリダは、さまざまなテキストで亡霊（spectre）[61]という語を度々使用してきた。特に、メディアと亡霊化を語る上で重要な『テレビのエコーグラフィー』（一九九六）の中で、デリダは、この亡霊という語について、「スペクタクル的なもの〔見ることに関すること〕[62]」を意味しているがゆえに、「見えること（visible）」に関わっていると述べている。つまり、デリダは亡霊という語を使用することで現実の存在者のような仕方で現れることはないが、まったく何も見えないわけでもない、現前と不在のどっちつかずの状態を示そうとする。なぜなら亡霊とは「目に見えない見えるもの（du visible invisible）」であり、「なま身に現前することがない身体の可視性（目に見える状態）[63]」を意味するからである。それゆえ、亡霊は現前もしないし、不在でもない。またそれは、純粋に生きているのでも純粋に死んでいるのでもなければ、魂でも身体でもなく、あるいはそれらすべてでもある。

しかし、亡霊がたんなる見えないものではないことに注意しなければならない。デリダによれば、少なくとも「肉体の見せかけなしに幽霊（fantôme）などありえず、精神＝霊の亡霊化（devenir-spectre de l'esprit）などけっしてない」[64]。それゆえ、亡霊が「目に見えない見えるもの」になるためには、つまり亡霊化するためには、幽霊的なものが身体へ回帰する必要がある。その意味で、亡霊発生のプロセスは「逆説的な体内化」に対応していると言うことができる[65]。つまり「いったん観念や思惟をその基底から引き離したあとで、それらに身体を与えて幽霊的なものを産み出し」、その観念や思惟を「別の人工的な身体に、代替器官的な身体に、精神の幽霊に受肉させる」ことによって、亡霊は発生するのである[66]。以上のようなプロセスを考えるならば、キリスト教的な聖餐式もまた、まさにデリダが述べる亡霊化のプロセスとアナロジーに考えることができる。端的に言えば、神のみ言葉《メッセージ》を伝えるために受肉されたイエス・キリスト（The Mediator）は、現代においては精神＝霊となって聖餐式のパンへと受肉され、パンを食す信徒へと体内化されることで、スピリチュアル化され亡霊化されると考えられるのである。

これまでの考察から、受肉や聖餐式のようなキリスト教的な儀式がスピリチュアル化であり亡霊化《スペクトル》であるというデリダの主張は、とりあえず理解することができるだろう。しかし、このように考えることによって、キリスト的儀式などが説明されたとしても、それが遠隔メッセージの亡霊化へとそのまま応用可能なのだろうか。たしかに、デリダの言うように、メディアから発信されるメッセージもまたわれわれのうちへと取り入れられ、精神あるいは思想のうちへと内部化される。その意味で、メッセージは、知らず知らずのうちに内部化してしまうがゆえに、われわれの中に在るとも無いとも言うことができないし、記憶のように、亡霊的に回帰するものかもしれない。また、デリダが亡霊という語で示そうとしたのは、いかなる二項対立的な言説にも属さない、ある種の両義性であったことを考えれば、メディアのメッセージもまた両義性をもった存在者であると考えることは可能である。

けれども、メディアの亡霊化を、デリダが述べるようなキリストの身体のスピリチュアル化などの構造とともに語るためには、メディア自体がキリスト教的な亡霊化作用をもつのであるということをあらためて明らかにしなければならないだろう。さらに、デリダが言うように、われわれの世界が「世界ラテン化」を避けられないのであるならば、宗教のメディアタイゼーションもまた「世界ラテン化」と切り離すことのできない関係を持っているはずである。

デリダは、「今日では、宗教の遠隔視覚《テレビ》的グローバル化（the televisual globalization）が同時に、宗教という概念そのものの、ひとつの『世界ラテン化』であることを理解すること」[67]が重要であると述べていた。「宗教の遠隔視覚《テレビ》的グローバル化」とは「宗教のグローバル化されたメディアタイゼーション」であり、まさに今日では、より多用なメディアによってメディアタイゼーションが進んでいることを考慮しなければならない。そしてメディアの多様化によって応答と責任の問題はますます見えにくくなっていることにわれわれは注意しなければならない。

さて、前節では「religion」にキリスト教的な起源があることを確認し、本節では「media/medium」の機能にキリスト教的な構造が見られることを確認した。そこで次節ではこれまでの議論を踏まえ、責任と応答の問題について検討するために『死を与える』（二〇〇四）の中で論じられる贈与の問題を取り上げる。[68] デリダは『死を与える』の中で、創世記・イサク奉献を主題としたアブラハムの物語について語っている。そこでアブラハムは、神の命令に従うために、誰にも告げることなく息子イサクを神への捧げもの（＝贈与）として犠牲にしようとする。聖書に描かれたこの神話は、自己犠牲とは反対に、他者を犠牲にすることで、自らの信仰心を神へ証明すること（＝〈贈与と交換のポリティックス〉）が描かれている。デリダは聖書におけるイサク奉献を手がかりにして、贈与と自己犠牲の問題を論じている。

筆者の見解では、「宗教」も「メディアあるいはメディアタイゼーション」も、ある意味でキリスト教的性質をもっており、宗教の如何を問わず、現代を生きるわれわれもまた、知らず知らずのうちに「キリスト教化」しているとさえ言える。デリダによれば、このようにして成り立つキリスト教的世界のあり方が「世界ラテン化（globalatinization）」にほかならない。

４――『死を与える』イサク奉献をめぐって

それでは次に、『死を与える』を中心に、デリダの贈与論の中で論じられている「犠牲」の問題について見てみよう。デリダは創世記の中で描かれるイサク奉献の物語を取り上げながら、「死を与える」ことの意味について考察している。その中でデリダは、われわれが今問わなければならないのは、「贈与についての言説や死の贈与が、犠牲についての言説や他者のための死についての言説であるのか」ということだと述べている。[69]

一般的に、西欧で言われる「供犠（sacrifice）」とは、「神への奉納、すなわち聖化する手段、人間的なものを神へ移行させる為の手段」であると考えられている。[70] しかしデリダは、こうした語源的な意味とは別に、『死を与える』の中で次のように述べている。

フランス語で donner la mort〔死を与える〕とは、何を意味するのか。ひとはどうやってみずからに死を与えるのか。ひとはどうやってみずからに死を与えるのかと言うとき、「みずからに死を与える〔se donner la mort〕」という表現は、「みずからの死の責任を引き受けながら死ぬこと」「自殺すること」を意味するが、「他人のために自己を犠牲にすること（se sacrifier pour autrui）」「他者のために死ぬこと（*mourir pour l'autre*）」をも意味し、したがっておそらくは、「死を思い描き、与えられた死を受け入れながらみずからの生命を与えること」をも意味する。[71]（強調・デリダ）

ここでデリダは、「みずからに死を与える〔se donner la mort〕」という表現が、一方で「みずからの責任を引き受けながら（みずから）死ぬこと」を意味しながら、他方で「他人のために自己を犠牲にすること」をも意味すると指摘する。そして「みずからに死を与える」ということと犠牲の関係、他者のために死ぬこととの関係、犠牲と自殺とこうした贈与のエコノミーとの関係はどのようなものかと問う。

さらにデリダは、「他者のために自分の生命を与えること、他者のために死ぬこと、それは他者の代わりに死ぬことではない(72)」とハイデガーが強調していることを援用して、そうではなく、「私が死ぬことができ、他者に私の生を与えることができるのは、死ぬことが、もしそれが『存在する』とするならば、私のものであり続けるから」であるという。デリダによれば、この「代理不可能性との関係においてしか、自己の贈与は有り得ないし、それを思考することもできない(73)」。

それではデリダの言う「贈与」とは何を意味するのか。デリダは『時間を与える』の中で、贈与があるためには「受け手はお返しをしてはならないし、返済したり、払い戻したり、恩返しをしたりしてはならず、契約を取り結んでもならないし、決して負債を負ってはならない(74)」と述べている。しかも、それは受け手の問題だけではない。デリダによれば、「贈与があるためには、受け手あるいは贈り手が贈与をそのようなものとして認知してはならないし、それを意識したり、記憶したり、感謝（承認）してはならない(75)」のである。というのも、贈与が贈与として認められてしまえば、それは途端に本当の意味での「贈与」ではなくなってしまい、たんなる交換のエコノミーへと回収されてしまうからである。つまり、互酬性の円環に巻き込まれてしまっては、もはや「贈与」ではなく、負債を生じるエコノミーの問題になってしまうのである。

以上のことからデリダは、死の贈与の可能性と不可能性について考える。デリダによれば、「私は他者の代わりに死ぬことはできない」が、だからこそ自己の贈与の可能性が生じる。つまり、贈与とは絶対的に交換ではないものであり、経験不可能なものだからこそ、私固有のものとしての死の贈与が起こり得る。死は絶対的に私だけのものであり、誰も他人の死を代理することはできない。そのことは文法的にも明らかだとデリダは言う。「他者のためにpour死ぬこと、他者におのれの生命を与えること」というさいにつけられる与格は、置き換えを意味するわけではない。端的に言えば、「他者のために死ぬこと」の「ために」は、「他者の代わりに」という意味のpourを意味しない。われわれは「彼を死から解放してやることができるほどまでに、他者のために死んでやることはできない」のである。その意味で、「私は他者からその死を取り除くことはできず、他者も私から私の死を取り除くことはできない[76]」。

それでは、このような、固有で「代理不可能なもの」としての死が、「犠牲」として扱われるとき、デリダの思想はどのようにそれを捉えるのだろうか。まずデリダは、キルケゴールが『おそれとおののき』の中で論じるイサク奉献の物語を読解しながら、「倫理の普遍性は、責任を保証するどころか、無責任へと駆り立てるもの」であり、「倫理は責任をなくすことへと向けられることがある」と指摘する[77]。

イサク奉献とは、神がアブラハムに与えた試練の物語である。イサクは、アブラハムが一〇〇歳、その妻サラが九〇歳のときに、神によって授けられた一人息子であった。イサクが少年になったある日、神はアブラハムに息子イサクをモリヤの山で燔祭の犠牲として捧げるように命ずる。アブラハムは燔祭の薪をイサクに背負わせ、自分は火打ち石と刃物を持って、神の示す山の上へと向かった。歩きながらイサクはアブラハムに問いかける。「ねえ、火打ち石と薪はここにあるけど、燔祭の羊はどこにあるの」。するとアブラハムはこう答える。「燔祭の羊は、神さまがちゃんと用意してくださるよ、おまえ」。やがて二人は神の示された場所に着き、アブラハムは祭壇を築いた。それから薪を並べ、息子イサクを縛り、彼を祭壇の上に横たえ、薪をまわりに置いた。アブラハムは手をのばして刃物を取り、あわや息子をほふろうとしたそのとき、天から神の使いがアブラハムの名を呼びかけて言った。「その子に手をかけるな。指一本ふれてはならぬ。今こそ神を畏れるおまえの心がわかった。おまえは、自分の子、ひとり子さえも、私のために惜しまなかったのだから」。アブラハムがふと目をあけると、一匹の雄羊が木の茂みに角をひっかけていた。アブラハムは早速その雄羊をとらえ、息子のかわりに燔祭の犠牲として捧げたのである。[78]

このイサク奉献の物語で重要になるのが、先の「倫理は責任をなくすことへと向けられることがある」というデリダの指摘である。なぜならこの物語は、常識的な倫理価値に基づけば暴力として見なされるような行為が、宗教的な意味づけを賦与されるだけで非倫理的行為が正当化あるいは聖化されてしまうという重大な問題を孕んでいるからである。言い換えれば、アブラハムが息子に死を与えようとしたことは、倫理上では殺人と呼ばれる行為であるにもかかわらず、宗教上は神への信仰と忠誠を示す行為と見なされるのである。

また、アブラハムがイサクを捧げものとして「犠牲」にするためには、イサクを「絶対的に愛さなければならない」し、その行為が「絶対に苦痛に満ちたもの」であり続けなければならないとデリダは言う。[79]なぜならもし憎んでいる者に死を与えたとしても、それは「犠牲」とは言えないからである。というのも、田村均によれば、「犠牲」とは、「何ものかの『身代り』として『被害』を受けることを含むが、そのこと自体が崇高な行い」[80]でなければならないからである。[81]つまり、イサクが神への捧げものとして価値ある「犠牲」になるためには、アブラハムが彼を他のどんなものよりも愛していなければ、崇高なものとはなり得ないのである。最高に価値あるもの、有用性のあるものを破壊してこそ、崇高さが生じ得る以上、アブラハムは試練を受け入れなければならなかった。そこにおいて二重の贈与、すなわち息子を犠牲にして神にその命を捧げることと、息子に死を与えるという一つの贈与が成就する。

それでは、イサク奉献の物語の中で、アブラハムが「犠牲」にしたものは何であったか。イサクは最終的に捧げものとして犠牲になることはなかった。それは神が犠牲のプロセスを中断するためにアブラハムに呼びかけたからである。しかしアブラハムが神に従おうとした以上、イサクを殺害しようとしたという倫理的な義務を犠牲にしたことは紛れもない事実である。それはまさに信仰と倫理の間に跨がる二つの矛盾した義務である。カプートがアブラハムの物語を、倫理なき、倫理の安心と慰めなき拘束あるいは犠牲の物語であるというように[82]、イサク奉献の物語では宗教的義務を果たすために、倫理的なものが犠牲にされるのである。しかし犠牲にされたのは倫理だけではなかった。

というのも、デリダは、アブラハムが神に対して何の報酬や見返りも期待することなくイサクを捧げようとしたことを指摘する。その意味で、アブラハムはエコノミーの彼岸、エコノミーの犠牲においてイサクに死を与えることを決意した。ここで気をつけなければならないのは、エコノミーがギリシア語のオイコノミア（οικονομία）に語源があることである。オイコス οικος〔わが家、自分のもの〕とノモス νομος〔掟、法則〕によって成り立つエコノミーの犠牲が意味するもの、それは「家の掟、住まいや特有財産や私有財産、近親者の愛や情愛などの法の犠牲」にほかならないとデリダは強調する[83]。つまり、エコノミーの彼岸ということは、わが家の掟の彼岸を意味する。したがってアブラハムは、自らの家庭の掟すらも犠牲にしたと言わなければならない。結局、この親近者に与えられる死という絶対的犠牲を決断するその瞬間、神は愛する息子イサクを返すことを決断するのである。

最終的にイサク奉献の物語では、その後のイサクとアブラハムの関係を論じることはない。しかし実の父親に自らの命を犠牲にされそうになったイサクの心的外傷は誰が癒すのだろうか。先の「秘密」の問題を想起すれば、神とアブラハムの間に結ばれた「秘密」、すなわち「絶対的なもの（ab-solutum）」は、神の呼びかけという〈メディア〉によって破られることになる。神の呼びかけは、たしかにイサクの命を救ったが、それと同時にイサクにも「秘密」が開示されたことになる。それでもイサクは父を愛し、神を信じることができるのだろうか。ここに生じる犠牲の〈エチコ＝ポリティカル〉なエコノミーは、あまりにも代償が大きい。

以上、デリダのイサク奉献解釈から、「贈与」の経験不可能性と「犠牲」の問題が明らかになった。上記のような宗教の枠組みの中で語る「犠牲」という概念からわれわれが学び得ることは何だろうか。高橋哲哉は、現在の状況の中でデリダの犠牲論を参考にしながら、「ある他者（神）に対して忠実であろうとすれば、別の他者（イサク）を犠牲にしなければならない」というデリダが示した「絶対的犠牲」の構造が、「日常的なものの構造そのもの」であることを指摘している。そして私たちが「絶対的犠牲」の構造から逃れることはできず、その中で決定しなければならない以上、「あらゆる犠牲の廃棄は不可能であるが、この不可能なものへの欲望なしに責任ある決定はありえない」と述べている。高橋が指摘するように、デリダの論じる「犠牲」の構造は、まさに「日常的なもの」であり、私たちに「犠牲」と責任の問題を突きつける。(84)

さらに筆者の立場から注意を喚起したいのは、実際のわれわれの日常生活の中では、こうした「犠牲」という概念が、事態を聖化したり美化したりする働きとして利用されている可能性があるということである。具体的には、震災や大事件に巻き込まれた人々が「犠牲者」と呼ばれるとき、彼らは誰かのため、何かのための「犠牲」だったのだろうか。震災や事件の「犠牲者」は、本来は端的に「被害者」なのではないか。ここで問題なのは、報道機関が〈メディア〉として媒介すること、そして出来事を表現する媒体としての言語が媒介することで、聞き手の把握の仕方が変わるということである。つまり、「被害（者）」ではなく「犠牲（者）」という言葉を用いることで、失われた命やきっかけとなった対象に、マイナスのイメージを与えないようにする〈制度〉として利用されている可能性がある。

そこで最後に、「犠牲」をポリティカルな次元で考察する可能性について述べておきたい。高橋は、原発問題を論じる中で、犠牲を想定せずには成り立たないシステムすなわち「犠牲のシステム」について述べている。高橋が述べる「犠牲のシステム」の一般的な定式とは次のようなものである。すなわち、「犠牲のシステムでは、或る者（たち）の利益が、他のもの（たち）の生活（生命、健康、日常、財産、尊敬、希望等々）を犠牲にして生み出され、維持される。この犠牲は通常、隠されているか、共同体（国家、国民、社会、企業等々）にとっての『尊い犠牲』として美化され、正当化されている」[85]。こうした犠牲のシステムを限りなく変えていく、つまり犠牲のシステムを出さないシステムを考えていくべきだと高橋は強調する。

高橋が言うように、誰かの利益を生み出すためには、他の者の生活が「犠牲」にされ、その多くは隠されたり美化されたり正当化されている。筆者としては、高橋の主張に加え、「犠牲」という言葉そのものにも、事実を美化したり正当化したりする働きが内在する危険性を指摘しておきたい。つまり、「犠牲」という語を用いることにより、原因の側に生じる加害性を消去・軽減する働きがあるのではないかということである。こうしたことは目には見えない微細な問題である。しかしだからこそ、今後もわれわれが考えていくべき重要な問題であると筆者は考えている。

そしてもう一つ重要なのは、デリダが九〇年代のはじめから指摘していたように、「公／私を分ける境界線はかつてないほど保証されておらず、絶えず移動している場所」[86]でわれわれは日々の生活を営んでいるということである。デリダの死後、一五年が経った今日、テクノロジーはさらなる発達を見せた。ソーシャルメディアに代表されるように、われわれは公共空間の中にある種の私的空間を作ったり、私的空間を公共空間化したりと、完全なる公的空間でも完全なる私的空間でもない空間を形成することができるようになった。公的でもなく私的でもなく、公的でもあり私的でもあるような空間で、現代のわれわれはメディアタイゼーションの時代を生きている。

もしもデリダが述べたように、「世界ラテン化」が避けられないものとして到来しており、その中で宗教のメディアタイゼーションが進行しているのだとしたら、われわれは亡霊化された宗教的メッセージに気づくことなく、体内化してしまっているのかもしれない。そしてセルジュ・マルジェルが語ったように、「これ以後、宗教はどこにもありかつどこにもないものとなる」[87]ならば、ウィルスのように強い感染力をもった亡霊たちが、メディアタイゼーションのプロセスの中で蔓延しているのかもしれない。われわれが日常の中で体得する思考の仕方や価値観も、おそらくは「世界ラテン化」の中で形成された産物と言えるだろう。さらに、現代におけるテロリズムの危険性を考えるならば、われわれが利用するメディア空間の中には、すでに宗教に見せかけたある種のシミュラークルが忍び込んでいることにも注意を払わなければならない。彼らは、自らの目的を貫徹させるべく、さまざまなメディアを媒介しながら世界中の若者を勧誘し、今も大規模な暴力を目論んでいる。マルジェルは、普遍的正義が「世界規模に媒介化された正義」を意味するのだとしたら、「正義と平和の到来とがかつてないほどありそうもないものとして顕現するリスクが生じている」[88]と述べていたが、まさにメディアを介したヴァーチャルリアリティの中で、さまざまな思想がグローバルな次元で「結びつき」、人々の思想と行動が操作されている。宗教とは何のためのものなのか。宗教なしに正義や平和は訪れないのか。宗教という亡霊に依存することなく、そしてメディア化の波にただ飲み込まれるだけになることなく、自律の精神によって安寧を希求することはできないのだろうか。

3 〈アート〉をめぐる境界と制度

本章以降では、デリダのカント『判断力批判』[1]（以下、第三批判と略記）解釈に基づいて、〈アート（＝技術／芸術）〉に潜在する〈暴力性〉を〈エチコ＝ポリティカル・エコノミー〉の観点から哲学的に分析することを試みる。まず本章では、デリダの『絵画における真理』[2]（一九七八）の「パレルゴン」に関する論考を手がかりにして、以下の四点を考察しよう。

第一に、筆者は、デリダに即して第三批判で用いた「パレルゴン」概念に着目することによって、芸術作品における主要な要素と副次的な要素を分ける〈境界線〉の問題を、価値の対立や階層秩序内に〈境界線を引くこと＝境界設定（démarcation）〉の問題として明らかにする。ジョナサン・カラーが指摘するように、〈境界設定〉は必然的に「境界（la limite）」と関係しており、美学一般にとっても決定的に重要な問題を含んでいる点に注意したい。[3]

そこで第二に、筆者は、デリダに即して「境界」を標記（＝特徴づけ（marquer）[4]）する「線＝特色（trait）」が芸術作品の〈制度〉化と不可分な関係にあることを明らかにする。というのもデリダは、「装飾《パレルゴン》」の一例としての「額縁＝枠（cadre）」に注目しながら、芸術分野における「枠付ける働き（cadrer）」を問題化しているからである。

第三に、筆者は、デリダが「枠」としての「額縁」と「枠付けの働き」から、カントの「美しいものの分析論」を「枠への嵌み込みの暴力（la violence de l'encadrement）[5]」によって構築していると批判することを取り上げ、カントにおける「政治的なもの」の意味を明らかにする。

以上の三点をうけて筆者は、第四に、デリダが『絵画における真理』という表題《タイトル》（titre）に含ませた意義を、絵画や芸術をめぐる〈制度〉の問題として明らかにする。(6) つまり筆者は、デリダが『絵画における真理』の中で、芸術の分野における〈制度〉の問題を、「枠付ける」ことや「縁取る」ことの働きに重ねて論じていることを指摘する。

そのさい筆者は、デリダが、芸術の分野に〈倫理-政治的（ethico-political）な〉次元を呼び起こしたと考えている。というのも、デリダの脱構築にとっては、あらゆるジャンルにおいて〈倫理-政治的な制度〉の問題が重要だからである。そもそも〈倫理-政治的制度〉の問題は、彼がつねに形而上学特有の思考を批判してきたことと不可分である。ここでデリダが批判する形而上学的思考とは、「一つの円環のように閉じていて、その円環に対しては、一つの単なる外部がそこにあるに過ぎないとする考え方(7)」にほかならない。そしてこの形而上学的思考は、われわれの日常的な思考にも関わっていることが何よりも重要なのである。

つまり、われわれが形而上学特有の思考方法を取る限り、われわれは、つねに形而上学の外部と内部とを〈境界〉を挟んで理解し、〈境界〉を挟んで内部と外部とを決定的に分離する。こうした〈境界線〉をめぐって判断することは、一見すると形而上学的思考から懸け離れたように見える芸術というジャンルにおいても例外ではない。それゆえ筆者は、デリダが、芸術概念としての「パレルゴン」を過度に重視するのも、〈芸術という制度〉の内部に形而上学的な二項対立的な階層秩序が潜んでいることを暴こうとしたからだと考えている。つまりデリダは、われわれが意識せずに形而上学的思考の「枠組み」に囚われており、それを芸術においても想定していることを気づかせるだけでなく、さらにはその「枠組み」を脱構築しようとしたと考えられる。

そこで本章では、第一に、カントが用いた「パレルゴン」概念の使用例を、第三批判と『たんなる理性の限界内の宗教』[8]（以下、『宗教論』と略記）において確認し、デリダがなぜ「パレルゴン」に着目したのかを検討する。また第三批判における装飾《パレルゴン》の位置づけを、語源に遡って検討することによって明らかにする。第二に、デリダの指摘によれば、カントが『宗教論』において提示した「パレルゴン」概念に基づいた場合、第三批判で扱われる「パレルゴン」概念はその内容に合致していない。筆者はその内容を検討しながら、デリダの意図を明らかにする。第三に、デリダがカントの「美しいものの分析論」を脱構築するために、「パレルゴン」概念の実例から導き出した「枠付け」の働きを検討する。さらに筆者は、カントが「美しいものの分析論」を展開するさいに、「暴力的な枠への嵌め込み」を行っているというデリダの指摘に触れる。そのさい筆者は、デリダに即して、カントによる「暴力的な枠付け」が、類比《アナロジー》の理論によって正当化されており、そこに欠如を補塡＝代補する「人工補綴（prothèse）」が必要とされていることを指摘する。第四に筆者は、「パレルゴン」構造の分析によって明らかになる、芸術作品の周辺と芸術作品との不可分な関係について、〈制度〉という観点から検討する。とりわけデリダが着目したセザンヌの言葉が示唆しているように、行為遂行の問題と言語〈制度〉の問題を取り上げる。

以上の問題点を検討することを通じて、筆者は、芸術作品における〈制度〉と〈境界設定〉の不可分な関係を明らかにし、デリダ脱構築における「パレルゴン」構造の重要性を指摘したい。

1 『判断力批判』における「装飾《パレルゴン》」の位置づけ

それではデリダは、「パレルゴン」をどのように論じることで〈倫理-政治的制度《エチコ・ポリティカル》〉の問題へと接近したのだろうか。まず『絵画における真理』という「タイトル（表題）」に目を向けよう。デリダによれば、「絵画における真理」という奇妙な言葉は、画家セザンヌが、友人のエミール・ベルナールに宛てた手紙の中で用いた言葉である。セザンヌは、その手紙の中で、「私は絵画における真理をあなたに負っている。そして私はそれをあなたに言うことになるだろう（JE VOUS DOIS LA VÉRITÉ EN PEINTURE, ET JE VOUS LA DIRAI）」という「約束」を残していた。[9] 筆者の解釈では、デリダは、セザンヌがベルナールに宛てた手紙の中に書き記した「私はそれをあなたに言うことになるだろう」という言葉を「約束」と考えることで、「約束」という「言語行為（speech act）」の問題圏に接合させようとしている。[10] セザンヌの「約束」として書かれた「絵画における真理」とは何なのか。[11] そしてデリダは、なぜセザンヌの言葉を同書の「タイトル」に用いたのだろうか。ここではひとまず、われわれは、「タイトル」が一般的に作品の「名」であり、作品に何らかの権威を与え、正当化や正統化を可能にする根拠となることを確認しておこう。

次に筆者が着目したいのは、デリダが絵画における「真理」を理解するために、本書を通じて以下のような芸術作品の「周辺部」について論じていることである。デリダの考える芸術作品の「周辺部」とは、「枠（額縁）、タイトル、署名、美術館、古文書館、複製、言説、市場など、要するに、人が分割不能であると主張する対立の線によってその境界を標記（＝境界を印づけ marquer la limite）しながら、絵画の権利（*droit à la peinture*）を法制化（légiférer）するようなところ」[12]である。筆者の理解では、デリダが芸術作品の「周辺部」を敢えて取り上げるのは、芸術作品そのものと、〈芸術作品そのものには属さないけれども、それなしには芸術作品と認められないようなもの〉としての「周辺部」の間に〈境界を設定すること＝境界を印づけること〉の問題と、それによって引かれる〈境界線〉の外部としての「周辺部」との関係を問題化するためである。

つまり、筆者の見解によれば、デリダは、作品と「周辺部」とを分かつ〈境界線〉が、絵画の権利を確定したり絵画の本質を明示したりする、一つの〈制度〉に基づいていることを暴露しようと試みている。具体的に言えば、芸術作品と「額縁＝枠」、芸術作品と「タイトル」、芸術作品と「署名」などとの間に〈境界線〉を引くということは、相互に対立しながら、互いに切り離すことができないと考えられているものとの間に、敢えて〈境界線〉を引くことである。デリダの指摘が重要なのは、〈境界線〉が、密接不可分の関係にある両者を分割しながらも結びつけると同時に、芸術作品を「作品」として成り立たせる芸術という〈制度〉と関係するからである。つまり、〈境界線〉が引かれるということの背後には、〈境界設定〉と〈制度〉という〈倫理-政治的〉問題が横たわっているということである。それゆえ筆者から見たとき、デリダは絵画の「真理」を問い直すことを通じて、絵画を成り立たせている見えない〈制度〉を浮き彫りにしようとしている。そしてデリダは、『絵画における真理』の中で、絵画をめぐる四つの論考を通じて、分割＝線引きが不可能な「線＝特徴（le trait）」について論じているのである。

さらにわれわれは、デリダが「枠」についての言説を提示しながら、「枠をデフォルメ（déformer）」することをも試みていたことに注意しなければならない。デリダは、『絵画における真理』の「パレルゴン」論考の中で、文章の中に「枠付け」「枠組み」としての「　」という印を多用しながら、随所に余白を差し込んでいた。また、同時期に執筆した『弔鐘（*Glas*）』（一九七四）という著作の中で、デリダは西洋の言説やエクリチュールを束縛する「一線上的文字」の形式をデフォルメ（変形）すべく、文字を散らして書くことで印刷の仕方を「乱調」させているのである。デリダはこれについて、「この乱調は、ただ単に美的ないしは『装飾』的な意味をもつ、ということであってはならなかった」と述べながら、「当該のテクストの内容と関連する或る必然性に即して、印刷の仕方をデフォルメないしは狂わせるのでなければならなかった」ことを告白している(13)。

つまり筆者の理解によれば、『絵画における真理』に見られる書式法のデフォルメの実践は、デリダが「枠」についての言説を提示しながら、実際の「枠」や「枠組み」そのものをデフォルメすることで、書物の書式の〈制度〉を批判的に攪乱し、その〈制度〉の〈暴力〉を明らかにしている。これらに関して筆者は、デリダが枠についての言説を提示しながら、通常の表記や書式をデフォルメし、攪乱することによって、潜在的に機能している〈制度〉を暴くという実践的な戦略であったと考えている。

さて、デリダの指摘によれば、カントは二つの著作の中で「パレルゴン」という語を使用していた[14]。一つは、第三批判「美しいものの分析論」であり、もう一つは、『宗教論』である。この語は、第三批判第一四節「実例による説明」では、「装飾《パレルガ》」として取り上げられるのに対し、『宗教論』では、その第二版の折に付された「一般的注解」が「付録《パレルゴン》」として用いられている[15]。たしかにカントは、どちらの著作の中でも「パレルゴン」という語を使用しているが、カント自身がこの語に対して特段の注意を促しているようには見えない。それでは、デリダはなぜ敢えて「パレルゴン」という語に注目したのだろうか。

「パレルゴン」という語は、「作品《エルゴン》」に「付随するもの」、つまり主要なものに対して副次的なものであるということを意味している。カントは、第三批判の中でこの語を「額縁」「衣服」「柱廊」など、芸術にとって「副次的なもの」である「装飾（Zieraten）」という語の直後に付していた。デリダはとりわけカントがあげた事例のうち、「額縁」に注目することで、「枠付け」の働きを問題化するのである。そして「絵画における真理」の謎を繙く一つの手がかりを得ようとする。

デリダによると、第三批判の中で「装飾《パレルガ》」という語が介入してくるのは、「質料的な判断と形式的な判断とを区別し終えたまさにその瞬間[16]」である。カントの記述に即して言えば、美感的判断を「経験的判断」と「純粋判断」とに区分し終えた直後である[17]。デリダは、カントに即して、この二種類の判断のうちで、形式的な判断だけが「本来の意味での趣味判断」であることに注意を促す。「経験的判断」と「純粋判断」を区別した後、カントは、「純粋判断」が実際にはどのような場合に該当するのか、いかなる魅力や感動も混入しない純粋な趣味判断の対象はどのような構造であるかを解明するために、三つの実例をあげて説明している。その実例とは、第一に「絵画の額縁」、第二に「彫像が身につける衣服」、第三に「壮麗な建物の周囲の柱廊」である。

ここでわれわれは、カントが実例をあげた点に注意しておきたい。というのも、デリダが指摘するように、第三批判は「実例（＝範例 l'exemple）にきわめて特異（＝単独的）な仕方（une façon très singulière）で働きかける或る型の判断力――反省的判断力――の形式[18]」をもっているからである。[19] カントを解釈するデリダによれば、反省的判断力とは、特殊なもの（le particulier）だけが与えられ、特殊的なもののために、「規則、原理、法則（règle, principe, loi）」などの「普遍的なもの（＝一般的なもの le général）」を見出さなければならなかった。デリダが、反省的判断力では「実例（＝範例 l'exemple）（これが、ここで、われわれにとって重要なのである）が法則よりも先に与えられており、その実例（＝範例）がその法則を、それの範例（＝実例）の唯一性そのもの（unicité même d'exemple）において、発見することを可能にさせる[20]」というように、「実例（＝範例）が先行する」点が特徴である。たとえば、ゴッホの「糸杉と星の見える道」という個別・特殊な絵から、ゴッホの作品全体が持つ色彩やタッチの法則を見出すといったことである。したがって第三批判は、極めて特異な（très singulière）仕方で働きかけるという点で、他のさまざまな批判とは異なるのである。

デリダは、カントの方法に倣う仕方で、規定的判断力と反省的判断力の「このような反省的二分割の権威を借りて」、第三批判の読解を実例（＝範例）から始める。[21] 彼が注目するのは、「美しいものの分析論」の第一四節「事例による説明」である。ハンス＝ゲオルク・ガダマーも言及しているように、カントがここで「装飾」を用いて例証するのは、「人が呈示されたものの概念的内容を考えない（たとえそれが認識できるとしても）ということが、装飾の場合ほど明瞭なところはないから[22]」である。つまり、われわれが美術館でゴッホの作品を見るとき、われわれが注目しているのはゴッホの絵であって、作品を飾っている額縁についてあれこれと考えているのではない。その意味で美感的判断とは、対象の内容を概念によって理解するのではなく、その形式について無関心に満足を引き起こすことによって判断されるため、作品に付属し、作品をより美しく見せるために飾る「装飾」のような外的要素が問題になる。そのさいカントは、諸感官の諸対象のすべての形式は、「形態」であるか「戯れ」であるかのいずれかであると考えており、対象そのものの表象を活気づけるものですら同様の形式によると考えるのである。

それではカントがあげた三つの「装飾《パレルガ》」の実例は、何が共通しているのだろうか。デリダは、カントの記述に即しながら、これらの「装飾《パレルガ》」が「作品」のような「対象の全表象（représentation / Vorstellung）のうちに要素として内的に属するのではなく、単に外的に添加物として（nur äußerlich als Zutat）[23]」属するようなものであることに注意を向ける。つまり、カント自身が述べたように、「装飾」ということで意味されているのは、そして実例をあげることで示そうとしたのは、第一に、「装飾」が作品そのものに属しているのではなく、たんに外的に添加されたものであること。第二に、対象（作品）自体への注意を喚起・維持しつつ、その魅力によって表象を活気づけること。第三に、趣味の満足を増大するものですら形式によってのみそうさせるということ。これら三つの点を例示するためであった。したがって「黄金の額縁」のように、「装飾」自体の魅力によってその絵画に対する賛意を求めようとしているだけならば、その「装飾」は「虚飾（parure / Schmuck）」と呼ばれるにすぎない[24]。それゆえ虚飾とは、「装飾」そのものが美しい形式をしているのではなく、真正の美を損なってしまうものなのである。

さらにデリダは、「パレルゴン」が「作品」には属さないがゆえに「作品-外」であるが、たんに「作品」の「外」にとどまっているものでもないことを見逃さなかった。つまりデリダにとって重要なのは、「パレルゴン」が「作品」のすぐ近く（＝作品-外）で「作品」に働きかけをするという点である[25]。たとえば、「署名」や「タイトル」なども また、同様の働きをする。ちなみに「署名」は、作品に対する作者の保証であり、「タイトル」は作品を作品として成り立たせるための重要な役割を担っている。その意味でパレルゴンは、作品にとってなくてはならない存在である。

以上のようなデリダの指摘から、筆者としては、次のような二つの「パレルゴン」の特異性を明らかにすることができる。第一に、「パレルゴン」とは、たんに外側にあるのでも内側にあるのでもないが、作品そのものではないという意味においては、「付随的なもの」であること。第二に、作品そのものではないにもかかわらず、それなくしては作品が作品たり得ないという意味において、作品にとって必要不可欠なものであること。これらの点についてデリダは、「パレルゴン」がたんなる「余剰の外在性（extériorité de surplus）」ではないことを指摘する。[26] こうした「パレルゴン」の特性から言えるのは、「パレルゴン」として名指されるものは、明確に〈境界線を引く＝境界設定する〉ことのできない領域に属するということである。もしも「パレルゴン」がたんなる「余剰の外在性」であれば、作品の外部、すなわち、たんなる作品でないものになってしまうのである。

ここまでの議論から「パレルゴン」とは、作品に属しながらも作品そのものではなく、だからといって、作品でないものとして、たんなる付属物や余剰でもない存在であることが明らかになった。端的に言えば、作品であり、かつ作品ではないものである。以上のことから明らかなように、筆者の見解では、デリダが「パレルゴン」概念を論じることで狙いとしていたのは、作品と「パレルゴン」としての「付属物」との間の不可分な関係を明らかにすることであった。その意味で、デリダがカント第三批判の解釈で試みたのは、作品と「パレルゴン」との間にある〈境界線〉を挟む二項対立関係を宙吊りにすることであったと言ってよい。しかも、筆者にとってデリダの「パレルゴン」解釈が重要なのは、作品そのものと「パレルゴン」としての「付属物」の間に限らず、価値のあらゆる階層秩序的な優劣関係を脱構築することの可能性を拓いたという点にある。この意味で、デリダの脱構築の方法とは、〈境界設定〉をめぐる〈倫理‐政治的な暴力〉へと適用することにとって、最も重要な視点だったのである。

2　『宗教論』における「付録《パレルガ》」と欠如

それではデリダは、「パレルゴン」概念を用いて、カントの著作をどのように脱構築したのだろうか。本節では、デリダの読解に即しながらカントとデリダとの関係の詳細に立ち入りたい。実際にデリダは『絵画における真理』の中で、カントが第三批判の中で使用した「装飾《パレルガ》」の実例を三つ列挙した後、すぐさまカントが『宗教論』の中でも「パレルゴン」概念を使用していることを指摘し、『宗教論』の検討へと移行する。

デリダが『宗教論』の中で着目するのは、「一般的注解」の部分である。なぜならこの「一般的注解」こそ、カントが『宗教論』の中で「付録《パレルガ》」として位置づけるものだからである。カントは『宗教論』の中で、自らの宗教に関する分析を「哲学的宗教論」と称し、四編に分けて議論を展開していた。『宗教論』の標題が示すように、本書では「分析的な方法によって、たんなる理性がたんなる理性にもとづいて認識しうることを、宗教から取り出すこと」[27]だけが問題とされていた。それゆえ四編の論文では、「善なる素質をそなえた部分もあり、悪なる素質をそなえた部分もある人間本性と宗教との関係」[28]を際立たせる仕方で、善の原理と悪の原理との関係が論じられている。そして「付録《パレルガ》」としての補足説明、すなわち「一般的注解」がそれぞれの論文の末尾に添えられているのである。

デリダは「一般的注解」が、『宗教論』の一部として属すことなく付せられ、それにもかかわらず、『宗教論』にとってまったく外的・非本質的であるわけではないものを規定していることに注目する。[29] ちなみに四つの注解のそれぞれには、「(1)恩寵の作用について」、「(2)奇跡について」、「(3)神秘について」、「(4)恩寵の手段について」という標題がついている。

さらにカントは、四つの注解＝「付録《パレルガ》」を、「これらはいわば純粋理性の限界内における宗教の付録《パレルガ》で、純粋理性の限界内には属さないが、限界に接している[30]」と特徴づけている。筆者にとって四つの注解が重要なのは、これらが「付録《パレルガ》」として示されることで、〈限界＝境界線〉の問題が暗示されているからである。前節において「パレルゴン」の特徴を述べたように、カントがあげた四つの「付録《パレルガ》」もまた、同様の位置づけが与えられている。すなわち四つの「付録《パレルガ》」は、『宗教論』の一部に属すことはないが、『宗教論』にとってまったく外的・非本質的なものというわけでもない。その意味で四つの「付録《パレルガ》」もまた、『宗教論』の外側にあるわけでも内側にあるわけでもないのである。

すでに『純粋理性批判』（以下、第一批判と略記）で述べられていたように、理性とは、自己批判を通じて「公明正大な吟味」に耐えたものだけが「尊敬」に値する。そのことは『宗教論』においても同様である。すなわち、カントにとっては、批判を通じて純化された理性のみが真なるものとして認められる。デリダは、こうしたカントの立場に関連して、『宗教論』の「一般的注解」の冒頭部に注目する。カントは次のように述べていた。

> それどころか、超自然的なものの究めがたい領野に自らの理解を超えた何かが、しかも道徳的無能力を補うのに必然的な何かが、さらにあるとすれば、それがひそかに理性のよき意志に役立つだろうと、（超自然的なものの可能性についての）反省的信仰と呼べるようなある信仰をもって、理性は期待さえするのである。（中略）そもそも、それ自身で（実践的に）確立しているものに反するさまざまな困難を取り除くことは、そうした困難が超越的な問いに関わるものであれば、副次的営為（付録《パレルゴン》）でしかないのである[31]。

上記の箇所についてデリダは、「副次的営為（Nebengeschäfte）」という語に着目する。というのも、この語“Nebengeschäfte”が、“Neben”「…のそばで、…の傍らで」＋“Geschäft”「業務、仕事、行為」から組成されているからである。語の成り立ちからも理解されるように、この語は〈付帯的な事柄、仕事、間近に控えている活動や操作〉を意味する。ここからデリダは、「副次的営為」としてあてがわれた「付録《パレルゴン》」が、「ある余分なものを、本来の分野（ここでは、純粋理性および「宗教論」という分野）にとって外的なものを書き込む[32]」ものであると指摘する。しかもデリダは、「付録《パレルゴン》」は外的なものでありながら境界そのものに接し、その内側に関わり込んでくるのは、そもそもその内側を欠いている限りでのことであると指摘する[33]。つまりデリダのカント解釈によれば、「エルゴン」の内側では、自己自身の何かを欠いているはずであり、こうした何らかの「欠如」がすでに内側には含み込まれている。そしてデリダは、カントの論述に即しながら、理性は「道徳的要求を満足させるうえでの無能力を意識[34]」するがゆえに、すなわち自己のうちの「無能力」という欠如を意識するがゆえに、恩寵、奇跡、神秘という「パレルゴン」を必要とするのだと指摘する。つまりデリダによれば、「エルゴン」としての理性自身が、欠如を意識するがゆえに、補助的な仕事（副次的な営為）を必要とする。端的に言えば、それが四つの「付録《パレルガ》」である。

しかしデリダの考えによると、欠如を埋めるための代補物は危険なものでもある。というのも、これらの四つは、理性にとっての「損失・不利益」を意味するからである。デリダは理性自身の欠如を指摘した後、カントが示した四つの「付録《パレルガ》」をあえて「理性のパレルゴン」と呼び替えながら、カントがあげる四つの「損失・不利益(Nachteil)」の実例をそれぞれの「パレルゴン」に呼応させている。カントは、「自らの限界を超え出てゆく理性が道を踏み外すこと」の実例として、以下の四つの「損失・不利益」をあげる。(1)内的経験（恩寵の作用）と称するものでは「狂信」、(2)外的経験（奇跡）では「迷信」、(3)超自然的なもの（神秘）に関する妄想的な知的照明では「照明説、達人妄想」、(4)超自然的なものに向けて働きかける大胆な試み（恩寵の手段）では「魔術」である。これらの実例は、カントが、自らの限界を超え出て「理性が道を踏み外すこと」、しかも「道徳的な意図と称して道を踏み外すこと」であると考えたものである[35]。

以上のようなカントがあげた理性の「損失・不利益」の問題は、筆者の立場から見たとき、非常に重要な問題を孕んでいる。なぜなら「道徳的な意図と称して道を踏み外す」ような、「狂信」や「迷信」などの問題は、現代社会の〈暴力〉の問題と密接に関わっているからである。というのも、現代の問題に引きつけて解釈するならば、宗教的な過激派組織に代表されるテロリズムは、ある種の「狂信」と思えるような仕方で、宗教的な道徳を自らに都合の良いように解釈し、自らの立場の宗教的正当性を確保しようとしているからである。そればかりか、自らの考えにそぐわない者たちを排除し、〈暴力〉によって傷つけようとしている。たしかに、デリダは本書の姉妹論考である「エコノミメーシス」論文においては、「安全保障」について触れていた。しかし、本書『絵画における真理』では、議論を芸術のテーマに特化し、カントの「宗教論」についても思索を深めることをしなかった。

ところでデリダは、『宗教論』における四つの「付録《パレルガ》」には、それぞれ損失＝欠如が存在することを確認した後、再び第三批判の「パレルゴン」に目を向ける。そしてカントがあげた三つの実例（絵画の額縁、彫像が身につける衣服、壮麗な建造物の周囲の柱廊）が「奇妙」であることを指摘する。デリダの主張によると、これまでのカントの論述に即して考えた場合、第三批判であげた「装飾《パレルガ》」の実例は、なぜ「パレルゴン」であるのかが判然としない。というのも、デリダにとって、カントがあげた「装飾《パレルガ》」の実例には、どこに欠如があるのかが明確ではないからである。デリダの見解では、もしもカントがあげた、「額縁」や「彫像の衣服」、そして「柱廊」などの「装飾」が「パレルゴン」であるならば、何らかの欠如があるはずである。

そこでデリダは、以下の点でカントがあげた実例は、カント自身が述べた「装飾《パレルガ》」の説明および本来の意味での「パレルゴン」の意味に合致しないことを指摘する。第一に、カントが「装飾《パレルガ》」を説明するさい、「対象の全表象（représentation / Vorstellung）のうちに要素として内的に属するのではなく、単に外的に添加物として」属するようなものであると述べていたこと。デリダは、カントが「パレルゴン」を説明するにあたって、「表象（représentation /

Vorstellung)」に外的に添加されたものと述べているにもかかわらず、カント自身の実例は必ずしもそうでないことを指摘する。たとえば壮麗な建築物そのものは、「何物をも代現しないような（ne représente rien)」作品であるし、しかもその作品（建築物）そのものが、すでに大地という「自然に追加された」ものであることなどがあげられる。

第二に、デリダの解釈では、「パレルゴン」が作品にとって必要不可欠なものであるならば、それらなしには「作品（ergon)」が完成しないという意味で、エルゴンの内部には何らかの「欠如」が存在していることになる。それゆえ衣服や柱が「パレルゴン」であるのは、「エルゴンの内部にある欠如にそれらを釘付けにしている内的な構造的絆[36]」があるはずだからである。しかし実際には、彫像の身体の表象に何が欠けているのかは不明確なため、デリダの観点からすると、衣服が何らかの欠如を補っていると言えるのか定かでない。

それゆえデリダの立場からは、カントが「パレルゴン」と呼んでいるところの「本質的でも付随的でもなく、固有でも非固有でもないいくだんのもの、たとえば額縁が、何であるのか[37]」は、理解できない。むしろデリダにとって問題なのは、そもそも或る作品において、何が本質的であり、何が付随的であるのか、その内部的〈境界〉はどこなのか、外部的〈境界〉はどこなのかということである[38]。つまりデリダにとって重要なのは、本質的なものと付随的なもの、内部的なものと外部的なものとを明確に〈境界設定〉することは可能なのかという問題であり、デリダから見たときカントの論述は明確ではなかった。デリダにとっては、〈境界設定〉の問題にこそ力点があったと言うべきである[39]。

3　人工補綴としての「パレルゴン」

デリダは、カントが二つの著作の中で用いた具体的な「パレルゴン」概念を検討した後、「額縁＝枠」という語あるいは概念に関連づけながら、「美しいものの分析論」全体の理論的な「枠」構造に注目する。それによってデリダは、具体的な実例の検討から、「美しいものの分析論」という第三批判の前半部を構成するより広い視点の分析へと移行する。このことはデリダの次のような考えに基づいている。すなわち、「美しいものの分析論」で展開されるカントの理論は、暴力的な「枠への嵌め込み」によって成り立っている。そのさいの問題点は、カントが美への拠り所としている「構想力がおそらく悟性と結びついているであろう[40]」とすることである。この悟性との関連が、「美しいものの分析論」全体の「枠」を提供している。それでは、デリダが指摘する「暴力的な枠への嵌め込み」とは何を意味するのだろうか。本節ではこの問題を検討したい。

まずわれわれが注目したいのは、デリダが用いた「類比」の論理と「人工補綴」という表現である。デリダによれば、第三批判における「類比」の論理は、不可避的に「パレルゴン」を必要とし、「人工補綴」としての役割を負っていた。もちろん、カントの著作を論じるさいに、「類比」を問題化することは珍しいことではない。しかし、そこに「人工補綴」という表現が介入してくるところに、デリダの独特な解釈がある。またデリダは、枠を形作り、額縁が形作る模範的実例を少し深く研究してみると、「歩行器に乗ったようには上手く進行していない」ことが直ちに明るみに出てくると述べている。後述するように、この「歩行器」とは、カントが第一批判の中で実例を「判断力の歩行器[41]」と呼んでいたところから援用されている。それではデリダは、敢えてカントの言葉をこの文脈で用いることで、何を意図していたのだろうか。

実はデリダは、『絵画における真理』の「パレルゴン」の節に入る直前で、第一批判と『実践理性批判』（以下、第二批判と略記）との間に生じた大きな〈深淵（Kluft）〉について言及していた。〈深淵〉とは、カントが批判哲学を構築するさいに「自然諸概念の領域（第一批判）」と「自由概念の領域（第二批判）」など概念、領域、働きなどを厳密に区分しようと試みてきた結果生じたものである[42]。周知の通り、カントはこの区分によって生じた二つの間の〈深淵〉を補うため、第三批判という架け橋を構築しようと試みた。ところがデリダは、この架け橋が「類比《アナロジー》への依拠」そして「類比《アナロジー》概念とその効果」という、極めて危うい橋であることに注意を喚起している。

以下ではまず、デリダが危うい橋であると語る意図を探るための準備として、第三批判の背景および概略を確認しておきたい。そうすることで、カントとデリダが各々「パレルゴン」概念をどのように理解していたかを確認できるだろう。

はじめに基本的なことから確認すれば、第三批判とは、第一批判で考察された認識能力としての「悟性」と、第二批判で考察された欲求能力としての「理性」を媒介する「判断力」を基礎づけるために執筆された書である[43]。このときの判断力は、反省的判断力と呼ばれ、快・不快の感情の働きと密接に関わっている。カントは、第一批判では自然の世界（理論理性）を基礎づけ、第二批判では道徳の世界（実践理性）を基礎づけたが、物の世界と精神の世界を統一するためには何らかの媒介項が必要になると考えた。つまり、理論哲学と実践哲学を統一するためには、媒介項となる第三の書が必要になると考えた。その媒介項として考えられたのが第三批判である。したがって第三批判は、両者を体系的に統一しながらも両者を媒介するという大きな課題を担っている。

ところがデリダによれば、こうしたカントの作業は、「実践的でも理論的でもないような場所（lieu）、あるいは実践的でもあると同時に理論的でもあるような場所[44]」への突入を意味する。そしてデリダは、カントの試みに対して、カントが同時に二つの矛盾したことを言おうとしているように見えると指摘する。なぜならデリダから見たとき、カントは、第一批判で論じられていることと第二批判で論じられていることは、厳密に分けなければならず、その意味で二つの部門は切り離し可能なものとして分離していると述べている。しかし他方で、両者の間には〈深淵〉があるとして、わざわざ区分した二つの部門を判断力によって連結し全体を再びつなぎ合わせようとしているからである。もちろんデリダの見方は、あくまで三批判書を同じ基準で見たときの見解である。つまり、カントが第一批判を執筆していたときには、第三批判については一切の考慮もなかったことや、それぞれの批判書が書かれた経緯については触れられていない。そのことは、デリダが別のところで敢えて「順序の問題」について触れながら、「造形芸術と称せられている空間的芸術の一対象は、必ずしも、何らかの読解順序を必須のものとして要求しはしない」、「けれども、一冊の書物の場合はどうなのか。しかもそれが哲学書である場合には」と言及していることから、デリダが時間的な順序の問題をまったく無視していたわけではないことが分かる。[45] そしてデリダは、カントのように哲学書を「建築物」にたとえながら、「一つの建築物に接近するのに、人は必ずしもそれの製作の順序に従って、土台から始めて棟に至らなければならないわけではない」[46] とも述べている。筆者の見解では、デリダは「順序の問題」を敢えて無視する仕方でカントの著作を読み進めており、それを一つの戦略としている。

さて、続いてデリダが注目するのは、趣味判断が語られる文脈である。[47] その文脈とは、カントが「美しいものの分析論」の冒頭で、趣味とは「美しいものを判定する能力である」と定義した後、趣味の諸判断の分析を「判断することの〔四通りの〕論理的諸機能を手引きとして探求した」と明示している箇所である。[48] なぜデリダがそこに注目するのかと言えば、カントが第一批判で提示した「純粋悟性概念」というアプリオリな枠組みとしてのカテゴリー〔量、質、関係、様相〕を趣味判断の分析のさいに「手引き」にしているからである。

デリダの見解によれば、カントの論述が問題なのは、趣味判断の分析に対して、論理的機能を「手引き」として用いたことである。なぜそれが問題なのかと言えば、カント自身が強調していたように、趣味判断は決して認識判断ではないからである。つまり趣味判断は、概念に基づく判断ではなく、論理的判断ではないことが何よりも重要であった。そして美感的判断力は、概念に基づかない無関心な満足でなければならなかったはずである。

しかし、デリダが指摘するように、カントは「美しいものの分析論」の冒頭で、純粋悟性概念（カテゴリー）を原理として用いることを宣言している。つまり、第一批判の「概念の分析論」で提示したカテゴリーを、概念に基づかない満足である美感的判断力の分析論に用いることを宣告していた。もちろんカントは、その根拠として、趣味判断にも「悟性に対するある関係が依然として含まれている」からと述べている。しかしデリダは、カントが述べた根拠の脆弱性を看過しなかった。

デリダによると、カントは、「趣味判断は、厳密には決して論理的判断ではないにもかかわらず、それが質的普遍性を有するがゆえに、後者に相似している〔ressemble〕」[49]という理由を提示していた。つまりデリダは、カントが提示する論理の根拠が「相似関係」に求められていることに注目する。たしかにカントがあげる根拠を正確に見れば、「趣味判断のうちには悟性に対するある関係が依然として含まれているから」[50]と述べられている。ここでデリダは狡猾にも、「ある関係」というカントの記述を、相似として解釈する。その一つの理由を筆者なりに解釈すれば、デリダは、第三批判で展開される議論のコンスティチュシオン（憲法、構成）を「類比（analogie）」であると読んでいるからである。つまりデリダは、第三批判という建築物を成り立たせ、ある種の法として機能させているものが、「類比」であると読んでいる。もちろんカントは類比と相似を明確に区別しているが、デリダはカントが敢えて言葉を与えず、そして「類比」とも記述しなかった「ある関係」という表現を、カントの論述から「相似」として読むことで、カントの議論の不具合を指摘しようとしていると考えられる。

周知の通り「類比 analogy」とは、本来はまったく別のものを機能の面から関連させることを意味している。まったくの別ものを関連させることは、ある種の人工的な技術操作でもある。そして、実際には正当な根拠がないにもかかわらず、認識拡張の原理を利用した類比の操作を使用することは、ある種の無理強い（le forçage）を意味することさえある。[51] そうであるならば、S・ワトソンが指摘するように、カントの「あたかも〜であるかのように（als ob）」という表現は、次のような「フィクション（虚構）」を提供することであったと解釈することも可能である。すなわち、「そのフィクションによって、超越論的な幻想＝錯覚（transcendental illusion）が、妥当な仕方で相変わらず有効のままでありうる」[52]ようなフィクションである。

いずれにせよ、類比の論理がもつ特殊な作用が「概念に基づかないもの」[53]と「概念に基づかない普遍性」と「概念に基づく普遍性」とを寄せ集めて〔rassemble〕[54]、概念の力によって類比を正当化していたことは見逃されるべきではない。デリダは、そうした類比が、一つの「象徴（*symbole*）」を意味し、第一批判と第二批判との間に架けられた橋もまた、象徴であると指摘している[55]（強調・デリダ）。

以上のことから、デリダは、カントが論理的判断の分析論を美感的判断力の分析論へ「適用」したことは、「論理的な枠を力づくで」美感的判断力の分析論へ持ち込む作業であると考えた[56]。そしてカントの理論的な枠組みが、「それ自体は確実でも本質的でもないにもかかわらず、この言説全体の枠を提供している」という意味で、暴力的な「枠への嵌め込み」と主張するのである。

ここまでのデリダの思索で重要なのは、デリダが装飾《パレルガ》の実例として額縁に注目しながら、額縁がもつ「枠付け」という働きにも注目していたことである。それでは「美しいものの分析論」は、暴力的に枠付けられながらも、自然に収まることができたのだろうか。ここでわれわれは、カントが「美感的判断ではこの判断があらゆるひとにも前提されうるという点で、なお論理的判断と類似性をもつ」[57]という理由によって、美感的判断と論理的判断の普遍性について語っていたことを思い出そう[58]。類似性について提示しているものは、実例であった。「美しいものの分析論」においては、実例が範例としての枠を形作り、超越論的分析論の枠を適用しながら美感的判断力の分析論を形作っている。しかしデリダは、この実例によって形作られた枠は、「歩行器」を使ったようには上手く進行していないと指摘する[59]。デリダの述べる「歩行器」とは、カントが第一批判の「超越論的分析論」の中で、「もろもろの実例は判断力の歩行器（Gängelwagen）であり、判断力という天性（Mutterwitz）を欠いている人はそれなしではすますことはできないもの」[60]であると語っていたところからきている[61]。カントによれば、実例は、判断力を適切に機能させるための補助的な役割を担っている。

とはいえ、歩行器は「天性」である判断力に取って代わることはできない。なぜならカント自身が「判断力の欠如」のような「欠陥はけっして除去されえない(62)」からと述べたように、歩行器はあくまで進行の手引きをするための車（Gängel-wagen）にすぎないからである。それゆえデリダから見たとき、歩行器としての実例は、対象の「欠陥」にとって必要不可欠ではあるが、結局のところ「何ものにも取って代わらない補綴(63)」でしかなかった。つまり、欠陥が修復されることはないという意味で、歩行器はどこまでも補うための役割でしかない。

以上のことから筆者の解釈では、デリダは、修復不可能な欠陥の根本的な原因を、カントの暴力的な枠への嵌め込みにあることを暴露した。そして欠陥は、「歩行器という」人工的な補綴＝実例によって補強されるほかないことを厳しくも指摘したのである(64)。

それでは、デリダはなぜカントの論述を転倒させる議論を展開するにあたり、「パレルゴン」というタイトルを付けたのだろうか。デリダは「パレルゴン」論文の冒頭で、いみじくも「標題とは何であろう。そしてもし、パ・レ・ル・ゴ・ン・がタイトルであったなら(65)」（強調・デリダ）と述べている。言うまでもなく、タイトルとは作品の名であり、作品の主張や主旨を一言で言い表した代理＝表象物である。デリダは、「パレルゴン」という語が、作品にとって副次的なものであるという意味をもつことを強調しながら、それを作品のタイトルにした。つまり筆者の考えでは、本来であれば署名や枠などと同じように、タイトルが作品を作品として成り立たせるものとして機能するはずであるにもかかわらず、デリダはそれを逆手にとって「作品」に「作品の副次的なもの」という名をつけたのである。そうすることでデリダは、タイトルの特権を利用し、芸術作品の〈制度〉をも疑問に付したと考えられる。

4 ― 芸術作品の〈制度〉化と〈境界設定〉

デリダが「パレルゴン」という語にこだわり続けたのは、まさに二項対立的な形而上学的な思考や、〈制度〉に伴う固定された思考のパターン、そして構造的な価値序列を解体するためであった。なぜならデリダは、〈制度〉が「われわれの解釈の構造そのもの[66]」であると考えているからにほかならない。したがってデリダは、「パレルゴン」概念に着目することで、人が「芸術（という語）が一つの意味をもつという考えに身を任せてしまう[67]」（強調・デリダ）ことを踏みとどまらせようとした。しかも筆者から見たとき、デリダはわれわれが「芸術」ということで何を言おうとしているのかを問い直すことによって、歴史の中において突然生じた「解釈の制度」から芸術を解放することをめざしていた。

というのも、デリダの脱構築とは、「われわれの実践（pratique）、言語運用能力（compétences）、行為遂行（performances）を構成しかつ規制している政治-制度的な諸構造に関して働く態度決定[68]」（強調・デリダ）だからである。それゆえデリダは、脱構築はこうした制度的な問題圏から切り離されてはならないと考えている。とりわけデリダが、伝統的な哲学的大問題の一つである「美」をめぐる問いを、芸術作品の「周辺部」から分析したのも、「言語」と「制度」の問題が関わっているからにほかならない。デリダは、「芸術とは何か」、「芸術作品の根源とは何であるか」、「芸術の意味とは何か」という芸術をめぐる一連の問いは、それらがすでに具体的な芸術作品、たとえば絵画や彫刻はもとより、あらゆる視覚芸術作品のすべてを言語空間へ変換してしまう問いであると考えた。つまり、「芸術とは何か」という「問いの形式」の中であらゆる芸術作品が把握され、さまざまな概念的対立が言語形式の中で作動している。そのためひとたび、われわれが「芸術とは何か」「その本質とは何か」という問いを立てるや否や、その「問いの形式がすでにそこで答えをなしている」ことになる。[69] つまり、答えは問いの形式からもはや逃れられないのである。

それゆえデリダによれば、芸術をめぐる問いや芸術作品に関する問いと、それらに対する応答は、すべて言語の形式によってのみ可能であるにすぎない。しかも、〈芸術とは何か〉や〈芸術作品の根源とは何か〉という芸術の本質を問う問いもまた、それらの問いの形式を成り立たせているロゴスという言語の〈制度〉に支配されていることになる。したがって芸術においては、いかなる問いが提起されようとも、その答えもまた言語の〈制度〉の内部でなされるしかない。端的に言えば、芸術は、問いのうちに答えが含まれているという形而上学的な〈円環的な問いの構造〉の中から逃れられず、究極的には、問いの形式を支える言語の〈制度〉の内部で〈言語的に語られる〉しかない。その意味で、芸術は言語の〈制度〉という円環の中に閉じ込められている。こうした事態を、D・オルコゥスキーは、J・L・オースティンによる古典的な言語行為論を引き合いに出して、「言語のエコノミー（the economy of language）」と呼んでいる。[70]

オルコゥスキーの「言語のエコノミー」という理解に基づいてみれば、セザンヌの「**私は絵画における真理をあなたに負っている。そして私はそれをあなたに言うことになるだろう**（JE VOUS DOIS LA VÉRITÉ EN PEINTURE, ET JE VOUS LA DIRAI）」という言葉の意味が見えて来る。というのも、オルコゥスキーは、「われわれは、セザンヌが何かを言おうとするのを知っているのか。そして、もしそうならば、それは理解されうるのか」「真理とはセザンヌが約束するように絵画のなかに表現されうるのか」と問うているからである。続けて彼女は、次のように述べている。

言語のエコノミーが意味するのは、デリダにとって、言語のエコノミーが古典的な言語行為論の形式化によって枠づけられる（frame）一方で、これらの形式化（あるいはどんな形式的体系であれ――例えば、カントのそれであれ）が、戯れ（＝賭 play）と運（chance）によって、代補的な約束の無限の連鎖（the infinite chain of supplementary promises）によって、そして決定不可能性（undecidability）によって枠づけられることから逃れることはできないということである。(71)

オルコゥスキーによると、セザンヌが述べた「絵画における真理」が、「約束」という言語行為論的な言語の形式化に従わざるを得ないなら、それがたとえ「絵画における《en peinture》」真理だとしても、言語のエコノミーに回収されざるを得ないことになる。たしかにデリダは、『絵画における真理』の序文に当たる「パス＝パルトゥー」の中で、「問題という資格＝タイトル（des titres de problèmes）において」と断りつつ言語行為論に触れながら、セザンヌの言葉が「事実確認的（述定的）（constatif）」ではなく、「行為遂行的（performatif）」であることに触れていた。(72)

つまり、「ここにセザンヌの絵がある」という発言は、その発言者が嘘をついていない限り事実について述べているのであり、その内容は真か偽のいずれかによって評価される。それに対して、「私は明日、あなたに会いに行く」、「私は子供たちに遺産を残す」「私は彼らが結婚することに一万円賭ける」などという発言は、私がその行為を行っていることを述べているのではなく、その文を口に出して言うことで、その行為を実際に行うことを意味する。したがってこの場合、ある行為を遂行することを意味しており、たんに何かを言うだけの発言とは考えられない。

しかし注意しなければならないのは、デリダが言語行為論に即して議論を進めるのは、「問題という資格＝タイトルにおいて」であって、セザンヌの言葉を言語行為論的な意味で「約束」として捉えるわけではないということである。もちろんわれわれは、言語行為論に即して、セザンヌが「私はそれをあなたに言うことになるだろう」と語る〔＝書く〕ことで、セザンヌが語る言葉に「約束」という言語行為を見出すことはできる。

しかしデリダも言うように、セザンヌは実際に、友人に対して何か「絵画における真理」なるものを語ったわけではないし、約束という行為遂行的発言を遂行したわけではない。「その遂行（performance）は、文字通りには、述定的意味（sens constatif）において述べ（*dire*）ることを約束してはいないし、何事かを『為す（faire）』ことはなおのこと約束していない」[73]。それでもデリダは、セザンヌの発言は、何かを為す（faire）可能性を開示したと考える。それはデリダが「行為遂行的代補性（la supplémentarité performative）」と呼ぶ別の可能性である。端的に言えば、ここでデリダが考えているのは、セザンヌの「約束」とは別の約束であり、その約束を成り立たせている「ある種の暗黙の〔慣習的な〕枠付け（un certain encadrement conventionnel）」という可能性である。デリダは次のように述べている。

行為遂行的代補性（la supplémentarité performative）は、（中略）、無限に開かれている。ある種の暗黙の枠付けが、言い換えればある行為遂行的虚構（約束事・申合せ：fiction performative）を標記（marqué）された文脈が、それに対して、その可能性を保証するならば、記述的もしくは「述定的」参照関係なしで、約束は出来する（la promisse fait événement）（それは言述しつつ「為す〔履行する〕」[74]）。

少し詳しく見てみよう。たとえば、われわれが何かを約束するとき、われわれが誰かとの間に〈約束〉という言語遂行的発言を行うことによって、約束の内容が、われわれの意図に照らして理解され、話者と約束の相手を拘束する。

しかしデリダ的な脱構築から見たとき、そもそも何らかの「約束」が成り立つためには、約束する当事者の間に、〈約束は守られなければならない〉とか、〈約束の内容は嘘であってはならない〉というような「約束」をめぐる暗黙の了解（申し合わせ）が存在しているはずである。そうでなければ、約束という言語行為は、端的に嘘になってしまい、約束という行為は成り立たない。それゆえ、われわれが約束などの行為遂行的発言を行うさいに、われわれはつねにすでに、約束を成り立たせている文脈、デリダの言葉で言えば「ある種の暗黙の枠付け」が存在しているはずである。

つまりデリダが述べているのは、約束という行為遂行的発言には直接的には含まれていないが、約束という言語遂行的発言に伴いつつも、それを「代補的（supplémentaire）」に補完する「暗黙の枠付け」や、それ以外のさまざまな「代補的な約束の無限の連鎖（the infinite chain of supplementary promises）」が無限に開かれているということにほかならない。しかし注意しなければならないのは、「言語遂行的代補性」として無限に広がる可能性は、可能性として話者にとっても相手にとってもある種の虚構性を免れないということである。それゆえデリダは、「ある種の暗黙の枠付け」について、「ある行為遂行的虚構〔約束事・申合せ fiction〕を標記された文脈」と言い換えているのである。このことにわれわれは注意しなければならない。

そして何よりも重要なのは、約束という行為遂行的発言が生ずるときに、つねにすでに代補的な無限の連鎖の中で、約束という出来事が生起してしまうということである。そして、それがいかなる約束であるのか、それがどんな意味をもつ約束なのかは、一種の「賭け」のようなものであり、「決定不可能性（undecidability）」によって枠づけられる」。だからこそデリダは、セザンヌの「約束」が、実際に言語的に遂行される必要があるかどうかも疑問視しているのであり、「何も述べもせず、記述もしないある『描く（peindre）』こと」も可能だと考えているのである。

デリダがセザンヌの言葉を引き合いに出しながら問題化しているのは、言語行為理論の理論家たちが、言語行為に何らかの意図や、真実や価値を結びつけ、その意図や真理から言説を分析するということである。デリダが脱構築において目論んでいたのは、こうした言語行為論に見られる「言語の制度」を問題化することであった。そしてデリダが、あえてセザンヌが友人に向けて発した言葉である「絵画における真理」をめぐるテーマを取り上げたのも、実は芸術に関する問題も、言語的な問いの形式に則って問おうとした途端に、「言語の制度」に巻き込まれていることを暴露するためであったと言ってよい。

以上のような背景から、デリダは「絵画における真理」という言葉を本書のタイトルにすることで、そもそも絵画のうちに「真理」があるのか、しかもそれを言語的に表現することは可能なのか否かを問題化した。そしてそれをきっかけとして、タイトルと芸術作品の間にある言語をめぐる〈不可視の制度〉を顕在化させたと考えられる。さらにそこから、デリダは芸術作品をめぐる〈言語という制度〉の問題を問い直そうとしたと言っても過言ではない。いみじくもデリダは、芸術作品に付された「タイトル」の「特権」について、「タイトル自身は沈黙したまま、多くの語るべきことを秘めているとわれわれに信じ込ませる点にある[75]」と述べていた。なぜならタイトルとは、芸術作品であれ何であれ、あるものに適用されると、タイトルが付されたその対象は、その対象を見る者にとって、何か「多くの語るべきこと」が秘められているように見えるからであり、もはや何の変哲もないものではなくなるからである。そして「タイトル」が付されたあるものとして同定された作品は、「自らが存在し承認されると言う権利を行使すること――正当化や正統化――が可能となる[76]」のである。

デリダによると、このような特権は、つねに習慣によって保証されている。それゆえデリダは、タイトルと作品との間にある関係に着目することで、ある種の〈制度〉を見出した。しかも彼は、その〈制度〉を自ら利用することで、芸術作品が前提とするある種の〈制度〉を暴露したのである。以上のことから、デリダは、セザンヌが手紙の中で触れた「絵画における『真理』」、言い換えれば、芸術作品における「真理」の不確かさをあらわにすると同時に、言語的な問いの形式から逃れられない営み＝作品を実践したと言えるだろう。

以上、デリダの解釈に即しながら、第三批判と『宗教論』のそれぞれの中で使用された「パレルゴン」概念を検討し、デリダがセザンヌの言葉として引用した「絵画における真理」をめぐる問題を考察してきた。以上のことを通じて本章では、以下の三点が明らかになった。第一に、第三批判「美しいものの分析論」であげられた三つの装飾《パレルガ》の実例から、「パレルゴン」が作品（エルゴン）にとって必要不可欠なものであり、たんなる余剰の外在性ではないこと。また、『宗教論』の四編それぞれに付された「一般的注解」＝付録《パレルガ》に注目することで、「パレルゴン」はエルゴン自身に何らかの欠如があるために要請されることが確認された。しかしその場合、デリダから見たとき、第三批判の中で実例に用いられた装飾《パレルガ》は、カント自身の「パレルゴン」概念と合致しないことが明らかになった。

第二に、「パレルゴン」の構造とは、内部と外部が決して分離され得ないだけでなく、境界線の外部が内部に働きかける「枠付け（frame）」の（不可能性の）論理であったこと。そして「パレルゴン」の構造＝枠づけの論理こそ、内部や外部を決定することを（不）可能にする「決定（不）可能性（(un)decidability）」問題でもあることが明らかになった。[77]

第三に、セザンヌの「私はあなたにそれを言うだろう」という約束をめぐる「絵画における真理」の問題は、芸術と言語の〈制度〉を顕在化させた。デリダは、言語行為論を脱構築的に媒介させることで、約束という遂行的発言に隠された「暗黙の枠付け」に着目し、「絵画における真理」を問うことによって、言語という〈制度〉が密接に関わっていることを明らかにした。たしかに、セザンヌの言葉は、一見すると言語行為論の分析にふさわしい「約束」を語っているように見える。しかしデリダが明らかにしたように、セザンヌの約束を言語遂行的発言として捉えるのでは十分でなく、その行為遂行的発言によって開示される「暗黙の枠付け」によって制約されていることが問題にされなければならない。しかも筆者の見解では、「パレルゴン」構造から導き出された「芸術とは何か」

という問いに対し、言語の〈制度〉が不可避的に関与していることが重要である。デリダは、歴史的に伝統的に問われてきた芸術をめぐる問題が、実際には言語に拘束された問いであり、閉じた円環の中で問われるしかない問いであることを暴露したのである。

筆者の考えによれば、デリダがあえて「額縁＝枠（cadre）」を執拗に取り上げながらも、曖昧にした〈境界〉の問題は、カントの趣味の問題に関わることで、さまざまなポリティカル〔＝政治的〕な問題を哲学的・形而上学的思考にもたらした。なぜなら趣味判断は、ある対象に主観的な判断を下すことによって、排除を生み出す可能性をも秘めているからである。デリダは、『絵画における真理』に取り組んでいた当時、相前後して、同じ問題系に属するもう一つの「パレルゴン」論を執筆していた。それは、カントの第三批判「美しいものの分析論」に関する「エコノミメーシス」論考である。デリダは「エコノミメーシス」論考の冒頭で「パレルゴン」という語を使いながら次のように述べている。

われわれは、ある哲学的特性を厳密な基準をもって確定することはできないし、一つの総体を、あるいは一つの体系の本来性＝固有性をなんらかの枠組みをもって限界づけることもできない。そのような境界設定の企て自身が、すでにある一つの全体に帰属しているのであり、そういう全体はなお思考すべきままにとどまっているのだ。そして（ある一つの全体への）帰属というこの概念は、パレルゴン構造によって変形され、さらには解体されることになるのである。(78)

デリダは、〈境界設定〉の問題を提起しながら、何らかの境界も結局は一つの全体によって包含され、一つの体系のうちに帰属していることを指摘する。しかもデリダの指摘で重要なのは、境界を含む全体が『思考すべきままに止まっている」ということである。〈境界設定〉を実行するさいに、すでに前提されている全体こそ、デリダが「パレルゴン」構造によって「変形」させ、「解体」させたいと考えた〈制度〉そのものであると言ってよい。

そもそもデリダの『絵画における真理』における脱構築の実践とは、芸術作品をめぐる〈境界設定〉の問題、具体的に言えば、作品（エルゴン）と付録（パレルゴン）の間に境界線を引くことの不可能性を問題化することを通じて、芸術が帰属する「全体」としての〈制度〉を明るみに出し、それを脱構築することにあった。それゆえ筆者の見解では、デリダが執拗に「芸術」概念を取り上げていたのも、多くの場合われわれが芸術を思考するために一つの対立の系（芸術の意味／芸術の形式、芸術の内部／芸術の外部、芸術に含まれるもの／芸術が含むもの、所記／能記、表象されるもの／表象するもの、等々）を無根拠に権威づけてしまうことによって、芸術という〈制度〉そのものを問題視することなく、あたかも芸術作品が最初から存在するかのように論じ、且つ、芸術を解釈してしまっているからである。

それゆえ、デリダがめざしたのは、芸術と芸術でないものとの間にどのような〈境界設定〉がなされており、芸術とそうでないものとの間に引かれる境界、言い換えれば、芸術の内部と外部とを分かつ「境界＝限界」が帰属する「全体」としての〈制度〉を明るみに出すということである。デリダは、芸術の内部と外部を分かつ〈境界設定〉が、階層的分類を生じさせ、必然的に価値序列を生み出してしまうことを「パレルゴン」という概念を用いて指摘したのである。

4 美感的判断力におけるポリティックスとエコノミー

本章では、デリダの「エコノミメーシス」（一九七五）論文を活用しながら、カントの第三批判に潜む〈ポリティカル・エコノミー〉に着目し、以下の四点を明らかにしたい。第一に、デリダの解釈を通じて、第三批判における「技術（art /Kunst）」の「階層秩序（hiérarchie）」に着目することで、カント哲学に潜む「存在-神学的な人間主義（humanisme onto-théologique）[1]」を明らかにする。第二に、デリダの議論に即して、「技術」の「階層秩序」が〈エコノミー的秩序〉と重なり合うことを確認する。そのさいに筆者は、ジョルジュ・バタイユが『呪われた部分』（一九四九）で提起した、交換に基づく「循環エコノミー（限定された経済）」と「普遍的エコノミー（一般的経済）」の対立が、デリダによって脱構築されていることを明らかにする。デリダは、第三批判における「アナロジー（類比）」と「ミメーシス（模倣）」という対比を用いて、バタイユのエコノミーの二項対立を脱構築するのである。第三に、「芸術（art /Kunst）」の「階層秩序」の頂点にある「詩」と、詩人と神における〈ポリティカル・エコノミー〉を明らかにする。デリダは、詩人と、彼に発話・発声の能力を贈与する神との関係を取り上げ、詩作にとって重要な身体器官である「口」に着目する。そこで筆者は、デリダが「口」を鍵概念として「不-可能なもの（l'impossible）」という問題系へと接続させていることを確認する。さらに筆者は、デリダが「口」という身体器官から、「吐き気」という特異な問題を引き出し、〈飲み込むことが不可能なもの〉としての「吐き出されるもの（le vomi）」

の意味を解明する。
以上の三点から、最終的に、筆者は、デリダにとって「吐き出されるもの」とは、「表象できない（＝表象不可能な）もの」としての「吐き気を催させるもの」であることに触れ、デリダが〈死〉につながる「喪の作業」の不可能性を暗示していたことを解明する。

1　カント「存在-神学的人間主義」のポリティックス

デリダは、「エコノミメーシス」論文の冒頭で、「あるひとつの政治的なもの（une politique）」[2]が第三批判第一編「純粋趣味判断の批判」の言説をつき動かしていると指摘している。また彼は、「政治的なもの」と「あるひとつのポリティカル・エコノミー（une économie politique）」が、「技術（l'art / Kunst）および美に関する言説全体の中に、確かに含意され（＝折り込まれ impliquées）ている」と主張する。[3]まず本節では、デリダがカント第三批判の中に含意し（＝折り込まれ impliquée）ていると述べた「政治的なもの」と「ポリティカル・エコノミー」の意味を明らかにすることから始めよう。

そもそも第三批判は、大きく第一編「美感的判断力の批判」と第二編「目的論的判断力の批判」から構成されている。特に第一編は、通常はカントの美学・芸術論として扱われているため、第三批判の常識的な理解と解釈からすれば、「政治的なもの」や「ポリティカル・エコノミー」に関わる〈テクスト〉であるとは考えられない。それにもかかわらず、デリダは第三批判の美学・芸術論をカントやカント哲学研究者が予想しなかった仕方で、またカントを〝裏切る〟かたちで読むことによって、カントが前提とする、見えない〝形而上学的差別構造〟を暴こうとする。筆者の考えでは、こうしたデリダの解釈こそが、「エコノミメーシス」論文の脱構築的戦略と言えるのである。そこで筆者としては、デリダに即して、第三批判を〈ポリティカル・エコノミー〉の立場から解釈することを試みたいと考えている。

もちろん、これまでも第三批判は、政治哲学的に解釈されてきた。画期的な政治哲学的解釈として著名なのは、アーレントの『カント政治哲学講義録』[5]（一九八二）である。アーレントの第三批判の政治哲学的読解は、ハンス＝ゲオルク・ガダマーにおける解釈学的読解との比較や、ロナルド・ベイナーのアーレント論『政治的判断力』（一九八三）などと共に、カント研究の中で比較的頻繁に論じられてきた。アーレントは、第三批判で論じられているさまざまな論題が、優れて政治的な意義を有しており、「政治的なもの」にとって重要であることを指摘していた[5]。

しかし端的に言って、第三批判は政治哲学的著作ではない。それだけでなく、同書には政治に関する論述すら存在しない。それでもアーレントは、描出の能力としての「構想力」が、「自分自身の思考を『拡大する enlarge』ことによって、他者の考えを考慮にいれることができるようになる」[6]働きをもっていると考えた。もちろんその背後には、アーレントの「複数性」の思想が前提となっている[7]。構想力の自由な描出の能力は、他者の立場になって考える世界を生み出し、他者と客観的な世界を共有できる次元を作るのである。そこからアーレントは、構想力が生み出す次元こそ、カントの「共通感覚」に通じるものであり、政治的判断力へ結びつく根拠があると考えた[8]。

以上のようにアーレントは、第三批判を政治哲学的に読みかえる試みを通じて、それをカントの政治哲学の最も重要な〈テクスト〉として位置づけた。それに対して、デリダの第三批判論解釈としての「エコノミメーシス」論文は、アーレントの政治哲学的解釈とは異なる視点から、カント哲学における「政治的なもの（＝ポリティックス une politique）」を明らかにしている[9]。それではデリダの解釈では、「政治的なもの」と「ポリティカル・エコノミー」が第三批判にどのように内在するというのだろうか。

デリダは、まず第三批判の第四三節（「技術一般について」）と第五一節（「諸美術の区分について」）を取り上げ、「もしミメーシスについてのカントの全理論が、賃金に関する二つの指摘の間で述べられているのだとしたら、それはたんなる偶然の構築であろうか[10]」と疑問を投げかける。そこからデリダは、カントの「技術＝芸術（art）〔Kunst〕」と「賃金」との関係に注目する。そうすることでデリダは、カントが「自由な技術〔l’art libre（ou libéral）〕・（*freie Kunst*）」と「報酬の技術〔l’art mercenaire〕（*Lohnkunst*）」との対立を取り上げていることに着目する。すなわち、報酬に囚われない戯れの技術と、報酬のために行う労働の技術に注目するのである。そこにデリダは、「戯れ」と「労働」という対立を見出し、両者の関係に一つの「階層秩序《ヒエラルキー》」を見出す。

そもそもカントが第四三節で述べているように、アート（技術）は、自然から区別される。カントを読解するデリダによれば、自然の側には「力学的＝機械的な必然」があるのに対し、アートの側には「自由の戯れ」があるからである。それゆえカントは、「自由の産出」のみを「アート」と呼ぶべきだろうと明言している。カントにとって「アート」と呼ぶのにふさわしいのは、自由意志（Willkür）を作動させ、その行為の根底に理性＝言葉を置く存在の産物だけである。

さらにデリダは、第四三節でカントが、「自由な技術」を「機械的な技術」や「美感的な技術」、「報酬の技術」などに対立させながら、「技術」の定義と序列化を行っていることに触れている。デリダによれば、カントは「機械的な技術」と「美感的な技術」とを対立させ、「美感的な技術」の直接的な目的は「快」の中にあるとしている。ただ「美感的な技術」は、単純に「美しい技術」であるわけではない。「美感的な技術」のうち、「快適な技術」が享受（Genuss）を求めるのに対して、「芸術」は享受なき快（Lust）を求めるのである。それゆえ美しいアートの場合は、「享受なき快」が問われることになる。というのも、カントを読解するデリダによれば、芸術は「快（plaisir）」から生じ、快を与えるのであって、享受（jouissance）から生じるのではなく、享受を与えるのでもないからである。

カントは第五一節でも、「美術（Beaux-Arts）＝美しい技術（schöne Kunst）」が報酬のための仕事であってはならず、また心は仕事に従事し、他の目的を望むことなく満足しなければならないことを強調している。

両方の節から明らかなように、カントを読むデリダによれば「美術」＝「美しい技術」は「自由な技術」でなくてはならず、報酬からも「自由」でなければならない。[11] これに対して「報酬の技術」は自由の産出ではなく、エコノミー的循環〔限定された経済〉に捉えられた〈エコノミーの秩序〉に属する。しかも「報酬の技術」はそれ自身では不快適であり、強制的に課された、賃金のための労働という意味で、自由な技術よりも下位に置かれるのである。通常、現代のわれわれの経済的（＝エコノミー的 economical）価値観であれば、報酬の多い者は低い者よりも優位にあると思われがちである。しかし、カントの「美しい技術」を優位に置く価値体系の中では、逆に、報酬を得る者の方が俗的で劣位にあると見なされる。その結果、上位にある技術ほど、「賃金」とは無関係の「自由」な技術が位置づけられることになる。

以上のようなカントの「技術」の「価値秩序」に関するデリダの注目点は、上位に位置づけられた「自由な技術」が、交換に基づく〈エコノミーの循環〉には入らないということである。言い換えれば、デリダによれば、報酬を得る者は、労働の対価として賃金を得るという通常の意味での「エコノミー的循環（限定された経済）」のうちに属するが、「自由な技術」は賃金を得ることがないため、交換は生じないということである（普遍的経済）。このデリダの指摘で重要なのは、「技術」の序列化に、〈エコノミー〉の観点が入っていることである。つまり、「自由な技術」と「報酬の技術」の間には金銭の授受が入り込んでおり、「自由な技術と報酬の技術の階層秩序化された対立（l'opposition hiérarchisée de l'art libéral et de l'art mercenaire）は、戯れ＝遊び（jeu）と労働（travail）の対立」[12]があある。デリダは、カントの「技術」の価値秩序を論ずるさいに、「戯れ＝遊び」と「労働」との対立を導入していることに着目しているのである。これまでのデリダ解釈から筆者は、デリダの念頭にあるのは、バタイユの「エコノミー」論であると考えている。しかしここではバタイユの議論についての詳論を避けて、まずはカントの「技術」論を読むデリダの真意を探ることにしよう。

デリダは、以上のようなカントの記述から、カントの言う本来的な意味の「技術」が、自由意志（Willkür）を作動させ、行為の根底に「理性」を置くものであることを強調する。[13] つまり、カントにとって「技術」とは、「自由」で「理性」をもつ存在としての人間の「技術」のみを指し、その点で動物的本能による産出性は「技術」ではないことになる。それゆえカントによれば、蜜蜂がどれほど立派な巣を作り出そうとも、そのような蜜蜂の産出物は、「芸術作品」と呼ばれることはない。なぜなら蜜蜂の巣は、理性ではなく動物の本能による働きの結果だからである。以上のことから、「自由な技術」によって産出された「芸術作品」は、つねに「理性」を基底とした人間の産物であることが明らかになる。

こうしてデリダは、カントの論述に従いながら、第三批判における「技術」の「階層秩序」が、(1)すべてを創造した神を頂点とし、(2)天才の美術〔詩人による詩作〕、(3)感性的で美感的な技術、(4)自由な技術、(5)報酬を受け取る技術、(6)機械的な技術、そして最後に、(7)言語をもたない動物の本能的労作という、価値に基づく序列によって構造化されていることを指摘する。

そしてデリダは、こうしたカントの「技術」の序列化のうちには、人間主義的なポリティカルな先入観が潜んでいることを指摘する。デリダは、カントの論ずる「技術」の序列化が、自由で理性的な人間を頂点とした階層構造の中に、動物性一般を含めることによって、人間を動物よりも優位な存在者として昇格させていると言う。つまりデリダは、カントが人間を動物よりも優位な存在として扱うことによって、つねに人間-神〔神としての人間〕へと昇格させることをめざしていると指摘するのである。[14]

しかも注意しなければならないのは、デリダは、カントが前提する「技術」の「階層秩序」の間には、「類比《アナロジー》」

しか存在せず、いかなる「対立」も存在しないと述べていることである。というのも、デリダによれば、「報酬の技術」も、蜜蜂の産出性の「類比《アナロジー》」にすぎない。なぜなら「類比《アナロジー》」の「動き＝戯れ（jeu）」をたどっていくと、「報酬の技術」の産出性は、「自由の欠如、規定された合目的性、有用性、規範（code）の有限性、理性を欠き、想像力の戯れを欠いたプログラムの固定性」によって、つまり端的に言えば、自由もなく「戯れ＝遊び」もない、決められた「労働」として、限りなく蜜蜂の産出性に類似してしまうからである。(15)

つまり「報酬の技術」が「技術」に属するのも、たんなる「自由な技術」との「類比《アナロジー》」を根拠にするしかないのである。その意味で、カントによる「技術」の「階層秩序」においては、「自由な技術」と「報酬の技術」の間も、また「報酬の技術」と蜜蜂の労働との間にもいかなる対立もなく、それぞれの間にはたんなる「類比《アナロジー》」しか存在しない。こうしてデリダは、カントが立てた「技術」と「自然」との対立を「類比《アナロジー》」によって無効にしてしまう。それゆえデリダは、「ピュシスとミメーシスの対立（opposition entre *physis* et *mimesis*）はもはやなく、したがってピュシスとテクネー（entre *phsis* et *tekhnè*）の対立ももはやない(16)」と言うのである。

以上のように、カントによる「技術」の対立を基本にする「階層秩序」は、デリダの指摘によって脱構築される。筆者の理解では、デリダの第三批判の脱構築的読解とは、カントの叙述に即して美学という観点から読むのではなく、「技術」の「階層秩序」を支えるカントの〈倫理-政治的な価値の序列化〉がたんなる「類比《アナロジー》」を根拠にしていることを暴くのである。それと同時に、デリダは、カントによる価値の階層秩序の無根拠性を明らかにし、価値の序列化を無効化する形で、価値秩序の転倒を引き起こしてもいる。このようにして、デリダは第三批判を〈ポリティカル〉に脱構築的に読解しようとしたのである。

さらに、こうした第三批判の脱構築的読解は、カントが特段に意識することのなかった潜在的な思想にまで食い込んでいく。次節で述べる点を先取りして言えば、デリダは脱構築的に分析することによって、カントの「技術」

の「階層秩序」が、「口」という身体器官を用いて創られる「詩」を頂点とした芸術的価値の秩序を前提していることを浮き彫りにする。

デリダは「エコノミメーシス」論文の中で、カントが詳細に〈アート〔技術／芸術〕〉を階級秩序化していることを指摘することで、カントの潜在的な「政治的なもの（＝ポリティックス）」を暴露した。デリダによれば、カントの「政治的なもの（＝ポリティックス）」とは、「類比《アナロジー》の原理」が「人間中心主義的原理と不可分」であり、自然と神との間の「中間の（*au milieu*）位置を占める」人間中心主義的な原理があってこそ、規定的判断と反省的判断との間の類比が理解されることにある。[17]

それゆえデリダは、第三批判の「自由」と「技術」に関するカントの論述には、「存在＝神学的な人間主義（humanisme onto-théologique）[18]」の思考が前提にあると指摘する。それは、筆者の解釈によれば、技術／自然、作品／結果、理性／本能、自由／労働、快／不快といった二項対立に潜む価値の序列化を支える思考である。しかも価値の「階層秩序」は、美、自由、快の問題を前面に出しながら、その背後で「戯れ＝遊び」と「労働」という〈エコノミー（＝経済）的秩序〉の問題を基盤としていることも忘れるべきではない。

それでは次節で、デリダが「労働」の問題に触れながら、第三批判に内在する「階層秩序」が〈エコノミー〉と絡み合い、最終的にはバタイユの「エコノミー」論すら脱構築することを確認しよう。

２　エコノミーとミメーシス

すでに前節の冒頭で触れたように、デリダは、カントの第三批判「純粋趣味判断の批判」において、「技術」および「美」に関する言説全体の中に「ポリティカル・エコノミー」が織り込まれていることを指摘していた。そのあと続けて、デリダは唐突に次のようにも述べていた。

> われわれは、エコノミー〔＝経済 l'économie〕を循環・流通のエコノミー〔économie de circulation〕（限定的なエコノミー〔＝限定された経済 économie restreinte〕）あるいは普遍的エコノミー〔＝一般的経済 économie générale〕としてまだ規定（＝決定 déterminer）しないままにしておく。それというのも、これは仮説だが、これら二つのエコノミー〔経済〕の間に対立の可能性がないとすれば、すべての難しさがここに凝縮されるからである。[19]（強調・デリダ）

このように述べて、デリダは、二つのエコノミー〔経済〕の「対立」の可能性に対する疑問を提起しながら、カントの「技術」に関する〈階層秩序のポリティックス〉を展開するきっかけとしていた。改めて筆者が、「エコノミメーシス」論文の冒頭に言及したのは、「限定的なエコノミー〔限定された経済〕」と「普遍的なエコノミー〔一般的経済〕」というバタイユの術語をデリダが導入しているからである。しかもデリダは、バタイユの術語を何の説明や言及もないままに、カントの美学論の冒頭に紛れ込ませている。[20] そこで本節で筆者は、デリダが敢えてバタイユの術語を用いることで、バタイユの「エコノミー」論に言及した意図を探ってみたい。

われわれはここで、「エコノミー〔経済〕」がたんに「経済」や「経済学」の原語であるだけでなく、より広い意味で、交換や需要と供給の循環と深い関係にあることを思い出そう。この点を踏まえるならば、バタイユの「エコノミー」論が一つの経済理論であることが理解できる。つまり、バタイユの「エコノミー」論は、われわれが理解している、狭い意味の（政治）経済《ポリティカル・エコノミー》学とは異質な、〈贈与と交換のエコノミー〉理論なのである。古田裕によれば、バタイユの「エコノミー」論は「通常私たちがこの名称から連想するような、数量的な分析、政策の立案、投資、収支決算などではなく、もっと根底的なもの[21]」である。その特異性は、「太陽」をエネルギー源とする地球全体のエネルギーの流動を視野に入れた「過剰」の理論を中心としていることである。

ちなみにバタイユは、『呪われた部分』（一九四九）の中で、「太陽光線は結果として地球の表面にエネルギーの過剰（surbondance）を生じる[22]」ことに触れている。太陽エネルギーに基づく「過剰」の理論では、過剰の破壊や過剰の浪費などによって、富を徹底的に過剰に破壊することこそが、逆に、過剰の富の証しとされる。その意味で「過剰」という概念は、贈与の問題を考えるときにも重要な概念である[23]。というのも、吉田も言うように、バタイユにとって太陽のエネルギーの過剰は「ほかの誰かから受け取ってほかの誰かに受け渡されたり、または交換されたりするのではなく、太陽自身から一方的にその自己破壊によってもたらされるのであって、見返りなしにただ与えられる[24]」からである。これは太陽による純粋なエネルギーの〈贈与〉であり、見返りを期待しないという意味では〈純粋贈与〉と呼べるものである。

たとえば、吉田によればバタイユの「エコノミー」論の包括的な説明として次の箇所を引用している。そこでバタイユは「限定されたエコノミー」と「一般的〔普遍的〕エコノミー」を端的に説明している。

考察の対象を至高の瞬間に結びつける学問こそが、「一般経済学」にほかならない。この学問は、対象の意味のほかの意味との関係において検討し、最後には意味の喪失に結びつける。「一般経済学」の問いは、「政治経済学《ポリティカル・エコノミー》」の構想上に位置しているが、後者の名で示される学問は、「限定経済学〔商品価値に限定された経済学〕」に過ぎない。富の使用を扱う科学に属する本質的な問題が、取り上げられるべきである。「一般経済学」は、第一に、エネルギーの過剰分が生じ、それは定義からして有用には使用され得ない、ということを明らかにする。過剰なエネルギーは、最少の目的をも持つことなく、したがってどんな意味ももたらすことなく、

失われねばならない。この無益で気違いじみた損失こそが、至高性である。(25)

バタイユによれば、通常の経済観では、「有用的なもの」を価値として、需要と供給による循環を前提とした交換経済が考えられている。それは、生産することばかりに夢中になり、「有用なもの」のみが重視され、闘争を繰り返す利益追求型の社会における「経済＝エコノミー」である。こうした経済観や経済システムをバタイユは「限定されたエコノミー〔限定的な経済〕」と呼ぶ。

バタイユが通常の経済観の覆しを試みようとしたのは、産業社会を中心とする資本主義によって「有用性」中心主義に陥った社会は間違っており、〈暴力〉に満ちていると考えたからである。それゆえ、バタイユは、消費することこそ社会を変えると考えた。ただしバタイユの言う消費とは、たんなる生産に対する消費という意味だけではなく、徹底的に消費し尽くすという意味での「消尽」や「濫費」であることには注意が必要である。バタイユは、「消尽」や「濫費」によって現状の「限定されたエコノミー〔限定的な経済〕」を破壊し、その価値観を転覆させ、過剰消費、供犠、贈与、「無用なもの」などの理論に基づく「普遍的エコノミー〔一般的経済〕」の社会へと移行することをめざすのである。(26)そのさい彼の理論では、「太陽」が極めて重要な概念となっている。バタイユは、『呪われた部分』の中で次のように言っている。

生命の最も普遍的な条件（中略）決定的重要性をもつ一事実（中略）つまり太陽エネルギーがその過剰の根原であるということだ。われわれの富の源泉と本質は日光のなかで与えられるが、太陽のほうは返報なしにエネルギーを――富を――配分する。太陽は与えるだけで決して受け取らない。(27)

バタイユの「エコノミー」論は、太陽エネルギーを過剰発展の根源とした、存在論であり且つ動的な理論である。それゆえバタイユの「普遍的エコノミー〔一般的経済〕」とは、近代特有の個人主義的な快楽や私的な享受のためだけに「有用なもの」ばかりを求める、通常の経済観の破壊であり、合理的で合目的的な思考が蔓延した社会の根本的な覆しを狙いとしたものと言える。

それでは、このようなバタイユの「エコノミー」論は、デリダの「エコノミメーシス」論文にとってどのような意味があるのだろうか。しかもカントの第三批判を論ずるのに、デリダはどうしてバタイユの「エコノミー」論に接近したのだろうか。まずデリダは、カントが第三批判で唯一取り上げている「芸術作品」としての「詩」に着目する。デリダは、カントが「美しい技術（美術 schöne Kunst）」について語るさいに、詩人を頂点とする「芸術」の「階層秩序」があることを指摘した。カントにとって、「口」を使って言葉を語る（parler）ことに関わる「芸術」は、芸術の最高位の最高位に位置する「詩」である。詩は詩人の天才から発せられ、「模倣することが最も少ない芸術であり、したがって神の産出性＝生産性に最も似ている」。[28] つまり詩を生産＝産出する（produire）詩人は、自然を産出＝生産する神に類似する存在と考えられている。

そしてデリダによれば、カントは詩人としてのフリードリヒ大王を敬愛し、彼の詩を称賛していた。カントが「詩」を芸術作品の最上位に位置づけるのは、第一節で詳述したように、それが自由な主体による「純粋な生産性」に基づくからにほかならない。デリダによれば、詩人は、詩を創る場合に無報酬であることによって「循環的エコノミー＝限定されたエコノミー」の秩序から逸脱し、いかなる交換も行わない。つまり、詩人とは「詩という贈与」を産出し続ける存在であることが、カントにとって肝要なのである。

バタイユにとって「太陽」がエネルギーの過剰な〈贈与〉の起源であったように、デリダもまた、「エコノミメーシス」論文の中で、「太陽」というメタファーを用いて、詩人を表現しようとする。デリダによれば、詩人は、自由な主体として生産に従事しながら、報酬もとらず、いかなる交換も行わない。その意味でデリダは、詩人を、無限なエネルギーを放出する「太陽」として理解する。つまり詩人は、無限に詩作品を創り出し、「過剰（surabondauce）」なまでにひたすら詩を与え続けるという意味で、無限なエネルギーを放出する「太陽」と同じものとして理解することができる。デリダによれば、カントが言及する、唯一の詩人としてのフリードリヒ大王の「あり余る豊かさ（＝過剰）」こそ、バタイユの「太陽エネルギー」に比較することができる。そして詩人は、「太陽」のように無限に贈与（＝詩作）を続けることで、〈交換のポリティカル・エコノミー〉を超えた上に自らを位置づけることができるのである。

しかも重要なのは、カントの美学・芸術論にとって、詩人とは天才であり神に最も近い存在である。それというのも、デリダによれば、カントは詩を「模倣する（imiter）ことが最も少ない芸術であり、それゆえ神の生産性に最も似ている（resemble）」[29]と考えているからである。ここで忘れてならないのは、詩人が「循環的エコノミー（限定された経済）」から逸脱していることである。デリダは、詩人が自由な主体であり、詩が彼の生産物であり、いかなる〈交換のポリティカル・エコノミー〉にも関わらないゆえに、「技術」の「階層秩序」の最上位に位置づけられているということを看過しなかった。それと同時に、デリダはバタイユに即して詩人が「太陽エネルギー」のような「あり余る豊かさ」を、つまりは過剰とも言えるほどに詩を生産し贈与し続けるがゆえに、「エコノミー的循環」を破壊することに注目したのである。

そしてカントの議論において、詩が「美しい技術」として「階層秩序」の最上位に位置づけられるためには、それが限りなく自然の産物に近づくことが必要である。カントは、「技術」を序列化するために、「あたかも自然がつくったものであるかのように（*als ob* es ein Produkt der bloßen Natur sei）」（強調・カント）、あらゆる規則の強制から自由であると見える「技術」こそ最も美しい「技術」であることを強調していた。しかも、たとえその産物が意図的に創られたものであるとしても、その意図が見えてはならない[30]。カントによれば、「自由の技術」のうちで最も美しいと言われるためには、「自由の技術」による産出性があたかも自然が作ったものであるかのように見える必要がある。カントは次のように述べている。

> 美術の産物については、それが技術であって自然ではないことが意識されなければならない。しかしこの形式における合目的性は、この産物があたかもたんなる自然の産物であるかのように（*als ob* es ein Produkt der bloßen Natur sei）、任意の諸規則のあらゆる強制から自由であるとみえなければならない。（中略）それゆえ、美術の産物における合目的性は、意図的であるとしても、それでも意図的であるとみえてはならない。すなわち美術は、技術として意識されているとしても、自然のようにみられる（als Nature *anzusehen*）ことができなければならない[31]。（強調・カント）

ここでデリダが注目するのが、カントの使う“als ob〔あたかも～のように〕”という表現である。そしてデリダは、カントが用いる“als ob”が「類比的《アナロジー》なミメーシスを再建する（rétablit）[32]」と指摘する。デリダによれば、「産出行為」の「ミメーシス」において重要なのは、「人間的行為の神的行為への同一化[33]」である。「自由の技術」による「産出行為」があたかも自然が作るかのような行為である限り、その産出行為は神の行為に限りなく近づく。その意味でデリダは、これを「人間学-神学的ミメーシス（*mimesis* anthropo-*théologique*）」と呼ぶ。つまり、カントが論じる「技術」の「階層秩序」において重要な役割を担っているのは、「ミメーシス」であると言ってよい。しかしだからといって、第三批判の中で「ミメーシス」が明示的なテーマになったり、「ミメーシス」という語そのものが言及されたりすることはない。それにもかかわらず、デリダは第三批判全体から「ミメーシス」が暗示されていると主張するのはなぜなのか。

デリダによれば、「ミメーシス」とは、「模倣（immitation = Nachahmung）」に対する不可避的な非難を伴い、つねに独創性のないものとして「模倣」を特徴づけている。[34] それはアリストテレスが『詩学』で述べているように[35]、「ミメーシス」こそ「人間の特性 = 固有性（le proper de l'homme）」と考えられているからである。デリダは、「猿は模倣する（immiter）ことができるが、しかし主体の自由だけが自らを真似る（se mimer）という意味においては、猿は真似る（mimer）ことはできない」[36]と述べながら、猿がいかに巧みに人間のように振る舞おうとも、それはあくまでカントの言う「猿まね（singerie = Nachäffung）」[37]にすぎないことを指摘する。

以上のことからも明らかなように、「ミメーシス」と「模倣」の違いにこそ、人間と動物（たとえば、猿）を分かつ決定的な差異がある。そして、その差異こそが「自由」なのである。第一節で「技術」の「階層秩序」について触れたように、自由な主体としての「技術」を扱う人間は、「階層秩序」の上位に位置づけられるのに対し、本能に従属する動物は、自由をもたないがゆえに「階層秩序」の下位に位置づけられる。だからこそ、デリダによれば、「真の」「ミメーシス」とは、「生産を行なう二つの主体の間にあるのであって、二つの生産されたものの間にあるのではない」[38]。デリダの指摘で重要なのは、「ミメーシス」が生ずるのは、あくまで人間という自由な主体の間で生ずるのであって、模倣され生産されたもの（＝作品・生産物）の間ではないということである。

さらにデリダによれば、「ミメーシス」の効果とは、第一に、「神的な目的論のおかげで、美術（芸術（Beaux-Arts））のポリティカル・エコノミー」を保証することにある。また第二に、「自由な技術を上におき、報酬の技術を下におく階層秩序的な対立が保証される」ことにある。[39] たしかに、カントの言う「美しい技術」は自由な性質をもっていた。すでに第一節でも触れたように、「自由の技術」による産出は、「交易 = 商業（commerce）の循環」、いわゆる〈需要と供給のエコノミー的循環〉のうちに入ってはならない。それゆえ、「自由な技術」による産出 =

生産は交換されてはならない。

しかも「自由な技術」としての「美しい技術」による産出行為、たとえば詩人の詩作は、〈エコノミー（＝経済）的秩序〉における金銭の授受に基づく「報酬の技術」すなわち「労働」とは似て非なるものであった。さらに次節の議論を先取りして言えば、デリダが指摘するように、カントが「詩」を重視する背景には、カントが「口」を身体組織の中で最も高位の器官と考えているからという理由がある。つまり「口」から発する音声およびロゴスは、神から付与された能力であり、それによって産出される詩こそ、最高の産物を意味しているのである。

デリダは、カントの「技術」をめぐる「階層秩序」をたどりながら、技術と芸術が絡み合う地点で、詩人の詩作という産出行為にまで遡る。そうすることでデリダは、カントが、詩人の詩作が「太陽」のエネルギーのように〈無限の贈与〉を前提していると指摘する。また詩人における「詩作」においては、バタイユの「限定されたエコノミー（限定的経済）」とも「普遍的エコノミー（一般的経済）」とも区別できないような事態が生じていることを指摘するのである。

3　バタイユ「エコノミー」論の脱構築

デリダのカント解釈によれば、「自由の技術」による産出物としての「芸術作品」は、それ自体がもはや「交換不可能なもの」として産出される。そして「芸術作品」が「自由の技術」の産出物であるならば、それは純粋に「快」をもたらさなければならない。しかも（デリダを通過した）カントによれば、「概念を経ることなしに、享受することなしに、快を得る」[40]ことこそ、「人間の本来性＝固有性（le proper de l'homme）」である。そして自由の主体としての人間は、交換不可能なものとしての「芸術作品」を産出することができる。もはや「報酬の技術」の産出物のように賃金と交換されることもできない「芸術作品」は、それ自体ではたしかに「交換不可能なもの」である。しかし、とデリダは言う。

それにもかかわらず、交換不可能なものを純粋に生産すること（cette productivité pure de l'inéchangeable）が、ある種の無垢なる交易＝商業（une sorte de commerce immaculé）を自由にする（libérer）。反射的＝反省的交換（échange réfléchissant）、つまり自由な主体のあいだの普遍的コミュニケーション可能性（la communicabilité universelle）が芸術の／という戯れ＝遊びの空間（l'espace de jeu des Beaux-Arts）を開くのである。そこにあるのは一種の純粋なエコノミー（économie pure）であり、こうしたエコノミー〔オイコノミア〕では、オイコス（l'*oikos*）が、すなわち人間の特性＝固有性が人間の純粋な自由のうちに、そして自らの純粋な生産性のうちに自らを反映（反省）させているのである。(41)（強調・デリダ）

デリダによれば、本来人間の自由に基づいて産出された「芸術作品」は、賃金であれ何であれ、それらは「交換不可能」であり、その意味で通常の〈交換のエコノミー〔＝経済〕的秩序〉から外れてしまう。つまり「交換不可能なもの」としての「芸術作品」は、バタイユの「限定されたエコノミー〔限定的経済〕」の秩序に回収されない。

しかしよく考えてみるならば、デリダが上記の引用で指摘していることは、極めて重要である。ここではデリダが、「エコノミー」がギリシア語の「オイコス（oikos=οἶκος）〔住家・家財〕」に起源をもつことをあらためて確認していることに注意したい。デリダによれば、自由な主体の間に成立する交流＝コミュニケーションこそが、人間の特性＝固有性に根ざしている。デリダは、「交換不可能」というものが、使用価値としても交換価値としても交換できないにもかかわらず、それを産み出す純粋な生産性は、ある種の交流の自由をもたらすと述べている。それは自由な主体間での普遍的なコミュニケーション可能性であり、芸術という遊びの余地を開く[42]。その意味で、そこには一種の「純粋なエコノミー」があり、人間の特性＝固有性が自由のうちに反映されている。

つまり筆者の解釈によれば、「交換不可能なもの」を純粋に生産することが、「無垢なる交易＝汚れなき交流を自由にする（＝解放する）」というデリダの指摘は、唯一ただ一人の個別的な人間が行う「独白」のコミュニケーションとして理解することが可能である。独白という「反射的＝反省的交換」は、「自由な主体のあいだ」でなされる固有な＝普遍的な「コミュニケーション可能性」であり、概念に基づくのではない仕方で、自分だけのもの＝オイコスが自らのうちで反省的に交換される。その意味で独白は、ある種の自己触発であり、他者との交換ではないという意味では、〈交換のエコノミー〉に回収されることがない。つまり自由な主体の間に成立するコミュニケーションは、交換という概念では捉えきることができない。それゆえ、詩が独白という仕方で生産されるのであれば、使用価値としても交換できず、交換価値として交換できないという意味で〈交換のエコノミー〉に回収されず、「交換不可能なもの」としての「芸術作品」が生産されることを意味する。交換することのできない生産としての「純粋な生産性」は、人間の自由に属しており、それは自らを映し出す（＝反省／反射する se réfléchir）こと以外に交換されるものがない。これこそが「純粋なエコノミー」にほかならない。人間の特性＝固有性という「オイコス（自分のもの、わが家のもの）」においては、もはや〈交換されるもののない交換〉があるのみである。それゆえ〈交換されるもののない交換〉とは、「交換・流通のエコノミー」という「限定されたエコノミー（限定的経済）」における「交換」としては成立していない。つまり、自由な主体としての人間の「本来性＝固有性」においては、交換されるものがなく、たんに産出されるだけである。これは、ある意味で〈贈与〉というべきものである。

もしそうであるならば、デリダが指摘するように、「芸術」においては、産出物＝芸術作品の過剰が、〈贈与〉として引き起こされることは必然的であると言わなければならない。「芸術」においては、「戯れ＝遊び」という交換なき産出、端的に言えば、〈純粋贈与〉があるのみである。

さらにデリダは、「エコノミメーシス」論文の冒頭で、次のようにも述べていた。

> われわれは、エコノミー〔＝経済 l'économie〕を循環・流通のエコノミー〔économie de circulation〕（限定的なエコノミー〔＝限定された経済 économie restreinte〕）あるいは普遍的エコノミー〔＝一般的経済 économie générale〕としてまだ規定（＝決定 déterminer）しないままにしておく。それというのも、これは仮説だが、これら二つのエコノミー〔経済〕の間に対立の可能性がないとすれば、すべての難しさがここに凝縮されるからである。[43]（強調・デリダ）

「芸術」を「戯れ＝遊び」と捉えるデリダの指摘に基づいて、バタイユの「エコノミー」論を取り上げてみると奇妙なことが分かる。バタイユは、賃金や報酬の「交換」としての「限定されたエコノミー〔限定的経済〕」を否定し、〈太陽エネルギー〉の無限な〈贈与（＝詩人の詩作）〉を前提とした消尽・乱費による「普遍的エコノミー〔一般的経済〕」に移行することが重要であるという。そこでは〈太陽エネルギー〉という純粋な〈贈与〉が成立する。その意味で、詩人＝大王の「濫費的産出[44]」としての贈与は、「ポリティカル・エコノミー（限定的）を超えた上位に自らを位置づける[45]」ことができる。

それでも、〈贈与〉においては、「芸術作品」という「交換不可能なもの」を交換するという「純粋なエコノミー」が存在してしまう。その意味で、バタイユの「エコノミー」論が依拠する、〈贈与〉による「普遍的エコノミー〔一般的経済〕」もまた、〈交換の循環エコノミー〉から逃れることはできない。それゆえ、バタイユが設定した「限定されたエコノミー〔限定的経済〕」と「普遍的エコノミー〔一般的経済〕」とは、対立する関係にあるのではなく、デリダがまさに指摘したように、バタイユが明確に分類した「二つのエコノミー〔経済〕の間に対立の可能性はない」（強調・デリダ）のである。

つまりデリダは、第三批判をバタイユの「エコノミー」論に依拠して脱構築することによって、その実、バタイユの「限定されたエコノミー〔限定的経済〕」と「普遍的エコノミー〔一般的経済〕」という二項対立そのものも脱構築していると考えられる。それゆえカントの述べる「技術／芸術」による「階層秩序」においては、詩人＝国王が「限定されたエコノミー〔限定的経済〕」からすでに外れており、「普遍的エコノミー〔一般的経済〕」に属する一方で、両者が〈エコノミー的秩序〉に属する限り、ともに相対的な差異しか存在しないのである。

さらにデリダは、「自由な技術」としての「芸術」について、カントが「芸術」の「階層秩序」の最も上位に位置づけた「詩人」に注目する。デリダは、カントが詩人の詩作を強調し、それを「労働」と決定的に異なるものと考えていることに着目する。そして彼は、カントが「詩」を重視する背後に、カント自身が「口（la bouche）」という身体組織を重視する先入観があることを指摘する。デリダによれば、カントは「口」を身体組織の中で最高位の器官と考えているのである。

そこで次節では、カントの「口」をめぐるデリダの議論を解読し、そこからカントの「ポリティカル・エコノミー」を暴くデリダの脱構築の真意を探ることにしたい。

4　詩人の「口」のポリティックス

詩人の技術＝芸術を神の仕業と比較するために、デリダはあらためて、カントの「技術」の「階層秩序」の中にある「類比《アナロジー》」という関係を、「ロゴス」と「口」という観点から見直し、そこに神と詩人の間にある「類比《アナロジー》」を取り出そうとする。

そのさいにデリダは、第三批判第五一節「芸術の区分について」において、カントが言葉・態度・音調という「表現」のカテゴリーを活用し、人間の身体の表現組織に即して、「芸術」における「階層秩序」を記述していることに着目する。カントも述べていることだが、言葉を語ることに関わる芸術の「最高位に（*den obersten Rang*）」位置するのは、言葉の芸術としての「詩」である。というのも、第2節でも触れたように、詩は「模倣する（*imiter*）ことが最も少ない芸術であり、それゆえ神の産出性に最も似ている（*resemble*）」[46]（強調・デリダ）からにほかならない。

デリダは、カントの中で「詩」が重視されていることを指摘することで、身体組織の中で最も高位にあり、最も重要な「口」という器官への言及を可能にしていると考える。ここでわれわれが注意しなければならないのは、デリダがカントに託して語る「似ていること（resemble）」や「類比《アナロジー》」が、「エコノミー」概念と奇妙にも重ねて議論されていることである。ここにデリダがカントの議論から暴こうと考えている「エコノミメーシス」の構造が存在するのである。デリダは次のように言っている。

> 詩人は約束するよりも多くあたえ、交換の契約には服さず、その余りある豊かさ（＝過剰 surabondance）は循環的エコノミー（l'économie circulaire）を気前よく断ち切る。したがって、芸術〔Beaux-Arts〕の階層秩序がなにを意味しているかといえば、それはある一つの強大な力がエコノミー（循環的）を中断し、統治するものとなり、ポリティカル・エコノミー（限定的）を超えた上に自らを位置づける、ということである。ポリティカル・エコノミーの自然化は、アート＝技術〔art〕の産出と交流を、ある種の経済‐横断性〔＝超‐エコノミー trans-économie〕に従属させるのである。（中略）エコノミミーメーシスはむしろ、経済‐横断性〔超‐エコノミー〕

において無限に自らを展開していく。エコノミメーシスは、経済‐横断性〔超‐エコノミー〕に耐え、無限へと通過するのである(47)。

第三批判を解釈するデリダによれば、詩人は神との「類比《アナロジー》」において、詩という芸術作品を創る。これは神が世界を創るのと「アナロジー〔類比〕的」である。第1節並びに第2節で詳細に検討したように、詩人自らが詩作品を創りあげる場合、詩人の詩作が無報酬であることによって、交換による「循環的エコノミー」の秩序から逸脱し、詩作品の「過剰」が〈贈与〉として生産される「普遍的エコノミー〔一般的経済〕」に移行する。そしてデリダは、詩人が「循環的エコノミー」を逸脱するだけでなく、〈純粋贈与〉としての「普遍的エコノミー」も含む、あらゆる〈エコノミー〔＝経済〕的秩序〉を統治する最上位に君臨することを指摘する。

こうしてデリダは、「類似」「類比《アナロジー》」「ミメーシス」と「エコノミー」を重ね合わせるところから、バタイユの「エコノミー」論を脱構築しながら、「エコノミメーシス」構造を見出そうとするのである。つまりデリダは、カントの「技術」をめぐる「階層秩序」をたどり、詩人の産出行為にまで遡ることにより、バタイユの「限定されたエコノミー〔限定的経済〕」とも「普遍的エコノミー〔一般的経済〕」とも区別できないような事態が生じていることを指摘した。

あらゆる「階層秩序」の最上位に君臨し、統治する詩人＝国王は、交換経済としての「限定エコノミー〔限定的経済〕」を中断し、その上から統治するものとなる。また、詩人＝大王の「濫費的産出(48)」としての贈与において「ポリティカル・エコノミー〔限定的〕を超えた上位に自らを位置づける(49)」。こうして詩人＝国王は、「限定されたエコノミー〔限定的経済〕」の上位に立つことで、あらゆる〈エコノミー的秩序〉から逸脱するのである。

詩人＝国王の統治を支えるものこそ、彼に天才を贈与する神の存在である。すなわち詩人＝国王の言葉は、ある意味で神の言葉であり、「天才たる詩人は神の声であり、神は詩人に発語させる」。カントによれば、詩人は神の声を発し、神の言葉を伝える。神から贈与された詩人の才能を論じながら、デリダは、詩人が循環的で交換的な「エコノミーを超える（une trans-économie）」ゆえに、いっさいの報酬も支払われないことを指摘する。

もちろん、神が彼を養うのであり、その才能を通じて詩作という労働の力を産み出す。つまり「神は詩人に、剰余価値を与え、そして剰余価値を与える手段を与える」[50]。しかし忘れてならないのは、詩人＝国王は神から、さらに神によって創られた「自然」から才能を贈与されているということである。詩人は、自ら自由な主体として、「美しい技術」の産物としての「詩」を創り出すが、それは自然から贈与された「才能」の産物でもある。

しかし、筆者の疑問は、たとえ詩人の天才が神によって贈与されたものであったとしても、神か自然を創造し、自然が詩人に才能を贈与するのであれば、詩人の詩作は、自然による贈与に基づく本能とどこまで異なるのか。デリダも言うように、自然から贈与された詩人の才能は、限りなく蜜蜂などの動物の「本能」と類似してくる。「ポリティカル・エコノミーの自然化」とは、「限定されたエコノミー〔限定的経済〕」そのものが、自然の産物として把握されてしまうことを意味する。それゆえ、詩人＝国王の「自由な技術」としての詩作は、自然から贈与された才能という点で動物的本能と「アナロジー〔類比〕的」である。

そしてデリダは、カントの第三批判のもう一つの「ポリティックス」を指摘する。それは「口」をめぐる「ポリティックス」である。つまり詩を産出し続け、無限な贈与を提供する詩人フリードリヒ大王もまた、生きなければならない。「芸術作品」を産出し続け、無限に〈贈与〉し続ける詩人＝フリードリヒ大王もまた、現実世界の中で生きていかなければならない。そして、詩人＝国王もまた、生きるためには何かを〝口にしなければならない〟。詩人＝国王といえども人間である以上、彼は何かを〝口にしなければ生きられない〟。

先に確認したように、「口」は、神からの言葉を伝える、〈声を発する器官〉であるが、それと同時に、何かを

〈食するための器官〉でもある。詩人＝国王が人間である限り、詩作という「労働」の合間に食べることをしなければならない。詩人が人間である限り、「書きも歌いもしないあいだ、食べることをしなければならない[51]」のである。

デリダは、「エコノミメーシス」論文第二部に、「口例性（exemploralité）[52]」という奇妙なタイトルをつけて、第三批判の「趣味判断批判」解釈を別な方向に切り替えていく。つまり彼は、「口例性」概念を導入することによって、詩が言語に関わり、「類比《アナロジー》」の秩序が「口」をめぐる「ロゴス」の問題へとつながることを指摘するのである。そこからデリダは「類比《アナロジー》」の起源へと、つまり「ロゴス」への遡行を開始する。

次章の議論を先取りして言えば、「類比《アナロジー》」の起源は「ロゴス」であり、回帰するところのものも「ロゴス」である。その意味で、カント第三批判に潜む「口」をめぐる「政治的なもの」のすべては、言語活動へと遡行するのである。そこで次章では、デリダの「口例性」概念を取り上げることで、カントに潜在する「口」をめぐる「政治的なもの」の構造を明らかにすることにしたい。

5 セキュリティ時代の回帰する暴力

本章の目的は、前章に引き続き、デリダによるカント趣味判断の批判を手がかりとして、カントの趣味論に潜むある種の〈暴力性〉や排除の論理を明らかにすることである。デリダは「エコノミメーシス」論文の中で、カントの第三批判と『実用的見地における人間学』（以下、『人間学』と略記）を扱いながら、カントの趣味判断論を脱構築する。本章で筆者は、「エコノミメーシス」論文の中で、デリダがカントの趣味判断に大きく関わっていると考える「口（la bouche）」と「吐き気」の分析に注目する。なぜなら筆者は、「体内化」[1]に対する拒絶反応である「吐き気」がアレルギーを含む「免疫」の問題として重要だと考えるからである。つまり、広い意味で「免疫」の問題は、たんなる生物学的な個体の体内機能にとどまらず、類比的に捉えることで、社会における他者排除や差別といった〈暴力〉の問題につながると考えている。[2]これはたんなる筆者の思いつきではなく、すでにデリダは、『ならず者たち』（二〇〇三）や『テロルの時代と哲学の使命』（二〇〇四）の中で、二〇〇一年九月一一日の「九・一一（アメリカ「同時多発テロ」）」について触れながら、社会の自己破壊的なあり方を「自己免疫化」として論じていたのである。[3]

そこで本章では、第一に、デリダが、カントの「口」に言及する箇所に触れながら「範例性」概念と重ね合わせて、「口例性」という造語を作り出したことの意味を明らかにする。デリダのカント解釈によれば、「口」の中では

「味覚（goût）」と「趣味（goût）」との間に矛盾が生じている。それゆえ筆者は、デリダに即して、この矛盾をある種の「アレルギー」と理解した上で、カントの「純粋趣味」概念を分析する。

第二に、デリダは、カントの五感に関する論述には、西洋形而上学的な価値観に基づくある種の〈ポリティックス（五感のポリティックス）〉が含まれていることを指摘する。デリダによれば、味覚（口）と聴覚（耳）の働きには、〈自分が話すのを聴くこと〉という「自己触発」[4]の問題が関わっている。筆者は、デリダが自己触発の構造を見出し、ロゴス－フォーネ主義を指摘する根拠を明らかにする。

第三に、筆者は、デリダがカント解釈の中で「吐き気」という表現に注目する点を取り上げる。そこでデリダは、「吐き気」という表現の中に、「体内化」されずに「絶対的に排除されるもの」を読み取る。この点について筆者は、カントが意図せず他者排除の問題に触れていることを指摘する。

第四に、筆者としては、デリダが「吐き気」の議論の中で唐突に取り上げる「安全保障（sécurité）」という言葉に注意を喚起する。というのも、筆者は、デリダが「アレルギー」や「吐き気」の問題を取り上げることで、すでにこの時期から「自己免疫」の構造に着目し、テロリズムや暴力に対する過剰防衛の危険性を示唆していたのではないかと考えているからである。以上のことを踏まえて、デリダの論述から現代人が抱える〈自己免疫〉と安全保障の問題を考えるための糸口を探ることにしたい。

１　趣味のポリティックス

デリダは、「エコノミメーシス」論文の第二部に「口例性（exemploralité）」という不思議な「タイトル」をつけている。「口例性」という言葉は、デリダが、カントの第三批判の趣味判断論を論じるさいに、「範例性

(exemplarité)」と「口唇性（oralité）」という二つの語から造り出した造語である。第二部に「口例性」と名づけたデリダは、「範例」と「口」の関係について執拗に論じるのである。すでに前章で詳論したように、デリダは、「エコノミメーシス」論文第一部で、カントの「技術」の「階層秩序」を脱構築していた。しかしデリダは、第一部の議論から飛躍して、第二部では、唐突に「口」と「範例性」について語り始める。それまでの「技術（＝〈アート〉）」の「階層秩序」の議論を中断して、カントの趣味判断批判を論じながら「口例性」を語るデリダの意図とは何なのか、そしてカントの語る「範例性」とは、具体的にどのような関係があるのだろうか。本章では、まずこれらの問題から始めることにしたい。

「口例性」を語るデリダが最初に注目するのは、「詩」を生産＝産出するときに欠かせない「口」である。カントを読むデリダによれば、「口」から発せられる「ロゴス」は「理性」であり「話し言葉（parole）」である。[5] デリダは、詩人の「口」を「範例」とする「範例性」、つまり「口例性」を「範例的口唇性（oralité exemplaire）」と呼ぶ。詩人による「範例的口唇性」においては、「口」を使って「歌うこと（chanter）」と、「耳」で「聴くこと（ouïr）」が問題になる。詩人にとって重要なのは、言葉（parole）として発しながら、「詩」を生産＝産出（produire）し、「詩」を声にのせて発言することと、その「詩」をその声を通じて、他者が自らの「耳」で「聴く」ことである。

その意味でデリダによれば、詩人の「口」から発せられ、生産された「詩」は、声を媒介して他者の「耳」に届き、その「耳」によって「聞かれる」。デリダは、この点について「消費＝飲食することのない声（voix sans consommation）[6]、あるいはイデア的な仕方による消費＝飲食が問われている」[7]と言う。ここで筆者は、デリダの指摘の中で、特に聴覚の器官としての「耳」の重要性を指摘しておきたい。つまり詩人が生産した『詩』が、消費＝飲食されることなく、他者の「耳」に受容されるという点である。

さらにデリダは「口」を用いて「消費＝飲食する」という、二番目の「口例性」を「消費的＝飲食的な口唇性

〔oralité consommatrice〕」と呼ぶ。つまりデリダによれば、「消費的＝飲食的口唇性」とは、「私利私欲に関心づけられた〔趣味＝嗜好＝〕味覚（goût intéressé）」であり、「楽しみ味わうこと（dégustation）」を意味している。これら二つの「口唇性」で注意すべきなのは、デリダが、第二の「口唇性」がまさに利益・関心に彩られた「味覚〔＝趣味〕」であるがゆえに、利益・関心のない「純粋な趣味〔＝味覚〕」にあずかることはできないだろうと述べていることである。そしてデリダは、両者の間、つまり純粋な趣味〔＝味覚〕と「楽しみ味わうこと」との間に、「口の中における、ある種のアレルギー（allergie）」が告げられていることを指摘する。(8)

それでは、デリダは、カントの第三批判の中で、二つの「口例性」の「アレルギー」状態をどのように問題にしているのだろうか。カントによれば「趣味」とは「自分固有の能力」(9)でなければならず、判断の規定根拠が主観的でしかあり得ないような判断である。それにもかかわらず、「趣味」は普遍的妥当性を要求する。つまり人は、美しいものについて判断するさい、自分以外の別の人もまたその対象を美しいと思うだろうというある種の要求をしている。それゆえカントは、美についての趣味判断は、主観的でありながら、他の人々もそのように判断するだろうという普遍妥当性を要求すると考える。

したがって、デリダも述べるように、「趣味」においては「事例（l'exemple）が法則よりも先に与えられており、事例がその法則を、それの範例的な唯一性そのものにおいて、発見させることを可能にさせる」(10)。それゆえ、趣味判断に帰属する美感的判断力は、反省的判断力とされ、特殊なものから普遍性を要求するものとされていた。言い換えれば、趣味判断においては、個別事例が普遍的に論じることを要求するのである。

ちなみにカントは、第三批判の第四六節「美術（schöne Kunst）は天才の技術である」(11)の中で、天才の産物（Produkt）は「模範（Muster）、すなわち範例的（exemplarisch）でなければならない」(12)（強調・カント）と述べている。つまり、天才の産物は他の人から「模倣（Nachahmung＝imitation）」されるような対象でなければならない。それゆえ、カントの考える「天才（Genie）」とは、「技術に規則を与える才能（Talent）（天与の資質Naturgabe）」にほかならない。この意味で「天才」とは、概念によらない諸規則を作り出したり、「範例」を生み出したりする存在である。しかしそのさい、作り出された諸規則は決して「模倣＝真似」から生じるものではない。

以上のことから、デリダは、規則を与える才能を賦与された、特殊としての詩人は、「口」を通じて「消費＝飲食することのない声」を介して、「イデア的消費＝飲食」を行うが、そこで歌われ産出された「詩」は、一般の人々の範例的存在として普遍妥当性を要求するものでなければならない。

その意味で、「詩」という「ロゴス」を発する詩人の「口」は、特殊的な主観のあり方から一般的性格をもつ客観への普遍的な理解が可能な、「範例」の源泉とも言える器官なのである。[12] しかし、ここで注意すべきなのは、「範例性」になり得るのが、「味覚／趣味」を伴わない消費＝飲食、すなわち「イデア的な消費＝飲食」に限られるということである。「口例性」という「タイトル」をつけたデリダにとって、カントの重要性とは、カント自身とは異なる解釈の立場から「範例性」を鍵概念にして趣味判断を語ることにあったと考えられる。

ここで筆者は、デリダが詩人の「口」における「味覚」や、「消費＝飲食」の「飲食」の意味に着目していることに注意したい。デリダが「口」に着目している理由は、「口」が「趣味」としての「味覚」や、「消費＝飲食」の「飲食」に関わるからである。しかもデリダは、詩人が生きるために何かを〝口にしなければならない＝食べなければならない〟[14]と言うことで、詩人の「口」に注目しながら、詩人の生命を維持するために用いる器官としての「口」から、カントの「味覚」の問題へと議論をつなげているのである。ただ筆者の考えでは、「口」という身体組織と、「口」に含まれる味覚の器官である〝舌〟は原理的に分けなければならないはずである。しかしデリダは、あくまでカントの「口」の具体例にこだわっており、「口」を使って「語ること（＝言語活動）」と「味わうこと（＝味覚）」に着目する。さらにそこで、デリダは「口例性」という概念を重ね合わせるのである。

まずデリダは、「口例性」とgustus〔趣味・嗜好・味わうこと〕の構造との関係に触れている。そのさいに彼は、カントの『人間学』を参照して、カントにおける五感の比較を行う。ちなみにカントは、「器官感覚」のうち、触覚、視覚、聴覚の三つの感覚を、「外的対象の認識に資する表象（客観的感官）」として上位感官に位置づける。それに対して、味覚、嗅覚を、「嗜好に資する表象（主観的感官）」として下位感官として位置づける。[15]

またカントによれば、味覚と嗅覚という「嗜好の感官（最も親密な摂取）」は、対象を体内へ取り込み、一体化（「体内化[16]」）させるという意味で「享受」の器官である。知野ゆりによれば、カントにとって「享受」とは、「味わう主観と味わわれる対象が『個別性』と『差異性』を排して『一体化』すること[17]」である。それゆえ、筆者によれば、カントにとって「享受」とは、対象との無差別な一体化として理解可能である。こうした「享受」をさらに筆者なりに敷衍するならば、外的な対象や他人を〝食べて飲み込んでしまう〟ことを意味する。そして「享受」は、対象や他人を自らの身体の一部として取り込み（＝「体内化」し）、さらに〝消化してしまうこと〟にほかならない。その意味で、本書の〈倫理‐政治的な立場〉から、「享受」を理解するならば、それは、他人の個別性（＝他者の他者性）を認めず、そのまま飲み込んで一体化（＝「体内化」・同化）してしまうことを意味しているのである。筆者はここに、他人を享受し同化することを目的とする、趣味・嗜好のポリティックスを見ることができると考える。

２　〈五感のポリティックス〉と自己触発

前節で検討したように、デリダは、「エコノミメーシス」論文第二部「口例性」で、「口」と「範例」の問題を取り上げ、第三批判の脱構築的解釈を提示した。そこで本節では、第三批判において、他の感官器官に着目することで、味覚以外の感覚がどのように〈倫理‐政治的《エティコ・ポリティカル》〉に扱われているかを明らかにしたい。

デリダは、体内への入り口あるいは出口となる「口」という器官に着目した上で、カント『人間学』で語られる五感（触覚（tactus）・視覚（visus）・聴覚（auditus）・味覚（gustus）・嗅覚（olfactus））の記述に注目する。[18] とりわけデリダが指摘するのは、筆者が〈五感のポリティックス〉と呼ぶものである。デリダによれば、カントは（外的）対象（objet）による触発がより少ない視覚を頂点として、他の四感を序列化する。そのさいに筆者は、デリダの指摘を受けて、カントが五感の序列化を行うさいに〈倫理-政治的な価値づけ〉を背景としていると考える。[19]

カントによれば、五感のうちまず「客観的な働き」をもつ感覚（視覚・聴覚・触覚）が他の二つの感覚に対して優位性がある。その理由として、視覚・聴覚・触覚という「上位感官」は、「外的対象の認識に貢献する」感官であるがゆえに、他者と了解し合える特性をもつからである。それに対して、味覚・嗅覚のような「主観的な働き」をする「下位感官」は「嗜好に資する表象」であり、「主観がその対象からどう触発されていると感じるかは千差万別でありうる」（強調・カント）。ここでカントは、客観的で知性的あるいは精神的な「上位感官」に比べて、「下位感官」は動物的で感性的であると考えている。

さらにカントは、上位感官としての視覚・聴覚・触覚の三つの感覚を序列化していく。特に、視覚は、「感官の中で最も高貴な感官」と位置づける。そして聴覚は、空気への関わりをもつ媒介的な知覚であり、かつ客観的な感官であることから、五感の中でも特権化されている。それに対して触覚は、「直接的な外的知覚の唯一の感官」であるために重要ではあるのだが、上位感官の最下位に位置づけられ、五感の中でも中位に置かれる。このようにカントは上位感官を序列化する。興味深いのは、これらの感官のうちデリダは、能力の欠損していた場合に代替が最も困難な感官として位置づけられた聴覚に着目することである。

続けてカントは、下位感官に属する味覚と嗅覚を、密接な体内摂取を行う器官と考える。特に味覚については、侵入物の良し悪しを判断する「自由」をもつため、嗅覚よりも上位とされる。他方、嗅覚は侵入物を「享受する」

ほかなく、「一番なくてもいいと思われる感官」として位置づけられる。[20] このようにしてカントは、五つの感覚を能力だけでなく、ある種の価値づけに即して序列化するのである。

ただ筆者は、カントによる五感の序列化について疑問を持っている。というのも、筆者には、カントが感覚を序列化する〝以前に〟、聴覚と味覚を特化させているように思われるからである。筆者は、感覚の序列化の背後には、カントの〈倫理-政治的な価値づけ〉があると考える。筆者がそのように考えるのは、デリダの指摘に根拠がある。デリダは、味覚の器官としての「口」と、聴覚の器官としての「耳」との関係を論ずるカントの思考の中に、「ロゴス-フォーネ中心主義」を見出すのである。そこでデリダが着目するのは、聴覚に関する、次のようなカントの記述である。

(声によって)人間は、とりわけ相手に聞いてもらう声が明瞭に発音されまた悟性によって法則的に結合された話し方をしさえすれば、この上なく易々としかもこの上なく完璧に他者と思想や感覚を共有することができる。――対象の形状は聴覚によっては与えられないし、また言語の音声は直接には対象の表象をもたらさないが、しかしまさにそれが理由となって、つまり言語音声はそれ自体では何も意味せず、少なくとも何らかの客観を意味するのではまったくなく、せいぜいただ内的な感情を意味するにすぎないという理由から、言語音声は概念の表示の最も巧みな手段なのであり、したがって耳が不自由な人たちは、それゆえまた話が不自由であらざるをえない(言語を欠いた)人たちは、けっして理性の類比物より以上のものに達することができないのである。[21]

カント『人間学』を解釈するデリダによれば、言語的音声に基づく伝達＝疎通《コミュニケーション》は、発言者の「内部性がダイレクトに表現される」ため、意思疎通が「完全」になされるだけでなく、「易々と」しかも「完璧に」行われる。それゆえ、コミュニケーションの場面では、発言者の思考や感覚は、それらが他者と共有されることによって普遍的なものになる。つまりデリダによれば、発言者と他者との間では、発言者が発する「音声的シニフィアン」が「概念的シニフィエ」を伝達するが、そこで伝えられているのは、いわゆる発言者の〈意味〉だけである。つまり、発言者が発した言葉は、その〈意味〉だけをそのまま他者に伝え、他者はその〈意味〉を完璧に理解するのである。

このようにカントは、コミュニケーションにさいして、発言者の〈意味〉が他者に純粋に伝達されると信じており、両者の間にはいかなる不理解も誤解も想定されていない。さらにデリダは、『人間学』「聴覚について」(§18)におけるカントのコミュニケーションに関する考察は、第三批判のうちにも見出せると考えている[22]。デリダは、言葉を話す音声は「はっきりと音節を区切って発音＝分節化（articulé）されることで」、「悟性の法則に合致する言語＝言語活動（un langage）を提供する」[23]。デリダによれば、コミュニケーション場面では、発言者の言語的音声を、他者がはっきりと聴くことによって、他者の「悟性（＝理解力 l'entendement〔Verstand〕）」が発言者の言葉を「理解する（聴き取る entendre）」のである。

しかし、通常、言葉を発する主体間のコミュニケーションでは、声を物理的に振動させるための空気が必要である。デリダも指摘しているように、音声は「口調と抑揚」[24]によって変化し、また主体の意図が「口調と抑揚」によって他者に異なるように伝達される可能性もある。それゆえ、音声が「口調」も「抑揚」も変化させない場面、すなわち発言者の言葉や〈意味〉が最も直接的で完璧にかつ純粋に伝達される場面とは、発言者自身の内部におけるコミュニケーションしかあり得ない。なぜなら発言者の内部では、発言者の声が発言者自身によって直接的に聴かれ、発言者の言葉の〈意味〉も完璧に発言者に届くからである。しかも、発言者の内部では、口調や抑揚にも左右されず、媒介となる空気の振動も必要としないだけでなく、身体器官としての「耳」すらも必要としない。

それゆえデリダは、「概念と〈自分が話すのを聴くこと＝自分が話すのを理解すること（le s'entendre-parler）〉との間、可知的なものと話し言葉との間に、特権的な絆（le lien est privilegie）[25]」があるという。しかもデリダによれば、概念と〈自分が話すのを聴くこと〉との間で特権的なのは、感官における「口と耳とは切り離すことができない」からである。つまり感性的なものと悟性的なものとの関係から言えば、「経験的なものと超経験的なものが接合する点」だからである。つまりここに、デリダが指摘する「自己-触発的（auto-affective）[26]」構造を見出すことができる。デリダにとって「自己-触発」とは、まさに〈自分が話すのを聴く〉ということによって、自分が自分の言葉を無音で「聴く」ことで、言語的に話す自分が聴く自分を「触発」することで成立する。その結果、デリダは、「自己-触発」はカントの〈五感のポリティカルな思考〉に「ロゴス-フォーネ中心主義」を見出すのである。

ここでわれわれは、第十章第3節でデリダが「純粋なエコノミー」について触れたことを思い起こそう。そこでデリダは〈交換不可能なものの交換〉について語りながら、「純粋なエコノミー（économie pure）」について指摘していた。筆者の理解では、デリダが「反射的＝反省的交換（échange réfléchissant）」、つまり自由な主体の間の普遍的コミュニケーション可能性（la communicabilité universelle）[27]」について語っていたとき、彼の念頭にあったのは、純粋な交換＝エコノミーとしての「反射的＝反省的交換」であり、〈自分が話すのを聴く〉という「自己-触発的」構造であると考える。

そして、〈自分が話すのを聴く＝理解する〉ということは、自らのうち（＝オイコス）で反射＝反映＝反省（réfléchir）し合う「純粋な交換＝エコノミー」である。つまり「自己-触発」とは、「人間の特性＝固有性」としての「人間の自由のうちに、そして自らの純粋な生産性のうちに自らを反映（反省）させている[28]」ことを意味するのである。

以上から理解されるように、デリダによれば〈自分が話すのを聴く（entendre）こと〉とは、「純粋なエコノミー」

として〈自分が話すのを悟性的に理解（entendre）すること〉である。しかし注意しなければならないのは、「自己触発」としての〈自分が話すのを聴く〉という事態に含まれた「口」と「耳」との関係は、もはや〈自分が話すのを聴く〉という自己内の「自己＝触発」構造の中では、感官としての意味を持たない。なぜなら「自己–触発」構造とはわれわれ自己内対話の構造であり、そこでは感覚器官を必要としないからである。

その意味で、この構造は「空間一般の絶対的な還元〈空間の無化〉にほかならないような自己への近さにおいて、絶対的に純粋な自己触発として体験される」[29]。つまり、自分の中で発せられた言葉は、それが発せられると同時に、物理的な空間を必要とせずに聞かれ（entendre）＝理解される（entendre）。言い換えれば、〈自分が話すのを聴く〉という構造は自己自身のうちに起こるという意味において、もはや他者すら必要とせず、時間化・空間化されることもない。それゆえ筆者は、こうしたイデア的な〈意味〉の交換という自己内対話としての「自己–触発」構造が、カントも意図しないうちに、他者排除の思考を暗に含んでいると考えている。

以上の〈自分が話すのを聞く〉という「自己–触発」構造について、筆者がこれまで検討してきたことは、「口の中における、ある種のアレルギー」というデリダの指摘と関わっている。デリダは、フランス語の「goût」という言葉が「趣味」と「味覚」という二つの意味をもつことを利用しながら、「口」の中では、二つの意味がアレルギー反応を引き起こすと考えた。つまり、「口」の中で生ずる「味覚（goût）」を存分に発揮させるには、食物を多いに「楽しみ味わうこと（dégustation）」が必要である。しかし、飲食に興味・関心（intéresse）をもてばもつほど、カントの「純粋趣味」から遠ざからざるを得ない。

そもそも免疫作用としてのアレルギー（allergy）という語は、ギリシア語の“allos（other 異常な、おかしな）”と“ergon（action 作用、反応）”を結びつけた言葉であり、端的に言えば、「異なった反応」という意味である[30]。通常は無害のものが、身体が異物として判断した途端、意識とは無関係に身体が拒絶する反応である。こうした生命を守るための一つの方法が、われわれの身体反応としての「吐き気」である。カントが『人間学』の中で述べているように、「食べたものを食道の最短経路をたどって外に吐き出すという刺激衝動が一種の強烈な生命感覚として人間にもあてがわれている」(31)。それはたんに食べ物に限らず、「精神の嗜好」の場合もまた同様である(32)（強調・カント）。

それゆえ筆者としては、あえてカント『人間学』の知見を、第三批判の詩人の「口」の脱構築的解釈に接合することで、デリダの脱構築的解釈の可能性を指摘しておきたい。デリダは、「イデア的な消費＝飲食」を行う詩人の「口」が、自己内対話の「自己＝触発」構造を前提にしていること、そして詩人の「口」のうちでは「アレルギー」が生じていることを明らかにしている。デリダは、詩人の「口」で生ずる「アレルギー」症状を、端的に「吐き気」として理解する。そこで次節では、デリダが開示した「吐き気」の意味を明らかにしよう。

3　「吐き気」と「表象不可能なもの」

先に指摘したように、カントは「味覚」と「嗅覚」を密接な体内摂取を行う器官だと考えていた。しかしカントを解釈するデリダによれば、「味覚」や「嗅覚」は、たんにあらゆる外的対象や他人を「享受」し、「体内化」するわけではない。われわれは、たとえ外的な対象を「口」を介して「享受」したとしても、密接な体内摂取が生命の危険を及ぼす場合には、強烈な生命感覚として「吐き気」という刺激衝動を引き起こす(33)。しかも注意しなければならないのは、カントは、「味覚」と「嗅覚」の「体内化」について差異を設けていることである。カントによれば、「味覚」が、侵入物の良し悪しを判断する自由をもつのに対して、「嗅覚」は侵入物を「享受する」ほかない(34)。

つまりカントが述べるように、「吐き気」を知らせる「嗜好の感官」のうち、「嗅覚」は一度体内へ取り込んだものを拒絶することができず、「享受」せざるを得ない。それに対し「味覚」は、一度「口」に含んだものを吟味し判断することによって、含んだものを拒絶することができる。この意味で「味覚」には、侵入者を拒絶する「自由」としての「吐き気」という働きがある。次節で触れるように、筆者は、これらの働きを敷衍して考えたとき、「味覚／趣味」としての判断は、「体内化」される以前の段階で〈絶対的に排除するもの〉を拒絶する思考が発生する可能性があると考える。つまり、「味覚／趣味」が口に含んだ時点で吟味し、「体内化」しないまま「吐き気〔嘔吐Ekel〕をもよおさせる醜さ(35)」を判断した場合、結果的には「味覚／趣味」の段階で拒絶することになる。

ここで「味覚／趣味」を論ずるカントの指摘で、われわれにとって重要なのは、「味覚」と『嗅覚』における「享受」の「一体化」ではなく、「味覚／趣味」の「差異化」である。そして「味覚／趣味」は、「あらゆる享受の押しつけを吐き気とともに拒絶する自由によって、動物性から人間性そして道徳性へと開化する可能性」をひらくのである(36)。

しかしデリダは、「享受するよう強制し、その抑えがたい暴力（violence）」を振るうことも可能な「まったくの他者（tout autre）」が、カントが体系化した「ロゴス中心主義的な類比《アナロジー》の権威（階層秩序化する権威）」を解体してしまうという(37)。注意しなければならないのは、「まったくの他者」によっても、「吐き出されるもの（*le vomi*）」を代替することは不可能であるということである。つまりデリダが執着するのは、表象（再現＝代理 représenter）することができないがゆえに名づけることもできず、飲み込まれたままになることもなければ、消化されることも「体内化」することもできないものとしての「吐き出されるもの」なのである。

デリダに即して言えば、それが「まったくの他者」であり「表象不可能なもの」という語によって代替＝表象＝代理されるとすれば、自己固有化する「自己-触発」の「循環的エコノミー」に巻き込まれてしまうことは避けられない。というのも、自らを自らが触発するという、自己内対話として「自己-触発」は、一種の「交換」として考えられるからである。そしてこうした「自己-触発」としての「循環的エコノミー」においては、それに属さない「まったくの他者」も、〈まったくの他者の表象不可能性〉という言語的表象によって代替＝代理されることで、自己のうちで「表象可能なもの」とされる危険がある。ここには、自己固有化されることによって、自己に同化させられ、「まったくの他者」としての「表象不可能なもの」が自己に取り込まれ、「体内化」＝「享受」される「エコノミー」が存在する。第十章第3節でバタイユの「エコノミー」論について詳細に論じたように、「交換不可能なもの」の「交換」という〈交換のパラドックス〉ですら「交換・循環のエコノミー」に回収可能であったように、「表象不可能なもの」もまた、それが「表象不可能なもの」という表象によって表象＝代替されるとすれば、もはや「交換・循環のエコノミー」から逃れられない。

しかしデリダの言う「吐き出されるもの」の代替不可能性が意味するのは、〈交換のエコノミー的秩序〉としてのロゴス中心主義的な体系の中では、決して名づけられ得ず、吐き出されるしかないということである。その意味で、「吐き出されるものの代替不可能性」そのものは、けっして〈エコノミーの循環〉に含まれたり、体系内に位置づけられたりすることはない。それゆえにこそ、「吐き出されるもの」とは、自己における〈エコノミー的秩序〉にとっても「不可能なもの」なのである。

とはいえ、カントの第三批判解釈においては、「表象不可能なもの」とは通常「崇高なもの」を指していた。たしかに、その意味では、「崇高なもの」も「他者」と見なされる。第三批判における「崇高」を論じる中で、牧野英二は次のように言っている。

崇高の経験のなかで立ち現われる「他者」は、それが自然であれ、人間であれ、聖なるもの・神と呼ばれるものであれ、文化や戦争やテロなどの出来事であれ、あるいは「生起（Ereignis）」であれ、およそ日々の生活では通常経験できない「他者」である。それは、通常の理解を超えた、生活実践の場での合理性を超えたものであるから、異質な他者として通約不可能なものであり、カントの表現で言えば「形を欠いたもの」、「形を超えたもの」であり、「表象不可能なもの」である。(38)

牧野の指摘で興味深いのは、牧野がカントに触れて「崇高」を「表象不可能なもの」もしくは「不気味なもの」と呼んでいることである。(39) またヴィンフリート・メニングハウスは、「吐き気」を論じながら、それを「ネガティヴな崇高」と呼ぶ。メニングハウスは、「かつてカントが『より満足する感官』としての『道徳感情』という標題のもとで拒否したものが、崇高という美感的感情としてのみならず、吐き気という美感的感情としても許容されている」と述べ、吐き気を「諸々の悪徳を〈憂慮〉しつつ予防するオルガノン」として位置づけていた。(40)

たしかに、崇高なものも「吐き気」も「表象不可能なもの」であり、自然の中にではなくわれわれの内部にのみ存在する主観的なものという意味では類似している。しかしだからといって、筆者としては、「吐き気」を「ネガティヴな崇高」と表現するのには、疑問が残る。筆者は、デリダが第三批判から導き出した「吐き気」の問題は、たんに「ネガティヴな崇高」という意味での「他者（＝表象不可能なもの）」ではないと考える。なぜなら、先に述べたように、デリダにとって「不可能なもの」とは「吐き出されたもの」を代替することの不可能性であり、それこそが「絶対的に排除されたもの」だからである。したがって筆者は、「絶対的に排除されたもの」であるからといって、それは必ずしも「ネガティヴ」な意味ではないと考える。

そのことは、デリダが「不-可能なもの」を表す語として「im-possible」とハイフンを入れて表記することにも現れている。というのも、デリダがこの語を用いるのは、彼の用法において「否定的ではないこと」を示唆するため(41)」だからである。デリダにとって、「l' im-possible（＝不-可能なもの）」とは、出来事、歓待、贈与、赦し、エクリチュールの可能性の条件を表現しており、これらは「不可能なこと」（強調・筆者）なのではなく、「不可能なものの経験」（強調・筆者）を意味する。実際に、デリダ自身もまた、「吐き出されるもの」は「崇高であり得ない」[42]と述べている。こうしたことからも、「吐き出されるもの」と「崇高」ははっきりと区別される。それゆえ、デリダにとって「不-可能なもの」とは、「可能なものの他者」であり、「出来事が出来事として生じるために不可欠なもの」という意味で、「出来事の本質的な構成要素」[43]ということができる。これまでデリダによる第三批判の脱構築的読解から、「吐き気」が生命維持のための「享受」の不可能性として、〈エコノミー的秩序〉から「排除されるもの」をカント第三批判を脱構築的に読解するデリダの指摘から論じてきた。

それでは次に、「吐き気」によって「吐き出されるもの」を排除と読むことによって、第三批判の脱構築的読解が、〈倫理-政治的立場〉を踏まえたとき、現実的な〈ポリティックスの次元〉に適用可能な議論として再構築できることを示したい。

4　〈絶対的排除〉のポリティックス

デリダは、「エコノミメーシス」論文の中で、消費＝飲食することのない声、すなわちイデア的な仕方による消費＝飲食（口と耳との関係）、そして私利私欲に関心づけられた趣味／味覚の消費的＝飲食的な口唇性（oralité consommatrice）という二つの口例性について言及した後、新たな問いとして「吐き気＝嫌悪（dégoût）」はどこに書き込むべきかと問い始める。というのも、デリダによれば、「嫌悪＝吐き気」は「楽しみ味わうことに背を向ける」のであるから、それはまた「一種のカタストロフ（une sorte de catastrophe）に応じて、やはり純粋な趣味の起源にある」[44]とも考えられるからである。

つまり、一方で「楽しみ味わうこと」が関心をもつ状態であるならば、「楽しみ味わうこと」の反対を意味する

「吐き気」は、逆に関心のない状態を意味するからである。もしそうであるならば、関心のない状態で引き起こされる「趣味」と同様、「吐き気」も「純粋趣味」に起源があると考えられる。すなわち、「純粋趣味」も「吐き気」も共に、関心をもたないという点で同じ起源を有する可能性がある。そうであるならば、「趣味／味覚」において純粋性を追求することと、「吐き気」として自らに同化し得ない他者を排除することは、関心を持たないという意味で同根であることになる。

ここで問題なのは、「吐き気」が「純粋趣味」と同じ起源をもつとしたら、われわれの社会で引き起こされる、さまざまな他者の排除や社会に同化しない人たちの差別などの問題もまた、「純粋趣味」に起因する可能性が生じるということである。しかも危険なのは、自己内対話による「自己-触発」構造を基礎にすることは、他者とのコミュニケーションを必要としないことを含んでしまうこと、それゆえに、自己内における「エコノミー的秩序」によって他者の排除への転換が引き起こされかねないことである。こうしたことの含意について、もう少し詳しく見てみよう。

本章第2節で検討したように、「吐き気」という身体の「強烈な生命感覚」は、文字通り「体内化」されない異物を体外へ排除する自己防衛の反応であった。カントは、『人間学』だけでなく、第三批判の中でも「吐き気」[45]について触れていた。それは、「芸術の優越性（Vorzüglichkeit）」について述べている箇所である。

カントによれば、芸術は「自然のうちで醜く不愉快になるであろうさまざまな物を美しく描くという点で、まさに優越性を示している」[46]。つまり、醜いもの、悪いものといったネガティヴなもの一般は、「アート〔芸術／技術〕によって同化されうる」[47]。ただし、ある種の醜さだけは、美感的満足を与える芸術美を破滅させてしまうため、表象することができないとカントは言う。それが「吐き気をもよおさせる醜さ」[48]である。この「醜さ」は、「まったくの想像に基づく」異常な感覚のうちで、「あたかも享受を無理強いするかのように〔対象が〕表象される」ため、芸術として表象することができない。デリダに言わせれば、「吐き気をもよおさせる醜さ」は「ネガティヴな快の対象という地位を、あるいは表象＝再現によって救われる醜さという地位を与えられることさえない[49]」。それゆえ、「吐き気をもよおさせる醜さ」は名づけることのできない「表象不可能なもの」であり、〈絶対的に排除されるもの〉なのである。

しかしデリダにとって実際に重要なのは、「表象可能なもの」としての「吐き気をもよおさせる醜さ」（強調・筆者）ではなく、まさに「吐き気を催させるX」（強調・筆者）である。それは端的に言って「表象不可能」なのである。つまり「X」とは、「名づけることのできない」「絶対的な他者」であるがゆえに「X」としてしか表記できない。筆者から見たとき、デリダが指摘したかったこととは、循環的交換という「エコノミー」から〈絶対的に排除されたもの〉としての「吐き気をもよおさせるX」こそが、絶対に到達することのできない、ロゴスの外部としての「不可能なもの」ということである。

しかもデリダが「X」としてしか表象できなかった「不可能なもの」の考察を承けて、筆者は一つの解釈を提示しておきたい。筆者は、デリダが「吐き気をもよおさせるX」という無記名の抽象的表記を使いながらも、最終的に意味しようとしたエコノミーの外部としての「不可能なもの」を、〈死〉として理解したいと考える。というのも筆者の理解では、〈死〉とは、来たるべき瞬間において生起する〈不可能な経験〉であり、〈生〉においては「飲み込むこと」もできず、「体内化」することもできず、「表象すること」も「名ざすこと」もできない「絶対的な他者」だからである。つまり筆者によれば、デリダは「エコノミメーシス」論文で、〈死〉を積極的に語ることを回避しながら、「喪を行なうことのできないもの[50]」として語ることで、表象不可能な〈死〉を暗示したのである。

ところがデリダによれば、この文字通り「吐き気をもよおさせるもの」よりも、より悪いことがある。というのも、「吐き気をもよおさせるもの」が、「安全保障という理由によって、最悪なものの代わりに維持されている[51]」からである。デリダはなぜ、「吐き気」の議論の最中に、唐突に「安全保障（security）」という語を用いたのだろうか。

デリダによれば、「吐き気」は、「主観的な」感官の「味覚」や「嗅覚」において生じてくる。すでに本章第2節で述べたように、「嗜好の感官」としての「味覚」や「嗅覚」は、対象を体内へ取り込み、一体化（体内化）させるという意味で「享受」の器官である。「味覚」が吐き出す自由をもっていたのに対し、「嗅覚」には拒絶する自由がない。それゆえ「嗅覚」は、「享受」を強制されるほかなく、排除する自由をもたない。デリダによれば、もし仮に「吐き気」が「味覚（goût）」と「対称的（symétrique）」であるならば、関心が「味覚」を支えているように、「吐き気（dégoût）」も関心によって支えられている点において、対称的である。そうであるならば、「味覚／趣味」の体系は、「他者（l'atutre）」を、自らにとっての他者（*son autre*）として規定することに、すなわち文字通りに吐き気を催させるもの（dégoûtand）として規定すること[52]に関心（＝利害）をもっていることになる。

しかし、「吐き気」をめぐって注意しなければならないのは、デリダが本当の意味で絶対的に排除されると考えているのは、たんに「吐き出されるもの」ではなく、「吐き出されるものの代替の可能性（la possibilité d'une vicariance du vomi）[53]」である。「吐き出されるもの」が名づけることができず、表象不可能であるということが意味しているのは、「吐き出されるもの」を「他者」によって代替する可能性が排除されていることである。端的に言えば、「吐き出されるもの」そのものには、いかなるものも、その代わり（＝代替物）になることができないということである。

デリダによれば、こうした「吐き出されるものの代替の可能性」が排除されることは、いわゆる「享受という抑えがたい暴力（violence）」によっても排除され、いかなる「体内化」をめざす「イデア（＝観念　理念）化」へのチャンスをも与えられず、表象不可能な「まったくの他者」となることである。それゆえ、「まったくの他者」は、イデア化（＝観念・理念化）もされず、「自己-触発」構造としての「ロゴス」の体系からも逸脱してしまう。

だからこそ、「まったくの他者」の存在は、カントが体系化した「ロゴス中心主義的な類比《アナロジー》の権威（階層秩序化する権威）[54]」に危険をもたらすのである。デリダが、カントの「吐き気」の議論を脱構築的に読解することで、「吐き出されるものの代替の可能性」の排除を指摘したのは、まさに飲み込まれもせず（「イデア・観念化」不可能）、絶対的に同化されず（「体内化」の不可能）、ただたんに「吐き出される（排除される）」にすぎない、「まったくの他者」を暗に示したかったからだと考えられる。そして「まったくの他者」は、デリダによれば、その表象不可能な異他性のゆえに、「それが何であるのか（qu'est-ce que c'est ?）」と言語的に問うことさえできない[55]。なぜなら、身元を問う問いを発した途端に、それを「食べ始めることになる」からであり、「吐き出し始める」ことになるからである[56]。それは再び〈循環的エコノミーの秩序〉へと同化＝体内化を強いることになる。以上から、デリダが「エコノミメーシス」論文において何を企図していたのかについて、筆者が前章と本章で明らかにしたことを、次の点にまとめて指摘しておく[57]。

第一に、デリダはカントの美学論を脱構築することによって、カントの目的論を批判し、そこに含まれる人間‐ロゴス中心主義的でポリティカルな価値序列を、「ミメーシス」と「類比《アナロジー》」の点から指摘した。デリダによれば、カントは「ミメーシス」こそが「人間の本来性＝固有性」と捉えており、第三批判においては、“als ob〔あたかも～のように〕”という語を用いることによって、類比《アナロジー》的なミメーシスを再建する。

ところがデリダによれば、カントは「自然のうちにはあたかも目的が存在するかに見えるような事態が存在するという次元に目的という概念の適用を限定[58]」し、“als ob”を使用したことによって、カント自身が重視した階層秩序を自ら崩してしまったことに気づいていない。デリダはそのことを見抜き、緻密にカントの論述に従いながら脱構築していく。しかもデリダは、カントの“als ob”構造には、人間‐ロゴス中心主義的なものが前提されていることも指摘した。

第二に、デリダは、カントが詩人（＝フリードリヒ大王）を「技術／芸術」の「階層秩序」の頂点に位置づけたにもかかわらず、無報酬であるがゆえに「循環エコノミー」から逸脱することを指摘し、そのことが動物の産出と「類比的《アナロジー》」であることを指摘した。さらに、それによって、バタイユの「エコノミー」論が指摘した「循環エコノミー（限定されたエコノミー＝限定的経済）」と「普遍的エコノミー（一般的経済）」の対立そのものが、類比《アナロジー》に基づく相対的な差異でしかなく、ともに〈エコノミー的秩序〉に包含されることを明らかにした。その意味で、デリダは、バタイユの「エコノミー」論も脱構築したと考えられる。

第三に、カントは「表象不可能なもの」としての「他者」、つまり「崇高」を「端的に大きい（*schlechthin gross*）もの[59]」と規定した。しかしデリダは「表象不可能なもの」として、「吐き気（嘔吐）を催させるもの[60]」を取り出した。それはカントの言う「吐き気をもよおさせる醜さ」ではない。なぜなら、デリダから見たとき、カントの「吐き気をもよおさせる醜さ」は、「醜さ」という「表象可能なもの」だからである。つまりデリダは、カントの「崇高」を「表象不可能なもの」として規定することを脱構築しているのである。

第四に、デリダは、「吐き気をもよおさせる醜さ」ではなく、まさに「吐き気をもよおさせるX」としての〈死〉を「不可能なもの」として暗示した。〈生〉から見たとき、〈死〉こそあらゆる可能性に対する対局としての「不可能なもの」であるが、それはたんなる否定ではない。デリダにとって、「l' im-possible（＝不-可能なもの）」が、出来事、歓待、贈与、赦し、エクリチュールなどの「可能性の条件」である以上、「不-可能なもの」としての〈死〉は〈生〉の可能性の条件である。その意味で、〈死〉は〈生〉という「可能なものの他者」として、〈生〉という「出来事が出来事として生じるために不可欠」であり、〈生〉という「出来事の本質的な構成要素[61]」ということができる。

そして最後に、ロゴスの外部としての「不-可能なもの」には、もう一つ重要な「不-可能なもの」がある。それは名づけることも表象することもできず、絶対的に同化されず、イデア化もされない〈死〉と並ぶものである。すなわち「吐き出されるものの代替の可能性」が排除されているということである。生体における〈死〉が、生体の〈エコノミー的秩序〉から排除されると同時に、〈生〉にとって「不可欠の要素」であるのはすでに述べた通りである。そのことと類比的に、社会や国家の〈エコノミー的秩序〉において、「まったくの他者」の存在が排除されている。それをデリダは「吐き出されるものの代替の可能性」と言う。それと同時に、「まったくの他者」や「絶対的な他者」がその〈エコノミー的秩序〉にとっての「不可欠の要素」として、あらゆる〈エコノミー的秩序〉を脅かし、生体の秩序の保存や、社会システムの「安全保障」の問題を引き起こすのである。

以上、「口」に注目したデリダの議論から、〈絶対的に排除されているもの〉は、「表象不可能」な「まったくの他者」すなわち「吐き出されるものの代替の可能性」であることが明らかになった。しかしこのことを逆に解釈するならば、カントの「純粋趣味」の体系の中では、「吐き気を催させるX」が排除されているのであって、「味覚／趣味（taste, goût）」は拒絶する自由があることになる。つまり、「味覚／趣味」の体系の中では、異物を自らの「まったくの他者」として規定し、自己と非自己＝他者との間に明確に〈境界線〉を引いて区別することで、非自己＝他者を排除することに関心をもつことが可能である。つまり、「自己–触発」構造を保持し、自己の生命維持を基本にする〈エコノミー的秩序〉を維持するためには、「味覚／趣味」の体系は、「まったくの他者」の排除の「自由」をもつのである。このことは、「純粋趣味」の内部において、ある種の差別・排除が生じていることを意味する。当然それは、ある種の危険な思想へとつながりかねない。というのも、他者や異物の排除は、「味覚／趣味」の「自由」に根拠をもっており、そこから生ずるのであって、人間の理性や悟性（＝理解力／聞くこと）の水準で理性的・合理的に生じているのではないということだからである。

しかしデリダの第三批判解釈を通じて、さらには「エルゴン／パレルゴン」構造の分析を通じて明らかになったのは、「不-可能なもの」として「まったくの他者」や異物（「パレルゴン」）を〈エコノミー的秩序（「エルゴン」）〉から排除したとしても、「エルゴン」としての〈エコノミー的秩序〉の「可能性の条件」として不可避的に排除された「パレルゴン」としての「まったくの他者」なしには存在し得ないということである。つまり「パレルゴン」を排除することは、結果的に「パレルゴン」によって補完されていることと同義だということである。それゆえ、デリダの趣味判断論批判を「類比《アナロジー》」の論理によって、現代社会批判へ拡大することが可能であるならば、異物を排除しながら自らが攻撃されるという〈趣味のメカニズム〉は、伝染病、移民問題、国家間関係などさまざまな場面で確認することができる。というのも、これらの社会問題は、「吐き気をもよおすX」とその代替の可能性の排除から、予防的な免疫化の現象、すなわち「アレルギー」として捉えることができるからである。

　他者の侵入に対して過敏になることは、まさに「趣味／味覚」の問題と類比的である。そして、表象不可能な出来事としての他者の侵入もまた、イデア化することも言語化することも不可能であり、他のもので代替することができない。これはデリダの分析を論理的な根拠を示すことで説明可能である。それゆえ、「まったくの他者」の侵入の危険性＝可能性の有無を判断する以前に、予め排除したり予防対策を強化せざるを得なくなることは必然的であるが、その一方で「まったくの他者」を排除することでしか、秩序もまた維持できないのである。

5　自己免疫的〈暴力〉の二一世紀

　デリダは「エコノミメーシス」論文の末尾で、「趣味／味覚」の体系の中では、飲み込まれもせず同化もされずに、ただ吐き出されるしかない「まったくの他者」が、「それは何であるのか」と問われる可能性に触れていた。デリダによれば、「それは何であるのか、という問いは、一つのパレルゴン（une *parergon*）として、もうすでに、ひとが理性的になるように導いている（＝予告もなく検疫している arraisonner）[62]」のである。筆者の理解では、「それは何であるか」という問いは、言語的な「問いの形式」に則る限り、概念に基づいているため「趣味／味覚」の体系には入らない。それは未確定で得体の知れない「まったくの他者」と、確定され同定されている体系内のものとを峻別し、両者の間に境界を設定することで、内外を分ける枠組みを作り上げる働きをもつ。だからこそデリダは、「この問いは、消化しえず絶対的に抑圧されている、まったくの他者のエネルギーを取り込む（capter）枠組みを構築する」と語るのである。筆者の理解では、倫理‐政治的な問いとしての「それは何であるか」という言語的問いは、「まったくの他者」を「食べたり」「吐き出したり」するための枠組みを作り出すことを意味する。その枠組みの「パレルゴン」構造は、食べることと吐き出すことが互いに相補的な関係であることを証している。「それが何であるのか」という〈言語のエコノミー〉に属する問いは、それを差し向けることによって、対象を同定したり、対象が体系内に属するのか排除されるのかといった境界を設定する。

ここで気をつけなければならないのは、差別・排除の思考、否、差別・排除の感覚（趣味）が、「パルマコン（薬／毒）[63]」になり兼ねないことである。二〇〇一年の九・一一「同時多発テロ」後に、デリダは、「国家は自己保護的であると同時に自己破壊的でもあり、薬と同時に毒でもある[64]」と述べていた。これは、本来は守らなくてはならない自己に対して、あらゆる他者、表象不可能な他者を排除することが高ずることによって、自己に向かって免疫が攻撃を加える事態と類比的《アナロジー》であることを明らかにしている。またデリダは、そうした状況下で「テロリスト」と呼ばれている者たちは、「西洋人」たちがもはや理解できないような絶対的な他者ではないという。デリダが注意を喚起するのは、「テロリスト」と呼ばれる者たちが、しばしば西洋世界によって徴兵され、訓練され、さらに武装を与えられさえしたという事実があることである[65]。それゆえデリダは、「西洋世界自身が古くからの歴史の中で（極めて最近の歴史においてもそうだが）、『テロリズム』の言葉と技術と『政治』を発明した[66]」と指摘する。その意味でデリダは、西洋が実際には、「自己破壊的（self-destructive）、準自殺的（quasi-suicidal）、自己免疫的プロセス（autoimmunitary process）」[67]と彼が呼ぶもので満ちているというのである。

ただこれらのことは、われわれにとってある程度織り込み済みの結果であると言えなくもない。なぜなら、自己と他者を明確に分ける〈境界設定〉の問題は、本書で明らかなように、「パレルゴン」構造をもっているからである。そしてそれは生体内における免疫システムにおいても、同様である。というのも、自己と他者を弁別するための免疫システムもまた、内と外、自己と他者との境界が曖昧になり、両者が相互補完的な「パレルゴン」構造から逃れられるわけではないからである。結果的に、免疫は自らを攻撃する「自己免疫化」を回避することはできない。そしてデリダが厳しくも明言したように、「自己免疫的なものを予防する確実な方法などない」[68]のである。

生体の「自己免疫化」という「パレルゴン」構造の論理を社会・国家に類比的《アナロジー》に適用すれば、国家において、他者からの攻撃に対する予防のための措置は、時に〈暴力〉と化し、最悪の場合には、いわゆる〈自己免疫疾患〉状態に陥りかねないことも明白であろう。もちろんデリダが「自己免疫」の構造に注目し、その語を用いて積極的に語り始めるのは、九〇年代に入ってからである。しかし、筆者としては、一九七〇年代半ば「エコノミメーシス」論文執筆時のデリダの思索のうちにも、その萌芽を読み取ることができると考えている。その一つの証しとなるのは、サミュエル・ウェーバーの次のような指摘である。彼は、「自己免疫」概念が「デリダの初期著作におけるフッサール論にまで遡る一つの思考の線を継続している」[69]ことに注意を喚起している。とりわけウェーバーは、『声と現象』の中でデリダが脱構築しようとした、フッサールの「自己触発」概念に触れている。ウェーバーは、デリダがその後も長年にわたって使用するようになる「自己触発」という概念から、生命科学の分野で用いられる「自己免疫」という概念へとデリダの思考が転換したと考えている。

以上のようなわれわれの生を守るために必要な免疫は、ロベルト・エスポジトも指摘するように、ある閾を越えてしまうと、生の否定に行きついてしまう。[70] つまり、自らを守るための免疫機能が、翻って自らを攻撃してしまう恐れがある。さらにエスポジトは、「個人の身体から社会の身体＝組織まで、技術的身体から政治的身体まで、今日の世界で起っていることをどのような側面からみるとしても、免疫の問いがすべての道の交差点に位置している」と述べている。彼は、「共同体」概念を語源に遡って思考しようとする過程で、「munus」という同じ語源をもつ「免疫」に注目し、現代社会を自己免疫化していると診断し、警告を発している。その点で彼の発想はデリダと非常に近しいものがあると言い得るのである。

デリダは『ならず者たち』（二〇〇三）の中で、エスポジトと同様に、「munus」という語に注目し、「共同体（communauté）の〈共同体的なもの（commun）〉には〈免疫的なもの（immun）〉と同じ負担＝責任（munus）があること」[71]を指摘している。デリダは一九九二年アルジェリアの国会議員選挙が軍事クーデターによって中断した事件を参照しながら、民主主義の自己免疫的自殺の事態として論じている。つまり、「民主主義を、民主主義にとって善いことのために」[72]、民主主義そのものの破壊を引き起こした自殺的出来事であったというのである。

ある意味で、西洋近代は、現在に至るまで〈自己免疫疾患〉に陥ることによって、自己を閉ざしながらもグローバルに自己を肥大させて来た。それと同時に、西洋近代のシステムやエコノミーに同化せず、「体内化」されず、表象もされ得ない「まったくの他者」に対して、「吐き気を催し」たり、「体内化」をせずにそのまま「吐き出し」、拒絶し排除してきた。それとはまったく対称的に、西洋近代の「まったくの他者」の側もまた、同様に、西洋的価値を「吐き出して来た」と言えるだろう。二一世紀の今日でも、自己と他者の境界をめぐる「まったくの他者」の排除と、その〈暴力〉による自己と他者の相補的で「循環エコノミー的」な破壊行為は、ますます苛烈にして顕著になってきている。こうした現実を顧慮するとき、筆者は、デリダの〈テクスト〉やカント批判を脱構築的に読解し、思考していくことは、非常に重要な哲学的な営みであると考えている。

結論

これまでの考察から明らかなように、本書が意図したことは、「間文化研究《インターカルチュラル・スタディーズ》」の立場から、〈死〉と〈暴力〉の〈ポリティカル・エコノミー〉を限りなく回避する社会や国家においては、自己防衛を主とする「安全保障《セキュリティ》」に関して、そもそも〈非自己〉＝〈敵〉として排除されるべき異質な他者だけでなく、自らの内部にある〈自己〉あるいは「友」をも攻撃してしまうという〈自己免疫疾患〉的状況に陥る可能性のあることを明らかにすることであった。そのために本書は以下の三点に焦点をあてた。第一に、媒体・媒介としての〈メディア〉と、科学・芸術としての〈アート〉という二つの概念が、〈死〉と〈暴力〉に潜在的な仕方で結びついていること。第二に、〈メディア〉と〈アート〉に関して、二項対立的な価値の序列化や階層秩序《ヒエラルキー》を決定する〈境界設定〉が、ある種の〈暴力性〉を孕んでいること。第三に、〈境界設定〉そのものが〈自己免疫〉と類比的な構造を担っているがゆえに、自らの〈暴力〉によって価値の序列や価値の秩序が自壊することが避けられず、〈自己免疫疾患〉とも言うべき状態に陥る危険性があること。

そのさい本書が中心的に参照してきたのは、デリダという哲学者の理論と実践である。デリダは、終戦を一五歳の多感な時期に迎え、アルジェリア人という特異な地域性を抱え、フランス本国よりも他の地域や国でその活躍は目覚ましかった。その意味でデリダは、「マージナル（辺縁的）な思想家[1]」であった。筆者の理解によれば、デリダのようなさまざまなジャンルや分野の思想を束ねる視点こそが間文化研究に必要な視点であり、それを可能にしているものが間文化哲学的思考である。それゆえ、本書の成果として強調したいのは、二一世紀のグローバル化した時代の中で、間文化哲学が担う役割の重要性と必要性である。

それでは、本書の成果について、具体的に整理して提示しておきたい。

第一に、筆者は、近年の技術‐情報時代のハイテク化に伴い浮上した、〈暴力〉のグローバル化と安全保障の問題に視線を向け、今日われわれが直面している信＝信仰のあり方を主題化した。そのさい筆者は、デリダのラディカル無神論と〈自己免疫〉概念を検討することで、デリダの考える信＝信仰が必ずしも宗教的な意味を含むものではなく、われわれの社会活動の基盤となる「信じること」であり、「宗教なき信仰」と呼び得るものであることを明らかにした。デリダにとって信＝信仰の問題が重要なのは、われわれが無反省に伝統的な思考に従ってしまうこと、すなわち「知っている」と信じてしまうことで、理性がいかに信＝信仰と密接な関わりがあるかということを看過し、実際に起きている問題に盲目的になってしまう危険性があることに警鐘を鳴らすためであった。

第二に、最新のメディア論の知見から「宗教のメディアタイゼーション」を問題にし、デリダによるキリスト教の〈メディア〉思想を検討した。そこでは、宗教が〈倫理‐政治化〉されることによって、キリスト教的「犠牲」の思想が極めて〈倫理‐政治的〉な要素を孕んでいることを明らかにした。メディア論の文脈から検討することによって、二一世紀以降の急速なメディアタイゼーションが、われわれの生活を情報化し便利にした一方で、それらの利用によって知らず知らずのうちに宗教すらも〈メディアタイゼーション〉され、われわれのうちに〈体内化〉されていることが明らかになった。このことは、公的領域と私的領域の〈境界線〉をも曖昧にさせ、遠隔技術（＝〈アート〉）としての〈メディア〉が、〈暴力〉のエコノミーを創出していることを浮き彫りにした。

また、デリダの「犠牲」概念を検討することによって、キリスト教的な宗教による「犠牲」概念が〈倫理‐政治的〉な構造を背景にしていることを明らかにした。そこに神への信仰と人間の倫理との間に生じる〈倫理-政治的〉な問題が、宗教と〈倫理-政治〉との深い断絶があることを告げている。

第三に、「芸術」としての〈アート〉に関して、デリダによるカント第三批判の脱構築的解釈を用いて分析し、人間の嗜好（趣味）に関する区別を判断する「趣味判断」をポリティカル・エコノミーの視点から明らかにした。まず筆者は、デリダの「エルゴン／パレルゴン」概念に着目することによって、芸術作品における主要な要素と副次的な要素を分ける〈境界画定〉の問題を顕在化させ、両者が不可分な関係にあることを明らかにした。また、「エルゴン／パレルゴン」構造から導き出された「〈アート〉とは何か」という問いに対し、視覚的な絵画であれ結果的に「芸術とは何か」という問いそのものが言語的に表現されざるを得ず、そこには〈言語という制度〉が不可避的に関与していたことが明らかになった。

つまりデリダは、歴史的に伝統的に問われてきた芸術をめぐる問題が、実際には言語に拘束された問いであり、閉じた円環（＝〈エコノミー〉）の中で問われるしかない問いであることを暴露した。筆者は、デリダの〈テクスト〉の読解を通じて、デリダが「パレルゴン」概念に執着したのは、まさに二項対立的な形而上学的な思考や、〈制度〉に伴う固定された思考のパターン、そして構造的な価値序列を解体するためであったことを解明した。

第四に、筆者は、デリダの第三批判読解を「ポリティックス」と「エコノミー」という二つの言葉に注目しながら分析し、カントの趣味論に人間主義的な〈ポリティカルな思想〉が介在していることを明らかにした。しかも筆者は、カントの論述の中に見出した〈エコノミー〉概念を脱構築的に解釈することを通じて、デリダがバタイユの「エコノミー」論をも脱構築したことを解明した。さらにデリダは、第三批判のうちには詩人を頂点とする「芸術」の「階層秩序」があることを指摘しながら、「口」をめぐる「ポリティックス」に注目する。筆者は、デリダに従い、カントの記述のうちには、五感の中でも味覚（趣味）を頂点とする感覚の階層秩序に基づく価値の序列化が行われ、価値体系が形成されていることを明らかにした。

第五に、デリダによるカント趣味判断の批判を手がかりとして、カントの趣味論に潜むある種の〈暴力性〉や排除の論理を明らかにした。すなわち筆者は、デリダがカントの五感に関する論述の中に潜在する自己触発の構造を見出し、ロゴス-フォーネ主義を指摘した点を積極的に評価した。そうすることで筆者は、カントの五感に関する論述に、西洋形而上学的な価値観に基づくある種の〈五感のポリティックス〉が含まれていることを明らかにした。

以上の点を踏まえて筆者は、カントの五感のうちで「口」が最も優位にあるというデリダの指摘を受けて、デリダの「吐き気」の分析に注目した。そこから筆者は、〈エコノミー〉の一種としての「体内化」に対する拒絶反応である「吐き気」の問題を取り出した。しかも筆者は、生体防御システムとしての「吐き気」が、アレルギーを含む「免疫」の問題を含意していることに着目し、「吐き気」をたんなる生物学的な個体の体内機能にとどまらず、社会における他者排除や差別といった〈暴力〉の問題につながることを明らかにした。さらに本書では、「口」から入るものが「体内化」されずに、「吐き出される」という生体防御のシステムと、社会や国家が自らに同化＝「体内化」し得ない異質な他者を排除するという構造とが類比的であるということも明らかにした。そのことと関連して、筆者は、デリダが、すでに二〇〇一年の「同時多発テロ」の時期から〈自己免疫〉の社会的排除構造に着目し、テロリズムや〈暴力〉に対する過剰防衛の危険性を示唆していたことを明らかにした。

これら六点の具体的な成果からも明らかなように、本書では、哲学〈テクスト〉に始まり、われわれを取り巻くさまざまな歴史的事象を多様な〈テクスト〉として扱い、それらの〈テクスト〉に非顕在的に含意された〈死〉や〈暴力〉を読解することを試みた。そのさい重要だったのは、〈テクスト〉が孕むさまざまな価値や価値づけの中に、〈倫理-政治的〉な価値の階層秩序が含まれていることであった。そして、われわれが理解しなければならないのは、それらの価値の間に引かれる〈境界〉を設定することに、ある種の〈暴力性〉を見出し得るということである。端的に言えば、本書で解明されたのは、価値の間に何らかの〈境界線を引く〉ことによって、価値の中に階層的な区分が〈暴力的〉に設定され、それがわれわれの価値観を構成しているということである。

本書が明らかにしたことの成果から、筆者は、価値の間に設定される〈境界〉や、そこに引かれる〈境界線〉はつねに吟味され、再設定される必要があると考える。われわれは、固定した価値観に固執することによって、時代の変化や倫理-政治的な価値の流動化に堪えられない一方で、時代の流れに寄り添いながらも、大局的には誤った方向に導かれる可能性があることも忘れるべきではない。この時代に生きるわれわれの多くは、溢れんばかりの情報と、グローバル化という名の下にもたらされた価値の多様化の中で、葛藤や混乱と闘いながら生きている。それは、他者を受け入れたいという寛容の心とともに、自らの生命を守るために発動されるセキュリティの感覚との闘いであり、他者をどこまで信じることができるかという信=信念の問題にも関わっている。それゆえ、われわれの今後の課題としては、〈境界設定の暴力〉の無根拠性につねに対処しながらも、多様で複雑な価値や、価値の間にある微細な差異を見逃さず、多様な文化や思想、多様な言語や民族の共存の可能性を問い続けることにある。

一見すると、微妙で瑣末とも言える価値の間の差異も、個々人やさまざまな民族における価値を体現している可能性がある。だからこそ筆者は、それらの差異を尊重しつつ、いかに持続させるかということが重要であると考える。そして筆者が本書を通じて明らかにしたように、高度に発達したグローバルな社会が、個々人の思想や個々人の言語の豊かさを失うことなく、それぞれの幸福を追求するための倫理的な規範を確保する必要があると考える。それはローカルな視点を確保することであり、個々人の多様なあり方を容認することでもある。

しかし、多様なあり方を容認することが他方で別の他者を傷つけるような〈境界〉を生み、他者の排除という〈暴力〉になってはならない。われわれは今、考え方の幅が広がったという意味では生きやすくなった反面、決定的な判断がしにくくなったという意味では、生きにくくもなっている。結局のところ、いかなる未来が訪れるにせよ、今われわれが問わなければならないのは、何を信じ、いかにして異質な他者がもたらす不安と向き合うかということではないだろうか。デリダが理性を一種の信と考え、無反省のまま伝統的な思考方法に従うことに警鐘を鳴らしていたように、これからの時代を生きるわれわれは、何よりもまず自分自身がすでに獲得してしまっている物の見方や、習慣的に身につけてしまっている思考の癖と向き合い、つねに脱構築的に反省の運動を繰り返すことが大切である。つまり、脱構築的な反省の運動が技術革新と思想的価値観の狭間という過渡期を生き抜くための、そして少しでも暴力を回避し、他者に対する敬意と配慮を欠かないための一つの戦術となるのではないだろうか。筆者は、カントが二〇〇年以上前に唱えた「永遠平和」の理念とは、地球という閉じられた空間の中で、〈自己〉と〈非自己＝他者〉の共存としての共生の可能性への示唆であると考える。そして重要なのは、差異を消去する同一化を限りなく回避し、互いの差異や価値の差異を限りなく承認し合う方向性へと向かい続ける努力にあると考えている。

■注■

序論

（1）本書のタイトルで〈アート〉と〈メディア〉という語に〈 〉を用いるのは、両者が多義的であり、一つの意味に限定することが不可能であるからである。本書では、個別の章に応じて異なる意味で使用するため、〈 〉を用いて標記することにした。

（2）ロベルト・エスポジト『近代政治の脱構築——共同体・免疫・生政治』講談社、二〇〇九年、一五六頁参照。またエスポジトは、「個人の身体から社会の身体＝組織まで、技術的身体から政治的身体まで、今日の世界で起っていることをどのような側面からみるとしても、免疫の問いがすべての道の交差点に位置している」と述べている。エスポジトは、「共同体」概念を語源に遡って思考しようとする過程で、「munus」という同じ語源をもつ「免疫」に注目し、現代社会を自己免疫化していると診断し、警告を発している。その点で彼の発想はデリダと非常に近しいものがある。

（3）たとえばデリダは、アメリカ同時多発テロ後のインタビューの中で、ギリシア語で「薬」と「毒」の両義的な意味を持つパルマコンに言及しながら、われわれがつねに同じアポリアに連れ戻されることを指摘している。それは、一方で「国家」形式（国民国家の主権）が、つまり民主制的な市民権が果たす肯定的かつ有益な役割をもちながら、他方でその主権が国境を非市民に閉ざし、暴力を独占し、国境を管理し、非市民を排除したり抑圧したりする国家の否定的な効果がある。こうした事実に対してデリダは、国家は自己保護的であると同時に自己破壊的でもあり、薬であると同時に毒でもあると述べている（Cf. Giovanna Borradori, *Philosophy in a Time of Terror: Dialogues with Jurgen Habermas and Jacques Derrida*, University of Chicago, 2003.『テロルの時代と哲学の使命』藤本一勇・澤里岳史訳、岩波書店、二〇〇四年）。

（4）竹内敏雄監修『講座＝美学新思潮4　芸術と技術』美術出版社、一九六六年参照。

（5）牧野英二「異文化間哲学における他者理解の課題——歴史と文化のハイブリッド化現象と境界をめぐって」多文化関係学会基調講演原稿、二〇一四年一一月九日、二頁。

（6）Wolfgang Welsch, *Ästhetisches Denken*, Reclam, 1990, S.11.（W・ヴェルシュ『感性の思考』小林信之訳、勁草書房、一九九八年、四頁。）ヴェルシュは、「無感性（Anästhetik）」を、「反-感性（Anti-Ästhetik）」、「非-感性的なもの（Un-Ästhetisches）」、「感性的でないもの（Nicht-Ästhetisches）」などから区別している（Cf. *ibid*., S.10.（邦訳、三-四頁。））。「無感性」の問題については、現代資本主義との関わりから論じた拙論も参照されたい（「技術-情報社会における感性の喪失——ハイパー資本主義を問い直す」『哲学の変換と知の越境』法政大学出版局、二〇一九年)。

(7) 森村は、シュミットの「友・敵」理論の陳腐な戯画化をブッシュ大統領(当時)の声明に見出し、デリダの「責任の無限性」について論じている(森村修「友か敵か――デリダの「責任の無限性」について」『異文化8』法政大学国際文化学部、二〇〇七年参照)。

(8) そもそも「エルゴン/パレルゴン」構造は、カント芸術論に対するデリダの批判に基づいている。デリダは、絵画と額縁という芸術作品をめぐる関係性に注目することにより、作品(エルゴン)とそれを「枠付ける」副次物(パレルゴン)との不可分な関係を顕在化させる。そこで本書は、デリダの脱構築的解釈に基づいて、作品/副次物という価値の序列化に伴う二項対立的な関係性に含まれる〈倫理-政治的な暴力性〉を検討する。

(9) J・デリダ/P・パットン/T・スミス編『デリダ、脱構築を語る』谷徹・亀井大輔訳、岩波書店、二〇〇五年、x-xi頁。

(10) 富山太佳夫によれば、テクストという語は、一九六〇年代から、特にフランス構造主義以降の思想の影響を受けて、作品(work)とは別の意味で使われるようになった。文字で書かれたもののほかに、絵画や映画、写真、図像についても使われる。つねに間テクストとして存在するテクストの意味の流動性を力説する考え方は、ソシュール言語学の影響下にあるJ・デリダ、M・リファテール、G・ジュネット等の仕事の根幹に存在するものであるし、ディコンストラクション批評もこの考え方に依拠している。また、「テクストの外部というものは存在しない」というデリダの主張は、テクスト論の当然の帰結である。しかしすべてのテクストが間テクストとして存在するとすれば、哲学、歴史、経済、文学等の分野の区分は便宜的なものにすぎないことになり、現在分断されている諸分野を横断する新しい学問研究が要請されることになる。E・サイードは『世界・テクスト・批評家』(一九八三)において、テクストが現実の世界において読まれるときに発生する政治的、倫理的な効果に注目し、その実践的な次元を回復しようとする。彼によれば、あるテクストにとってのコンテクストとは他のさまざまのテクストによって織り上げられる間テクストにとどまるものではなく、政治的かつ倫理的な効果も含まれねばならない。そのときテクストは思想と言葉と権力(権威)と欲望とが邂逅し、せめぎ合う場となるのである(富山太佳夫「テクスト」『哲学・思想事典』岩波書店、一一一七-一一一八頁)。

(11) 周知の通り、"intercultural"という語は、「日本国際文化学会(The Japan Society for Intercultural Studies)」に代表されるように、「国際文化」と訳されてもいる。ちなみに、日本国際文化学会の発起人代表でもある平野健一郎は、「文化」の定義を「生きるための工夫(designs for living)」と明言している。もちろん、「文化」概念の定義は多岐に及んでおり、学問領域によってもさまざまである。平野説の場合、その背景となるのはクラックホーン説であり、その定義に含まれる「生活様式の体系(a system of designs for living)」という言葉を根源としている(平野健一郎『国際文化論』東京大学出版局、二〇〇〇年、一〇-

一一頁)。ちなみにクラックホーンによれば、「文化とは、後天的・歴史的に形成された、外面的および内面的な生活様式の体系であり、集団の全員または特定のメンバーにより共有されるものである」(Clyde Kluckhohn and W. H. Kelly, “The Concept of Culture,” in R. Linton ed., *The Science of Man in the World Crisis*, Columbia University Press, 1945, p.94.)。なお近年、ドイツ語圏を中心に、さまざまな国籍の哲学者らによって“Intercultural philosophy”の研究が広がっている。代表的なものとして、Ram Adhar Mall の研究があげられるが、彼の想定している“intercultural”とは、筆者の考えとはやや異なる。彼の場合、それは心的なカテゴリーと道徳的なカテゴリーを表している。また、ある特定の文化の文化性と見なされることもないし、諸文化の多様性の折衷主義でもないと言う。そして彼によれば“intercultural philosophy”は、狭いヨーロッパ中心的な見地からの解放のプロセスを表現している。さらに、“intercultural philosophy”は、次の四つの部分からなる一つのパースペクティヴをもっている。すなわち、哲学・神学・政治学・教育学のパースペクティヴである。また彼の場合、“intercultural”という形容詞がたんなる名詞の付随物ではなく、時に名詞(philosophy)よりも重要であると考えられている(Cf. Ram Adhar Mall, *Intercultural Philosophy*, Roman & Littlefield Publishers Inc., 2000.)。

(12) というのも、谷徹が述べているように、「間文化現象学(intercultural phenomenology)」における「間」とは「自文化を中心にした遠近法ないし傾斜を含んでいる」からである。しかも筆者の見解では、自文化からの遠近法《パースペクティヴ》や傾斜をもちながらも、「開きの場」としての「間」は、「現われ」を相互に(傾斜的に)「うつしあい」、互いを理解するための可能性を開いてくれると考えられる(谷徹編『間文化性の哲学』文理閣、二〇一四年、vii頁)。谷の意見を踏まえた筆者の見解では、自文化からの不可避な遠近法《パースペクティヴ》や傾斜をもちながらも、なお「開きの場」としての「間(inter)」が、さまざまな文化の「現われ(=現象)」を相互に(inter)(傾斜的に)「うつしあい」、互いの文化を理解するための可能性を開いてくれるのである。

(13) ちなみにスティーブン・モートンによれば、ガヤトリ・チャクラヴォルティ・スピヴァックは、デリダの脱構築から政治的精神あるいは政治的読解の手法を学び、それが重要な倫理的次元を孕んでいることを示そうとした(Stephen Morton, *Gayatri Chakravorty Spivak*, Routledge, 2003.『ガヤトリ・チャクラヴォルティ・スピヴァク』本橋哲也訳、青土社、二〇〇五年、六四頁参照)。筆者は、モートンの理解するスピヴァックに倣い、ジャック・デリダの脱構築が倫理的かつ政治的な実践であると考えている。また、デリダの倫理思想の背景にはレヴィナス倫理学の影響があることは言うまでもない。ちなみにモラグ・パトリックは「過剰と責任〔応答可能性〕——デリダのエチコ=ポリティカルな思考」の中で、デリダの「責任〔応答可能性 responsibility〕」のもつ「倫理-政治的な意義」を検討している(Morag Partick, “Excess and Responsibility: Derrida's Ethico-Political Thinking, *Journal of the British Society for Phenomenology*, 28:2,1997, pp.160-177.)。ただパトリックの議論は、時期的な問題もあり、デリダの著作の中でも八〇年代の論考が基本に扱われている。たしかに『法の力』や『友愛のポリティックス』

『マルクスの亡霊たち』など九〇年代の著作も言及されているが、デリダの二〇〇〇年前後の論考については触れていないのが残念である。

（14）バリー・R・ウェインギャストとドナルド・A・ウィットマンは、「Political Economy」という学問が、歴史的に見て、アダム・スミスやカール・マルクス、さらには二〇世紀の研究者の間で、さまざまな意味で用いられたことに触れている。そのことから、彼らは、「political economy」を「種々様々な要素の大きな（不完全であれ）総合」と考える。しかも彼らは、「political economy」を「政治的行動や諸制度の分析に応用された経済学の方法論」として把握し、「単一で統合されたアプローチではなく、アプローチの集合体（a family of approaches）」として考えている。さらに彼らは、最近の動向について概ね次のように述べている。political economy というフレーズが、これまでの歴史の中で矛盾した意味を持たされてきた。場合によっては、研究の一領域経済学（economics）と政治学（politics）との間にある相互関係と見なされたり、また別の場合では、「方法論的なアプローチ」と見なされたりした。彼らによれば、そもそも「方法論的なアプローチ」ですら、「個人的合理性（individual rationality）」を強調する「経済学的なアプローチ（しばしば公共選択〔public choice〕と呼ばれる）」と、「社会学的アプローチ」の二つに分けられる（Cd. Barry R. Weingast & Donald A. Wittman, *The Oxford Handbooks of Political Economy*, Oxford University Press, 2006, p.3.）。

（15）佐々木雄大「〈エコノミー〉の概念史概説——自己と世界の配置のために」『ニュクス1』堀之内出版、二〇一五年、一一一五頁。

（16）この場合の「家族の領域」とは、ある意味で、かつては「家政《オイコノミア》（οικονομία）」と呼ばれた領域と考えてよい。

（17）ハンナ・アーレント『人間の条件』四九頁。

（18）したがって筆者の用いるポリティカル・エコノミーとは、E・P・トムスンが提起したモラル・エコノミーやポリティカル・エコノミーとは一線を画することは言うまでもない。

（19）ただし、こうした男性名詞と女性名詞による意味上の区別に関して、スピヴァックは疑問を呈している。すなわち、哲学が問題とするのはつねに男性名詞の le politique であり、他者としての la politique（女性名詞）が排除されていることにならないか。そして la politique もまた哲学に関わっているのではないかという問題だ（Cf. Philippe Lacoue-Labarthe et Jean-Luc Nancy ed., *Les fins de l'homme : à partir du travail de Jacques Derrida*, Galilée, 1981, pp. 505-506.）。

（20）カール・シュミット『政治的なものの概念』田中浩・原田武雄訳、未來社、一九七〇年参照。

（21）Philippe Lacoue-Labarthe, *La fiction du politique : Heidegger, l'art et la politique*, Christian Bourgois Editeur, 1988, p.32.（『政治という虚構　ハイデガー、芸術そして政治』浅利誠・大谷尚文訳、藤原書店、一九九二年、三四頁。）

（22）他方、「政治（la politique）」とは、「対象として現時点を有す」るような「階級の政治的諸実践」、いわゆる現実政治そのものとして捉えることができる（ニコス・プーランツァス『資本主義国家の構造Ⅰ　政治権力と社会階級』田口富久治・山岸紘一訳、未來社、一九七八／一九八七年、三七–四四頁参照）。両者の区別を明確にするため、本書では、le politique を指す場合には片仮名表記を、la politique を指す場合には漢字表記により「政治的な」等としている。

（23）米澤有恒『芸術を哲学する』世界思想社、一九九七年、二四四–二四五頁。

（24）J・カプート『デリダとの対話』法政大学出版局、二〇〇四年、九〇頁。

（25）本論文は、「ミメーシス（模倣）」というテーマで、フィリップ・ラクー＝ラバルト、ジャン・リュック・ノンシー、サラ・コフマンなど、現代のフランス哲学界を代表するメンバーが名を連ねている論文集に収められている。この論文は、短いながらもデリダの後期から晩年に至るまでに執筆された『マルクスの亡霊たち』（一九九三）、『アポリア』（一九九六）、『死を与える』（一九九九）といった著作と非常に近しい問題圏が広がっていることに注意しなければならない。なお、引用に際しては、フランス語原文（Jacques Derrida, Economimesis, in *Mimesis des articulations*, Aubier-Flammarion, 1975, pp.55-93.）はもとより、日本語版（『エコノミメーシス』湯浅博雄・小森謙一郎訳、未來社、二〇〇六年）並びに英語版（R. Klein trans. 'Economimesis,' in *Diacritics*, vol. 11, 1981.）も適宜参照した。また解釈が異なる場合等、適宜訳し換えている。

（26）ここで気を付けたいのは、本書の位置づけである。端的に言えば、本書はあくまでもデリダの第三批判論の脱構築的読解に関心があるのであり、そこからデリダのカント解釈を検討するものである。したがって、アーレントの政治哲学との比較をしたり、どちらかの解釈に正当性を求めたりするものではない。また当然のことながら、カントの内在研究でも決してない。

第1章

（1）Jacques Derrida, *Voyous*, Galilée, 2003, p.64.（『ならず者たち』鵜飼哲・高橋哲哉訳、みすず書房、二〇〇九年、八五頁。）

（2）Martin Hägglund, *Radical Atheism: Derrida and the time of life*, Stanford University Press, 2008.（『ラディカル無神論――デリダと生の時間』吉松覚・島田貴史・松田智裕訳、法政大学出版局、二〇一六年。）

（3）Jacques Derrida,《Foi et Savoir》aux limites de la simple raison, in *La Religion*, Paris: Seuil, 1996.（以下、*FS*と略記）"Faith and Knowledge: The Two Sources of 'Religion' at the Limits of Reason Alone", In: Gil Anidjar ed., *Acts of Religion*, London: Routledge, 2002.（「信仰と知――たんなる理性の限界における「宗教」の二源泉」『批評空間』第2期・第11・12・13・14号、松葉祥一・榊原達哉訳、一九九六–一九九七年。「世紀と赦し」『現代思想』鵜飼哲訳、二〇〇〇年一一月号。『信と知――たんなる理性の

限界における「宗教」の二源泉』湯浅博雄・大西雅一郎訳、未來社、二〇一六年、二二-二三頁。）なお、翻訳の分かりやすさから、本書では未來社版の邦訳を参照させていただいた。本書に記載した邦訳頁は、未來社版のものである。

（4）デリダは、理性と宗教が「あらゆる遂行的なものに伴う証し＝担保＝保証、証言的な証し＝保証から出発して、ともに展開する」と述べている。Jacques Derrida, *FS*, p.46.（邦訳、七一頁。）

（5）Derrida, *FS*, p.45.（邦訳、六九-七〇頁。）

（6）「宗教のメディア化」については、以下の論文を参照。Stig Hjarvard, 'The mediatisation of Religion: Theorising religion, media and social change', *Culture and Religion*, vol.12, No.2, London: Routledge, 2011. また以下の拙論も参照されたい。「メディア化時代の『宗教』——デリダにおける『世界ラテン化』」『異文化』第一六号、法政大学国際文化学部編、二〇一五年七月。

（7）Derrida, *FS*, p.18.（邦訳、五八-五九頁。）

（8）Derrida, *FS*, p.18.（邦訳、五八頁。）

（9）Derrida, *FS*, p.67.（邦訳、一一二頁。）

（10）Giovanna Borradori, Le《concept》du 11 septembre, *Philosophy in a Time of Terror : Dialogues with Jürgen Habermas and Jacques Derrida*, Galilée, 2004.（「自己免疫——現実的自殺と象徴的自殺」ユルゲン・ハーバーマス／ジャック・デリダ／ジョヴァンナ・ボラッドリ『テロルの時代と哲学の使命』藤本勇一訳、岩波書店、二〇〇四年、一四一頁。）

（11）Jacques Derrida, 'Penser ce qui vient,' René Major dir, *Derrida pour les temps àvenir*, Stock, 2007, p.23.

（12）Hägglund, *op. cit.*, p.111.（邦訳、二一三頁。）

（13）*ibid.*, p.111.（邦訳、二一四頁。）

（14）*ibid.*, p.208.（邦訳、一七頁。）

（15）*ibid.*, p.112.（邦訳、二一七頁。）

（16）*ibid.*, p.114.（邦訳、二一八頁。）

（17）*ibid.*, p.120.（邦訳、二三〇頁。）

（18）筆者は以下の拙論において、カプートの「不可能なもの」について多少触れたことがある（「死の哲学」と「不可能なもの」——田辺元からJ・カプートへ」『比較思想研究』第三九号、北樹出版、二〇一二年、五〇-五八頁）。

（19）Hägglund, *op. cit.*, p.134.（邦訳、二六〇頁。）

（20）ヘグルンドによれば、カプートが「精巧なまでの誤読」をするに至る前提には、「デリダの宗教の核心」を次のように理解していることにある。すなわち、「デリダの宗教の核心とは、正義やデモクラシー、来たるべきただ一人の者への呼びかけ、具体的なメシアニズムの数々のうちの平和への呼びかけの核心である」という理解である。*ibid.*, pp.134-135.（邦訳、二六〇頁。）

（21）*ibid.*, pp.134-135.（邦訳、二六〇頁。）

（22）*ibid.*, p.136.（邦訳、二六三頁。）

（23）*ibid.*, p.136.（邦訳、二六三頁。）

（24）*ibid.*, p.135.（邦訳、二六一頁。）

（25）*ibid.*, p.135.（邦訳、二六一頁。）

（26）John D. Caputo, "The Return of Anti-Religion: From Radical Atheism to Radical Theology," in *Journal for Cultural and Religious Theory*, vol. 11 no.2 (Spring 2011). なお紙幅の都合上、本書ではそれらを網羅することはできない。これについての詳細な検討は別項での課題とし、本章では主要な点のみを取り上げる。

（27）ヘグルンドは「デリダのラディカル無神論」の中で、カプートが度々引用する聖書の言葉を引きながら、この言葉が「カプートによるデリダの体型的誤読のマトリックス」になると揶揄していた。またほかにもヘグルンドは、カプートのデリダ解釈が「全くの誤読である」とか「体系的に誤読している」などと繰り返し批判をしている。

（28）筆者の観点からすると、以下に述べるカプートの言葉は、彼がどのような姿勢でデリダを解釈しているかを理解するのに役立つ。「（本書は）デリダは頭が変だ（nut）という考えを払拭させることを目的としている。デリダは悪魔そのものとして描かれている。デリダは、街角の無政府主義者、相対主義者あるいは主観主義者、あるいは虚無主義者であって、われわれの伝統や制度、われわれの信念や価値を破壊し、哲学や真理そのものをあざ笑い、啓蒙主義が成し遂げたあらゆるものを無効にし、そしてこれらすべてを、野放しのナンセンスと無責任な戯れで置き換えることを狙っているというのだ。嘆かわしいことにこれが、学問の責任の名において語る——多くの場合に無責任な——デリダ批評者たちがデリダを描く仕方である。（中略）彼は保守主義に抵抗するために、たえずあらゆる手を尽くしてきたのであり、再生産的ではなく、たえず生産的であろうとし、古いものの中で最も古いものを再読し、修正し、伝統によってそして伝統のなかで折りたたまれてきたものの折り目を広げ、「伝統」のなかに隠されてきた数えきれない伝統のしなやかな多様性を示そうとたえずしてきたのである」（ジョン・D・カプート編『デリダとの対話——脱構築入門』高橋透他訳、法政大学出版局、二〇〇四年、五三-五四頁）。

（29）Jacques Derrida and John D. Caputo (ed.), *Deconstruction in a Nutshell: A Conversation with Jacques Derrida*, Fordham University Press, 1997.（前掲『デリダとの対話』二五六頁。）

（30）*ibid.*, p.127.（邦訳、二五三頁。）

（31）このようにカプートが述べるとき、彼は「脱構築は、その可能性がその不可能性によって支えられている事物の追求であり、その不可能性によって消滅させられてしまうのではなく、そうした不可能性によって実際に育まれ養われている事物の追求なのである」と考えている。*ibid.*（邦訳、四七頁。）

（32）デリダ「言葉から生へ」『別冊　環　ジャック・デリダ一九三〇−二〇〇四』所収、藤原書店、二〇〇七年、八三頁。

（33）カプートは、ヘグルンドとの解釈の違いは、彼の著作（『デリダのラディカル無神論』）における神の名が、痕跡としての地位（status）を簡略化され、切り詰められ、打ち消されているからだと指摘する（Caputo, *op. cit.*, pp.106-107.）。

（34）*ibid.*, p.124.

（35）Borradori, *op. cit.*, p.139.（邦訳、二二五−二二六頁。）

（36）Derrida, *FS*, p.62.（邦訳、一〇二頁。）

（37）デリダの著作全体を一貫してラディカル無神論の論理によって捉え直そうとするヘグルンドの試みは、意欲的で刺激的なものではある。しかし今回の発表で取り上げた、信＝信仰や宗教をめぐるデリダ解釈に関して言えば、ヘグルンドが厳しく批判する内容をそのまま素直に受け入れるには疑問が残る。カプート自身も反論しているように、ヘグルンドのカプート解釈は、文脈の中で捉えているというよりも、カプートの言葉を部分的にあるいは選択的に取り上げて批判しているように見える。また筆者自身、今回取り上げなかったデリダの「贈与」や「約束」をめぐる解釈についても、ヘグルンドに同意できない部分が複数あった。

第2章

（1）後述するように、この概念を一義的に理解することは難しい。それゆえ、十分な日本訳を与えることは尚一層困難である。本章では、訳語としての分かりやすさを優先し、「メディア化」と訳し、片仮名のルビを付すことも検討した。しかし、普段われわれが用いる意味でのメディア化を連想してしまう危険性があるため、本書ではあえて片仮名表記を採用することにした。ちなみに、二〇一一年に出版された『メディア用語基本事典』（世界思想社）では、「メディア化」という項目に“mediatization”の語が付されている。ただし本事典の当該項目の中でも、「メディア化」という訳語では十分に意味内容を表現しているとは言い難いと考える（渡辺武達・山口功二・野原仁編『メディア用語基本事典』世界思想社、二〇一一年、一三七−一三八頁参照）。

（2）筆者が、本人にStig Hjarvardのデンマーク語の音声表記を問い合わせたところ、コペンハーゲン大学日本語学の同僚から教示された日本語表記として「スチー・ヤーワード」であると返信があった（二〇一四年一〇月二一日付Email）。

（3）ヤーワード自身は、同名の主題にいくつかの副題をつけながら複数の論文を発表している。特に彼は、多くの論文の中で“mediatization(-zation)”という表記を用いているが、*Culture and Religion*, vol.12, No.2（Routledge）所収の論文では“mediatisation(-sation)”とスペルを変えている。これについて、筆者が得た本人からの情報（二〇一四年一〇月二一日付Email返信）によれば、いくつかのジャーナルはBritish Englishによる表記を好むため、語尾（-sation）を変えたということだった。ただし、ヤーワードは、筆者へのEmailで、一般的には“mediatization”の表記の方が普及しており、論文などで用いるならば、（-zation）表記の方が適切であると勧められた。

（4）もちろん“mediatization”という語そのものが、哲学・思想的文脈で使用されるようになったのは、最近のことではない。ルイス・マウロ・サ・マルティーノが指摘しているように、ユルゲン・ハーバーマスは、この語を『コミュニケーション的行為の理論』の中で言及しているし、ジャン・ボードリヤールも『象徴交換と死』の中で用いている。しかしこれらのアプローチの中で使用されている“mediatization”は、現代のメディア論の文脈で用いられているものとはほとんど関係がないと言える（Cf. Luis Mauro Sa Martino, *The Mediatization of Religion: When Faith Rocks*, Ashgate Publishing Limited, 2013.）。ただ、彼の指摘は、あくまで英語訳版からのものである。ちなみに、ハーバーマスの原文では、“mediatization”に相当するドイツ語は“Mediatisierung”が用いられており、ボードリヤールでは“médiatisation”というフランス語を用いている。

（5）Cf. J. McDougall, *Media Studies: The Basics*, Routledge, 2012, pp.2-3.

（6）メディア学一般の問題は、山口功二他編『メディア学の現在』世界思想社、二〇〇七年などが詳しい。

（7）Stig Hjarvard, ‘The Mediatization of religion: A theory of the media as agents of religious change’, *Northern Lights*, Volume 6, Intellect Ltd., 2008, p.11.

（8）ここでは、「メディア論理（Media logic）」と差異化するために、「メディアの理論（theory of media）」と訳した。Media logicとは、AltheideとSnowが一般的なメディア文化と特殊なニュースの産物に関する明確な枠組みを示すために一九七九年に初めて用いた語である（Cf. David L. Altheide and Robert P. Snow, *Media Logic*, Sage Publications, 1979.）。

（9）Cf. Stig Hjarvard, ‘The mediation of religion: Theorising religion, media and social change’, *Culture and Religion*, vol.12. No.2, Routledge, 2011, p.120.

（10）Cf. Hjarvard, The Mediatization of religion: A theory of the media as agents of religious change, p.11.

（11）Jesper Strömbäck, “Four Phases of Mediatization: An Analysis of the Mediatization of Politics”, *Politics,* 13(3), Sage Publications, 2008, p.228.

（12）Jesper Strömbäck and Frank Esser, “Making sense of mediatization of politics”, *Journalism Studies*, Routledge, 2014, p.244.

(13) Friedrich Krotz, 'A Concept with which to grasp media and societal change' *Mediatization: Concept, Changes, Consequences*, Peter Lang Pub., 2009, p.24.

(14) David Morgan, 'Mediation or mediatisation: The history of media in the study of religion', *Culture and Religion*, Col.12, No.2, Routledge, 2011, p.137.

(15) *ibid.*, p.140.

(16) *ibid.*, p.141.

(17) Gianpietro Mazzoleni and Winfried Schulz, "Mediatization" of Politics: A Challenge for Democracy', *Political Communication*, 16:3, Routledge, 2010, p.249. またヒュウブ・ウィッジエスは、メディアと政治の間の動的な関係を説明しようとするさいに、"mediatization" の概念が用いられてきたと述べている（Cf. Huub Wijfjes, *Mediatization of Politics in History*, Peeters Bvba, 2009.）。

(18) Mazzoleni and Schulz, *op. cit.*, p.24.

(19) Jesper Strömbäck, 'Four Phases of Mediatization: An Analysis of the Mediatization of Politics', *International Journal of Press/Politics*, 13(3), 2008, p.228.

(20) たとえばディヴィッド・モルガンは、mediation を次の二つに区分している。第一に、近頃のハイテクメディア理論を指すために用いられる。第二に、一つの共有された現実感を構成する手助けをするような仕方で社会を支配するようなメディアを指すために用いられる（Morgan, *op. cit.*, p.138.）。mediality や medialization などの概念と mediatization との比較および概念の詳細については、以下を参照されたい。Knut Lundby, *Mediatization: Concept, Changes, Consequences*, Peter Lang Publishing, 2009. その他、以下も詳しい。Sonia Livingstone, "On the mediation of everything", *Journal of Communication*, 59(1), 2008, pp.1-18.

(21) Stig Hjarvard, 'The mediatisation of Religion: Theorising religion, media and social change', *Culture and Religion*, vol.12, No.2, Routledge, 2011.

(22) *ibid.*, p.121.

(23) *ibid.*

(24) *ibid.*

(25) *ibid.*, p.124.

(26) しかし、三上真司による最近の研究では、バンヴェニストやデリダの「religion」の起源研究には一定の留保が必要であることが明らかになっている。ただ本書では、デリダの「religion」の語源解釈に基づいて「宗教のメディアタイゼーション」を議論することに主眼があるので、彼の語源解釈の妥当性の問題の詳細に触れることはできない（三上真司『レリギオ――〈宗教〉の起源と変様』横浜市立大学新叢書6、春風社、二〇一五年参照）。

（27）本書は、ヘント・デ・ヴリースとサミュエル・ウェーバーが編者となって、計二五名の思想家たちの論考が収められている。編者が述べているように、本書には古くて新しい "mediatization" の形が収められている（Cf. Hent de Vries and Samuel Weber, *Religion and Media*, Stanford University Press, 2001.）。

（28）Jacques Derrida, "Above All, No Journalists!", *Religion and Media*, Stanford University Press, 2001, p. 58.（以下、*AANJ* と略記）またデリダは、旧約聖書に登場するイサク奉献の物語を取り上げながら、メディアタイゼーションの意味を問い直す。ただしその場合の "mediatization" とは、私的領域の秘密が公共化する問題を扱っており、前節で論じたような現代的な意味とは異なる。イサク奉献に関連する秘密とメディア化の問題については、紙幅の都合上、別項で論じる予定である。

（29）Derrida, *AANJ*, p.58.

（30）後述するように、デリダはこの概念を九〇年代から用いている。

（31）Derrida, *AANJ*, p.59.

（32）Derrida, *AANJ*, p.59.

（33）この論考には、「たんなる理性の限界内における『宗教』の二源泉」という副題が付けられている。もちろん、表題からも容易に理解されるように、同論考は、カントの「たんなる理性の限界内の宗教」（一七九三）とベルクソンの『道徳と宗教の二源泉』（一九三二）が示唆されている。本章では、敢えて「意味論的な二源泉（les deux sources sémantiques）」にのみ触れたが、『信仰と知』の中でデリダが述べる「宗教」の二源泉とは、「信じること（la croyance）の経験」と「神聖性（la sacralité）、聖性（la sainteté）、無傷なもの（l'indemne）の経験」をも指していることは注意すべきである。また『信仰と知』は、一九九四年に、デリダが他の著名な哲学者たちと共に、イタリアのカプリ島で行われた「宗教」をテーマとする会議に参加し、そこでの発表をまとめたものである（Jacques Derrida, *Foi et Savoir: Les deux sources de la《religion》aux limites de la simple raison*, Editions du Seuil, 2000.（以下、*FS* と略記））。なお、英米系研究者の多くが、英語版を使用しているため、筆者も適宜英語版を参照した（Gil Anidjar ed., "Faith and Knowledge: The Two Sources of 'Religion' at the Limits of Reason Alone", *Acts of Religion*, Routledge, 2002.（以下、*FK* と略記））。また日本語訳は、『批評空間』第二期一一-一四号、松葉祥一・榊原達哉訳、一九九六年を参照した。

（34）Derrida, *FS*, p.13, *FK*, p.45.

（35）デリダによるマルクス論では、世界資本主義の分析がデリダ特有のロジックで展開されていることは周知の通りである（Cf.

(36) Jacques Derrida, *Spectres de Marx*, Galilée, 1993.『マルクスの亡霊たち』増田一夫訳、藤原書店、二〇〇七年）。また、小森謙一郎は、デリダの『マルクスの亡霊たち』の資本主義論を「喪の作業」を手がかりに読んでいる（小森謙一郎『デリダの政治経済学《ポリティカル・エコノミー》――労働・家族・世界』御茶の水書房、二〇〇四年参照）。森村修は、デリダの「世界ラテン化」を「赦し」の問題と重ねて論じている。森村によれば、デリダは「赦し」が「アブラハムの宗教」として一括されているユダヤ教、キリスト教、イスラム教だけでなく、日本や韓国のような非「アブラハム的」な言語空間でも語られることに注意を喚起している。つまり、「赦し」とは「アブラハム的」な宗教的遺産に属しながら、地政学的な舞台の上では非「アブラハム的」文化圏でも問題になるのである。ここには「赦し」の「世界ラテン化」が生じていると言ってよいだろう（森村修「『ヨーロッパ』という問題――テロルと放射能時代における哲学」『国際文化研究への道――共生と連帯を求めて』彩流社、二〇一三年参照）。

(37) Derrida, *FS*, p.56., *FK*, p.72.（Cf. エミール・バンヴェニスト『インド＝ヨーロッパ諸制度語彙集Ⅱ王権・法・宗教』前田耕作監修、言叢社、一九八七年、二五七頁。）

(38) Derrida, *FS*, p.56, *FK*, p.72.（バンヴェニスト、前掲書、二五六頁。）

(39) 同書。

(40) バンヴェニストは“religio”の形態を詳しく検討する過程で、その語が“ligare〈結びつける〉”によって説明することが可能かどうかについて、三つの事例をあげて比較しながら検証する。結果として、“religio”を“ligare〈結びつける〉”によって説明することはできず、最終的にはキケロ説が有力であるとする。

(41) バンヴェニスト、前掲書、二六三頁。

(42) 同、二五九頁。

(43) 長谷川洋三「『神の義』か『人間の理性』か(1)――古い知の枠組みは現代に通用するか」『早稲田社会科学総合研究』第三巻第一号所収、二〇〇二年、二二頁。

(44) 同前。

(45) バンヴェニスト、前掲書、二六三頁。

(46) Derrida, *FS*, p.58, *FK*, p.74.

(47) Michael Naas, *Miracle and Machine: Jacques Derrida and the Two Sources of Religion, Science, and the Media*, Fordham University Press, 2012, p.63.

(48) 応答や責任（応答可能性）の問題はデリダにおける倫理の問題に関わっており、本書では主題的に論ずることができない。これらの問題については別項で論じる予定である。

（49）ジュビレ・クレーマー『メディア、使者、伝達作用――メディア性の「形而上学」の試み』宇和川雄他訳、晃洋書房、二〇一四年、二二三頁。（Sybille Krämer, *Medium, Bote, Übertragung: Kleine Metaphysik der Medialität*, Sufrkamp Verlag, 2008.）

（50）またクレーマーによれば、この用法は「受信者でもあり送信者でもある、あるいは受信者と送信者の中間の位置」を占めるような両義性を担っていた。高津春繁はギリシア語文法における「中間態（中動相）」について次のように言っている。「態〔voices〕のうち middle（Lat. medium, これは μεσότης《中間であること》の訳）とはその動詞の主格が単なる動作者ではなくて、自分自身に対してなしたこと、自分のために、自分の所有物に対してしたこと、自分自身が感じたことなどを表わす」と言っている（高津春繁『ギリシア語文法』岩波書店、一九六〇年、一五八頁）。またマルティン・チエシュコは『古典ギリシア語文典』の中で、「中動相〔中間態〕は、行為の主体が自分自身の利益になるようにとの意図を持って何かを行うこと、または行為の対象が主体自身であることを表す」と説明している（マルティン・チエシュコ『古典ギリシア語文典』白水社、二〇一六年、二二八―二二九頁）。

（51）たとえば、「すべての人間は死ぬ（大前提）。私は人間である（小前提）。ゆえに、私は死ぬ（結論）」という三段論法を考えてみた場合、「人間」という概念は、「私」と「死ぬ」との関連性を確保し、結論を導くための媒介作用をもった中間概念として扱われる。

（52）またアリストテレスは、何かを見るためには「中間に介在する媒体によって作用を受ける」必要があることを指摘している。そして知覚的な中間（媒体）の特徴として「透明なもの（透明性）」を見出した（「魂について」『アリストテレス全集7』中畑正志訳、岩波書店、二〇一四年、九四―九九頁）。

（53）クレーマー、前掲書。

（54）「ヘブライ人への手紙」第九章第一五節『旧約聖書続編・新共同訳　聖書』〔新四一二〕、日本聖書協会、一九八七年。

（55）ちなみに旧約聖書のヘブライ語には、仲介者や仲裁者を指すギリシア語のメシテースに相当する語はないとのこと。厳密な意味での仲介者が描かれるようになったのは新約聖書以降のようである（Cf. X・レオン デュフール編『聖書思想事典』三省堂、二〇〇七年、五九三―五九四頁）。

（56）Derrida, *AANJ*, p.61.

（57）Jacques Derrida, 'I Have a Taste for the Secret' *A Taste for the Secret*, Polity, 2001, p.57.

（58）Derrida, *AANJ*, p.61.

（59）*ibid.*

(60) 「ヨハネによる福音書」第一章第一節~第一七節『聖書』。

(61) この語をめぐっては、デリダ研究者の中でも統一された訳語がなく、解釈が分かれるところである。東によれば、デリダは「spectre」だけでなく「revenant」も頻繁に用いており、両者はほぼ区別されていない。また「fantôme」「hantise」なども用いているが、それらにも大きな差異はない。以下、注（72）も参照されたい（Cf. 東浩紀『存在論的、郵便的――ジャック・デリダについて』新潮社、一九九八年、五四-五五頁）。

(62) Jacques Derrida, *Échographies de la télévision*, Galilée, 1996, p.129.（『テレビのエコーグラフィー』原宏之訳、NTT出版社、一八七頁。）なお、本書の邦訳版では、spectre が「幽霊」、revenant が「亡魂」、phantôme が「亡霊」と訳されている。その他の箇所についても、解釈が異なる部分に関しては適宜日本語訳を変えている。

(63) 原訳では「骨と肉をもって現前することがない身体の視覚性」と訳されている。原文では“la visibilité d'un corps qui n'est pas présent en chair et en os”となっており、“en chair et en os”は直訳すれば「骨と肉」だが、仏語イディオムで「直々に」「実物の」「まのあたりに」などの意味があるため、ここでは「なま身に」と訳した。なお、英語版でも“in flesh and blood”を使用している（Cf. *ibid.*, Jennifer Bajorek tr., *Echographies of Television*, polity, 2007, p.115.）。

(64) Jacques Derrida, *Spectres de Marx*, Galilée, 1993, p.202. Peggy Kamuf tr., *Specters of Marx*, Routledge, 1994, p.126.（『マルクスの亡霊たち』増田一夫訳、藤原書店、二〇〇七年、二六五頁。）（以下、仏：*SdM*、英：*SoM* と略記）

(65) Derrida, *SdM*, p.202, *SoM*, p.126.（邦訳、二六五頁。）

(66) Derrida, *SdM*, pp.202-203, *SoM*, p.126.（邦訳、二六五-二六六頁。）

(67) Derrida, *AANJ*, p.59.

(68) ただし、この著作でデリダが主に論じているのは「死を与える」ことをめぐって検討される「責任」や「秘密」の問題である。この問題については、本章の主旨から逸脱するので、別稿にて検討したい。

(69) Jacques Derrida, Donner la mort, *L'éthique du don Jacques Derrida et la pensée du don Colloque de Royaumont décembre 1990*, Métailié- Transition, 1992, p.39.（『死を与える』廣瀬浩司・林好雄訳、ちくま学芸文庫、二〇〇四年、七二頁。）またデリダはこの問いかけがヨーロッパの政治の本質そのもの、その未来に関わっていることを指摘している。

(70) エミール・バンヴェニスト、前掲書、二一四頁。あるいは、バンヴェニストも参照している、M・モース／A・ユベールによれば、「供犠」とは、「犠牲の聖化により、これを行う道徳的人格、または、この人格が関心をもつある種の対象の状態を変化せしめる宗教的行為である」（強調・モース／ユベール）（Marcel Mauss and Henri Hubert, *Sacrifice*, 1964.『供犠』小関藤一郎訳、法政大学出版局、一九八三／二〇〇七年）。両者の定義から分かることは、「sacrifice」には、神あるいは宗教的な意味が含まれているということである。これについては、言葉が持つ語源的な「意味」に根拠をもっていることに注意しなくてはならない。

（71）Derrida, Donner la mort, pp.18-19.（邦訳、二八頁。）

（72）この箇所はデリダの引用（*ibid.*, p.46.（邦訳、八八頁。））であるが、ハイデガーは『存在と時間』第四七節の中で、「いかなるひとも他者から彼の死亡を取り除いてやることはできないのである。誰かが『他者の代わりに死んでやる』ことなら、たしかにできはする。けれどもこのことは、つねに、『或る特定の事柄において』他者の代わりに犠牲になってやることにほかならない。だが、このように誰かの代わりに死亡してやるということが意味するのは、そのおかげで他者からその死がほんの少しでも取り除かれたということでは、けっしてありえない」と述べている（『存在と時間』原佑・渡辺二郎訳、中央公論社、一九八〇年、三九五頁）。

（73）*ibid.*, p.46.（邦訳、八八頁。）

（74）Derrida, *Donner le temps*, Galilée, 1991, p.26.

（75）*ibid.*, p.29. デリダの贈与論については以下も参照されたい（マルセル・エナッフ「純粋贈与のアポリアと相互性の狙い——デリダの『時間を与える』について」『デリダ：政治的なものの時代へ』所収、二〇一二年、一九七-二三一頁）。

（76）Derrida, Donner la mort, p.46.（邦訳、八八頁。）たとえば、デ・ヴリースは、レヴィナスの自己犠牲と倫理との関係について次のように指摘している。「他者の身代わりになることは、還元不可能な私のもの性（irreducible *mineness*）」によって特徴づけられ、「自己-犠牲〔供犠〕が普遍化不可能」であることを意味する。そして自己-犠牲〔供犠〕が、「〈他者が私の代理となる〉という要請は、私自身の利害（＝内存在）を倫理的状況の中に刻み込むことによって、倫理的状況を破壊してしまう」という根本的矛盾を含み持つことになるのである（Hent de Vries, *Religion and Violence*, The Johns Hopkins University Press, 2002, p.150.『暴力と証し』河合孝昭訳、月曜社、二〇〇九年、九〇頁）。

（77）Derrida, Donner la mort, p.62.

（78）前田護郎編『聖書 世界の名著13』中央公論社、一九七八／一九九八年、七六-九四頁参照。

（79）Derrida, Donner la mort, p.64.（邦訳、一三四頁。）

（80）田村均「自己犠牲の倫理学的分析」『名古屋大学文学部研究論集・哲学』四三巻、名古屋大学文学部、一九九七年、四二頁。

（81）さらに田村は、「犠牲」という言葉を使うことができるための必要条件として、「両立しえない二つの価値判断の枠組みが競合していて、その統合ができない場合のみ」であるとしている。田村が述べるように、何かを「犠牲にする」行為は、「両立しない二つの価値判断の枠組み」が同時に現れ、「二つの価値判断を統合」することができない状態で、ある決定が下されるような場面において発生する（田村均、前掲「自己犠牲の倫理学的分析」四三頁）。

（82）John D. Caputo, *The Prayers and Tears of Jacques Derrida*, Indiana University Press, 1997, p.203.

（83）Derrida, Donner la mort, p.90.（邦訳、一九五頁。）

（84）高橋哲哉『国家と犠牲』日本放送出版協会、二〇〇五年、二二八‐二三三頁。

（85）高橋哲哉『犠牲のシステム　福島・沖縄』集英社新書、二〇一二年、四二頁。

（86）Derrida, *SdM*, p.89, *SoM*, p.51.（邦訳、一二二頁。）

（87）デリダが亡くなった二〇〇四年に、マルジェルは「信仰と知」というデリダと同じタイトルの短い論考を書いている。その中で彼は、宗教が、「多様な生産によって、直接的ないしは間接的な消費によって、自らを世界化し、メディア化しつつ、これ以後、宗教はどこにもありかつどこにもないものとなる」と述べながら、宗教は、「自らをメディア化することにおいてしか、もはや社会的かつ政治的な意味をもつことがない」と指摘している（セルジュ・マルジェル「信仰と知——宗教的なものの本質、根本悪、近代という問い」『別冊　環　ジャック・デリダ一九三〇‐二〇〇四』西山達也訳、藤原書店、二〇〇七年、一七〇‐一八六頁。（Serge Margel 'Foi et savoir: L' essence du religieux, le mal radical et la question de la modernité', *L'Herne 83 Jacques Derrida*, Éditions de l'Herne, 2004, pp.261-268.)）。

（88）セルジュ・マルジェル、同前、一八四頁。

第3章

（1）Immanuel Kant, *Kritik der Urteilskraft*, in: *Kant's gesammelte Schriften*, Band V, 1790.（『カント全集８　判断力批判』牧野英二訳、岩波書店、一九九九年。）以下、『判断力批判』からの引用は、*KdU*と略する。

（2）Jacques Derrida, *La vérité en peinture*, champs essais, 1978.（『絵画における真理　上』高橋允昭・安部宏慈訳、法政大学出版局、一九九七年。）以下、『絵画における真理』からの引用は、*VP*と略する。なお、筆者は、デリダのテクストについてchamps essais版を用い、日本語訳については、訳者と解釈が異なる場合は、適宜訳しかえた。ちなみに同書は、序論に相当する「パス＝パルトゥー」のほかに、「パレルゴン」「＋R」「カルトゥーシュ」「返却」という四つの論考によって構成されている。管見に触れた限りでは、デリダ研究の中で『絵画における真理』全体を論じた研究論文は数少ない。その中でも上利博規「『絵画における真理』をめぐるデリダの言説」（二〇〇四）は完結していないものの、テクスト全体を網羅的に論じているという点で、無視できない先行研究である。また、「パレルゴン」の章は、次の四つの節からなっており、それぞれ、Ⅰ「レンム」、

Ⅱ「パレルゴン」、Ⅲ「純粋な切断の〈なしに〉」、Ⅳ「巨大なるもの」と名づけられ、デリダ独特の「趣味判断批判」解釈と、その脱構築が展開されている。

（3）Jonathan Culler, *On Deconstruction*, Cornell University Press, 1985, p.193.（邦訳、六七頁。）

（4）この語には、ほかにも「印づける、～を画する、特徴づける、書き込む、痕跡を残す」などの意味があり、多義的な言葉である。また後述するように、デリダが本書で注目している「線（trait）」という語も、「特徴」という意味がある。デリダはこれらの語を文脈に応じて多義的に用いている。そのため、本論文でも文脈に応じて訳し分けている。

（5）Derrida,*VP*, p. 81.（邦訳、一一三頁。）

（6）Cf. *Le Parergon*, in *Digraphe*, 2 et 3.（Jacques Derrida, "Economimesis," p.58.）『エコノミメーシス』の日本語版訳者・湯浅博雄によれば、一九七四年四月発行の *Digraphe* 誌第二号には、《Le Parergon》(pp.21-57) が、同年八月発行の同誌第三号には《Le sans de la coupure pure(Le Parergon Ⅱ)》(pp.5-31) が、それぞれ発表されている（『エコノミメーシス』六頁参照）。後日、これらは、『絵画における真理』に《Parergon》(「パレルゴン」) の第二章および第三章として収録された。

（7）ジャック・デリダ「他者の言語」『他者の言語』高橋允昭編訳、法政大学出版局、一九八九年、二八七頁。

（8）Immanuel Kant, *Die Religion innerhalb der Grenzen der bloßenVernunft*, in: *Kant's Gesammelte Schriften*, Herausgegeben von der Königlich Preußischen Akademie der Wissenschaften, Band Ⅵ. 1914.（『カント全集10　たんなる理性の限界内の宗教』北岡武司訳、岩波書店、二〇〇〇年。）以下、『宗教論』からの引用は、*RdG* と略する。

（9）Derrida, *VP*, p.6.（邦訳、四頁。）デリダが引用するセザンヌの原文は、すべて大文字で書かれている。

（10）つまり筆者は、デリダが、ジョン・ラングショー・オースティンに始まる「言語行為論（speech act theory）」を視野に入れて、「絵画における真理」の考察を行っていると考えている。というのも、この時期のデリダは、のちにJ・サールとの間で論争となったオースティン批判「署名・出来事・コンテクスト」（一九七二）を書いているからである（Cf. Jacques Derrida, 《Signature, événement, contexte,》in : *Marge de la philosophie*, Minuit,1972.）。

（11）〝絵画における真理とは何を意味するのか〟という問うとき、すでにその問いは言語的意味の問いに囚われているために、正確に言えば、「絵画における（絵画についての）」「問い」ではない。しかし、〈「絵画における真理」とは何なのか〉と問う以上、言語的な「問いの形式」を回避することはできない。これについては、第3節で詳述する。またデリダは、「絵画における」という固有言語には、「絵画の領域において」、「絵画に関しての」、「絵画に関する真理」、「絵画的芸術と呼ばれる芸術についての真実なるもの」の四つが考えられると言う。

（12）Derrida, *VP*, p.15.（邦訳、一九頁。）

(13) デリダ、前掲『他者の言語』三一三頁参照。

(14) 実は、デリダは、カントが用いている「パレルゴン」の実例をすべて扱っているわけではないことに注意したい。管見に触れた限りでは、カントは『人倫の形而上学』第二部「徳論の形而上学的定礎」の中でも「パレルゴン」という語を使用していた。具体的には、Ⅰ「倫理学的原理論」の「結び」の節で、「社交性の徳」について書かれた「補遺」の中に、「パレルゴン」という言葉が存在しているのである。この補遺の中でカントは、社交において「快適性、協調性、および相互の愛や尊敬を開発」することによって、「徳に優美さを添わせること」は、それ自体は徳の義務であるが、実際には「徳に似た仮象を与える補強物ないし付属物《パレルガ》」にすぎないと述べている。カントがそれを付属物と呼ぶのは、徳に優美さを添わせることが、世界の福祉を目的としているのではなく、たんに徳に似た仮象を与えることだからである。筆者の見解では、デリダが指摘した欠如の問題はこの場合にも該当しにくい。つまりここでのパレルガは、O・カスターが言うように、「まさに徳であるというわけではないが、ひとつのありうる付加物、ひとつの装飾、言ってみれば小さなプラス」である。つまり、ここで「パレルゴン」が欠如を補うための必要不可欠なものであると主張してしまうと、「徳に似た美しき仮象」を与えるものが徳にとって重要なものになってしまう。それはデリダとしてもカントとしても、都合の良いものとは言い難い。もちろんデリダの真意は定かでないが、この点を考慮することは無駄ではない。もちろん、デリダはそもそも「パレルゴン」という概念そのものが存在し得るのかということに対して疑問を呈していた。また、デリダにとって問題なのは、「パレルゴン」とされている対象物が、たんなる二次的な「付随物」であるだけでなく、エルゴン内部の構成要素を担っているということは忘れてはならない（Cf. Olivia Custer, *l'example de Kant*, Peeters Bvba, 2012.）。

(15) ただし、後に触れるように、実際には、カントは『人倫の形而上学』第二部「原理論の結語」でも、「パレルゴン」という語を使っている。

(16) Derrida, *VP*, pp.78-79.（邦訳、一一〇頁。）

(17) 「純粋」という語が示すように、純粋な趣味判断には、いかなる魅力や感動も付加されてはならない（*KdU*, S.223.（邦訳、八二－八三頁。））。しかし実生活においては、あるものが楽しみを与えたり、苦痛を与えたりと、諸判断を触発する事態は、つねに起こり得るのも事実である。そこでカントは、「ある対象または対象の表象の仕方について快適さないし不快適さ」を述べるような実質的な美感的判断（感官判断）を「経験的判断」、「美を述べる」形式的判断を「純粋判断」と呼び分けたのである。そしてカントは、形式的判断としての後者のみを、本来の純粋な趣味判断と規定した。趣味を判断する美感的判断の区分もまた、理論的判断と同様の区分の仕方に従っており、本来の趣味判断は、純粋判断のみとされるのである。

(18) Derrida, *VP*, p.59.（邦訳、八四頁。）

(19) 反省的判断力に対して「規定的判断力」の場合は、普遍的なものが予め与えられ、特殊的なものを普遍的なもののもとに包摂する。ちなみに、理論的判断力と道徳的判断力が規定的であるのに対し、第三批判で扱われる美感的判断力と目的論的判断力は反省的である。われわれは、「美しいものの分析論」においては、カントが「実例」を与えることによって、その内容を普遍化しようと試みていることに注意しなければならない。

(20) Derrida, *VP*, p.59.（邦訳、八四頁。）

(21) *ibid.*, p.60.（邦訳、八五頁。）

(22) H-G・ガダマー『哲学・芸術・言語』斎藤博他訳、未來社、一九七七年、一七二頁。

(23) Kant, *KdU*, S.226.（邦訳、八六頁。）

(24) *ibid.*, S.226.（邦訳、八六頁。）Derrida, *VP*, p.62.（邦訳、八七頁。）

(25) Derrida, *VP*, p.63.（邦訳、八八頁。）

(26) *ibid.*, p.69.（邦訳、九九頁。）

(27) Kant, *RdG*, S.94.（邦訳、三〇一頁。）

(28) *ibid.*, S.11.（邦訳、一七頁。）

(29) Derrida, *VP*, p.64.（邦訳、九〇頁。）

(30) Kant, *RdG*, S.52.（邦訳、七〇頁。）

(31) *ibid.*, S.52.（邦訳、七〇頁。）

(32) Derrida, *VP*, p.65.（邦訳、九二頁。）

(33) *ibid.*, p.65.（邦訳、九二頁。）

(34) Kant, *RdG*, S.52-53.（邦訳、七〇頁。）

(35) カントがこれらの「損失・不利益」を敢えて提示するのは、「純粋な理性による宗教」をより明確にしようとしたからにほかならない。つまり、宗教そのものや人間と神との関係、すなわち人間が神に対してどのように関係するかというその仕方に「批判」を向けることで、「純粋な理性による宗教」を見極めようとしたのである。カントは、「自らの限界を超え出てゆく理性が道を踏み外すこと」を危険な「損失＝欠如」として提示することで、純粋な宗教とそうでないものを明確に区分しようと試みたのである。

(36) Derrida, *VP*, p.69.（邦訳、九九頁。）

(37) *ibid.*, p.73.（邦訳、一〇三頁。）

(38) デリダの分析は、したがって、「少なくとも、そういうものがあるとすれば」という仮定のもとに行われる。デリダは、こうした「ひょっとしたらそれほど必然性のない二、三の実例にしつこく言いがかりをつけたりするこの私が、そもそも間違っている」と考える人に対して、次のように述べている。そうした異論は、そもそも第三批判の核心や根底が何であるかを人がすでに知っていることを前提としているのであり、第三批判の枠とその領域の境界を人がすでに看取していることを前提としていると（Derrida, *VP*, p.73.（邦訳、一〇二-一〇三頁。））。

(39) ちなみにデリダは、「美しいものの分析論」（第一章）に続く「崇高なものの分析論」（第二章）について、「美しいもののパレルゴンは存在しうるが、崇高なもののパレルゴンは存在しないようにみえる」と述べていた。そしてカントが「崇高なもの」を語るさいに言及した「巨大なるもの（Kolossalish）」に着目しながら、「巨大なるものはパレルゴンを排除する」と指摘していた。ここで注意したいのは、カントが、「崇高なものの理論」を「自然の合目的性の美感的判定のための単なる付録（Anhang）」にすぎないものとして位置づけていることである。またそのさいカントは、「付録」と表現しながら、「パレルゴン」の語を付記していない。デリダは直接的には触れていないが、筆者は、上記のデリダの言葉にそのヒントがあると考えている。なお、「Anhang」というドイツ語は、「パレルゴン」の意味とよく似ており、「付随、付加物、副次的な」という意味をもつドイツ語の常用語である。補足的に言えば、一八五一年に出版されたショーペンハウアーの『余録と補遺（*Parerga und Paralipomena*）』の時代において、ギリシア語は未だ親しみのない外来語であったと言う。そのことを考えれば、カントの時代において「パレルゴン」という語は、尚のこと珍しい言葉であったと言えるだろう。

(40) Derrida, *VP*, p.83.（邦訳、一一六頁。）

(41) *ibid.*, p.91.（邦訳、一二八頁。）「パレルゴン」論文の日本語訳では「あんよ車」と訳されているが、本章では、『純粋理性批判』（岩波書店）で用いられている「歩行器」の訳を採用した。

(42) カントは第三批判の中で、第一批判と第二批判が「超感性的なものを諸現象から分ける大きな裂け目によって、全面的に分離されている」と述べている（Kant, *KdU*, S. 195.（邦訳、四八頁。））。

(43) カントによれば、すべての心の能力ないし性能は、認識能力、快・不快の感情、欲求能力の三つに還元することができる。このとき、認識能力に対しては、悟性だけがアプリオリに立法的であり、欲求能力に対しては、理性だけがアプリオリに立法的である。そして判断力も、悟性や理性と同様に、それだけで一つのアプリオリな原理を含んでいる。自然美は、形式的（たんに主観的な）合目的性という概念の描出と見なすことができ、趣味によって（快の感情を介して美感的に）判定するのに対し、自然諸目的を実在的（客観的な）合目的性という概念の描出と見なすことができ、悟性と理性によって（諸概念に従って論理的に）判定する。

(44) Derrida, *VP*, p.45.（邦訳、六三頁。）

(45) *ibid.*, p.58.（邦訳、八二頁。）

(46) *ibid.*, pp.58-59.（邦訳、八二-八三頁。）

(47) ちなみに第三批判の中でデリダが分析するのは、第一編「美感的判断力の批判」だけである。なぜならデリダによると、カント自身が第三批判の「不十分な性格」は「美感的判断に関する批判に限られるもので、目的論的判断に関する批判にまでは及ばない」としているからである（Derrida, *VP*, p.51.（邦訳、六九頁。））。

(48) Kant, *KdU*, S.203.（邦訳、五五頁。）

(49) Derrida, *VP*, p.88.（邦訳、一二三頁。）

(50) Kant, *KdU*, S. 203.（邦訳、五五頁。）

(51) もちろん類比の原理は、伝統的にも演繹や帰納と並ぶ認識拡張の原理として重んじられてきたし、カント自身が複数の著作の中でも触れているように、その意味を承知していたことは言うまでもない。ちなみに『判断力批判』の中でカントは、「類比では判断力は二重の仕事を行う」としながら以下の二点をあげている。第一に、概念をある感性的直観の対象に適用し、第二にこの直観に対する反省のたんなる規則を、最初の対象がその象徴にすぎないまったく別の対象に適用する（§59）。また、§90では、類比（質的意味における）とは根拠と帰結（原因と結果）との間の関係の同一性である。それは、諸物の種別的差異や類似した諸帰結の根拠を含むような諸特性それ自体の種別的差異（言い換えればこの関係を離れて考察された）にもかかわらず生じる限りでの同一性である、と述べている。

(52) Stephen Watson, 'Regulations: Kant and Derrida at the End of Metaphysics', *Deconstruction and Philosophy*, The University of Chicago Press, 1987, p.80.

(53) 筆者の見解では、デリダはあえてカントの「概念に基づかない（nicht auf Begriffe gegründet）」という言葉を「概念なしに（sans concept）」という表現に読み替えている。それは、「パレルゴン」論考の中に所収される「純粋な切断の〈なしに〉」という節を論じるための戦略と思われる。本章ではカント解釈上、デリダの意図がズレない範囲で、「基づかない」と表記することにした。

(54) Derrida, *VP*, p.88.（邦訳、一二三頁。）

(55) *ibid.*, p.43.（邦訳、五九頁。）

(56) *ibid.*, p.80.（邦訳、一一二頁。）

(57) Kant, *KdU*, S. 211.（邦訳、六七頁。）

（58）また、カントはその少し後の箇所で、「客観についての諸概念に基づかない普遍性」が美感的であり、それが判断の主観的な量を含むにすぎないことを強調しながら、この普遍性を「共通妥当性」とも表現している。そして、趣味の判断のうちでは、「同時にあらゆるひとに対して妥当するとみなされるような、ある美感的判断の可能性」が、「普遍的賛成」として要請されるとしている。これは、趣味判断が、諸概念からひとの同意を期待するのではなく、人々の賛意から期待することに注意しなければならない。それゆえ、普遍的賛成は、一つの理念とされている（Kant, *KdU*, S. 214-216.（邦訳、七一–七四頁。））。

（59）Derrida, *VP*, p.91.（邦訳、一二七頁。）

（60）カントは引用の直前で次のように述べている。「もろもろの実例が判断力を鋭くするということは、これらの実例の唯一の偉大な効用でもある。というのは、悟性的洞察の正しさと精密さとに関しては、諸事例はむしろそうしたものを普通はいくらか妨害するからである」（Immanuel Kant, *Kritik der reinen Vernunft*, 1. Auflage 1781, *Kants gesammelte Schriften*, Hrsg. Von Königlich Preußischen Akademie der Wissenschaften, Band IV, Berlin, 1904-11, S.134.『カント全集4純粋理性批判　上』有福孝岳訳、岩波書店、二〇〇一年、二三八頁）。以下、『純粋理性批判』からの引用は、*KrV*と略する。

（61）ちなみに、青柳論文でも「パレルゴン」論文における「例」の問題を、「判断の補助車としての「例」」という項目で論じている。しかし、彼女の論述からは、デリダがなぜ「例（実例）」を第三批判から引き出してきたかを十分に理解しているようには見えない。というのも、青柳は、「「パレルゴン」では、「例」をめぐるデリダの考察がカントを援用しながら試みられている。（中略）カントの『判断力批判』を「例」という観点から評価するとともに、芸術（および文学）における「例」をそのほかの分野における「例」と対比して、二種の「例」を区別している点が興味深い」と述べ、「規定的な判断」と「反省的な判断」に言及している。筆者の見解では、先述の通り、デリダはたんに「例」をめぐる考察をするために「カントを援用」したのではない（Cf. 青柳悦子『デリダで読む『千夜一夜』——文学と範例性』新曜社、二〇〇九年）。

（62）Kant, *KrV*, S. 134.（邦訳、二三八頁。）

（63）Derrida, *VP*, p.91.（邦訳、一二九頁。）

（64）この「欠陥」ということに関連して、デリダは「パレルゴンの——喪に服すること。異他-触発のまったく他なるものと同じように、パレルゴンは、享受も概念もない快において、服喪の働きを、服喪の働きとしての労働一般を、挑発し、かつ制限画定する」と述べている。ここで示唆されているのは、「喪の作業」である。実は、デリダは「美しいものの分析論」の中で語られる「満足」について考察したさいも、喪の作業について触れていた。デリダによれば、「〜で楽しむ」という主観的な感情は、時間・空間の中に現実存在する何ものによっても生み出されることはないという意味で自己-触発（auto-affection）だが、se-plaire-á の á は、自己触発が直ちにおのれの内から外へ出ることを示してもいる。それゆえ純粋な異他-触発でもある。「まったく他なるものが、私から概念と同時に享受を剥奪しつつ、快でもって私を触発する」。そして「最も解消不可能な異他‐触発が最も閉じこもった自己‐触発に――内的・本質的に――住むわけである」（七八頁）。喪の作業は、自己‐触発および異他‐触発と密接な関連がある。本章では詳述できないが、『絵画における真理』の姉妹本とも言える「エコノミメーシス」でも喪の作業について言及がある。デリダの喪の作業に関する考察は、N・アブラハム／M・トローク『狼男の言語標本』の序文（デリダ）を参照されたい。

（65）Derrida, *VP*, p. 22.（邦訳、二九頁。）

（66）Jacques Derrida, *Du droit à la philosophie*, Galilée, 1990, p.424.（『哲学への権利Ⅱ』西山雄二他訳、みすず書房、二〇一四年、一四八頁。）

（67）Derrida, *VP*, p.25.（邦訳、三三頁。）

（68）Derrida, *Du droit à la philosophie*, p.424.（邦訳、一四八頁。）

（69）Derrida, *VP*, p.26.（邦訳、三四頁。）

（70）Dorothea Olkowski, 'Kolossos: The Measure of a Man's Cize', *Feminist Interpretations of Jacques Derrida*, Penn State University Press, 1997, p.216. われわれは、デリダが、かつてオースティンの言語行為論について、「署名・出来事・コンテクスト」（一九七二）の中で、詳細に論じたことは忘れるべきではない。

（71）*ibid.*

（72）Derrida, *VP*, p.7.（邦訳、四頁。）

（73）*ibid.*, p.7.（邦訳、五頁。）

（74）*ibid.*, p.7.（邦訳、五頁。）

（75）Derrida, *Du droit à la philosophie*, p.11.（邦訳、四頁。）

（76）*ibid.*, pp.15-16.（邦訳、八頁。）

（77）ドゥルシラ・コーネルは、「脱構築と呼ばれるようになったもの」を「The Philosophy of the limit」という名に呼び換えている。これは彼女の著作名としても用いられている。日本語版では「限界の哲学」と翻訳されているが、筆者の見解では「limit」のうちには境界という意味も含まれており、「限界＝境界」の意味だと考えている（Drucilla Cornell, *The Philosophy of the Limit*, Routledge, 1992, p.1f. Cf. J. Caputo, 'Dreaming of the Innumerable', *Derrida and Feminism: Recasting the Question of Woman*, Routledge, 1997, p.145.『限界の哲学』仲正昌樹訳、御茶の水書房、二〇〇七年）。

（78）Derrida, Economimesis, p.57.（邦訳、六頁。）

第4章

（1）Jacques Derrida, Economimesis, in *Mimesis des articulations*, Aubier-Flammarion, 1975, p.62.（『エコノミメーシス』湯浅博雄・小森謙一郎訳、未來社、二〇〇六年、一七頁。）

（2）デリダは「エコノミメーシス」論文で、「une politique」という語を用いている。この点については、すでに本書の序論で述べたように、その背景には「政治的なもの（le politique）」が念頭に置かれていると考えられる。

（3）Jacques Derrida, *op. cit.*, p.58.（邦訳、七頁。）

（4）Hannah Arendt, *Lectures on Kant's political philosophy*, R. Beiner (ed.), University of Chicago, 1982. 同書の邦訳は、現在では二種類存在する。浜田監訳版（H・アーレント／R・ベイナー編『カント政治哲学の講義』浜田義文監訳、法政大学出版局、一九八九／二〇〇九年）と仲正訳版（『完訳　カント政治哲学講義録』仲正昌樹訳、明月堂書店、二〇〇九年）である。本書では、両者の訳を参照したが、以下で邦訳頁を記すさいは仲正訳版のみを付した。

（5）Cf. *ibid.*, p.14.（邦訳、三〇頁。）

（6）*ibid.*, p.42.（邦訳、八〇頁。）

（7）さらにベイナーによれば、アーレントは「政治」を「暴露の行為」として定義している。しかもそれは、「現われの空間における自己暴露」である（ロナルド・ベイナー『政治的判断力』法政大学出版局、一九八八年、二六頁参照）。言い換えれば、アーレントにとって政治とは、「人々が自らの姿と行為とを公共の場ではっきりと示すことのできる、現われの空間を開示」するものである（ベイナー、一七頁）。ここで重要なのは、「公共の場」という語である。それというのも、アーレントは、カントの政治的思考にとって「公共性」という語が鍵概念の一つとなると考えているからだ。道徳の場合とは異なり、政治においてはすべてが「公的行為 *public* conduct」に拠っているのだ（Arendt, *op. cit.*, p.18.（邦訳、三六頁。））。

（8）アーレントについては以下の拙著も参照されたい。「第2章　ハンナ・アーレント――20世紀の暴力を『思考』した女《ひと》」『〈境界〉を生きる思想家たち』法政大学出版局、二〇一六年、二三―四九頁。

（9）「エコノミメーシス」論文は、カント第三批判研究だけでなく、デリダ哲学研究においてもあまり本格的に研究されてこなかった。その理由について、筆者なりに推測するならば、第一に、デリダの著作の中でも珍しく単行本として出版されておらず、そのために改訂されずに残されてしまったこと、第二に、一九七〇年代という、デリダの著作の中でも比較的初期に属しており、カント第三批判の読解・解釈に終始し、デリダの脱構築的解釈の真意が分かりにくいこと、第三に、ほぼ同時期に、デリダの第三批判論としての『絵画における真理』（一九七八）が単著として出版されており、そちらが重視されてしまったことなどが考えられる。しかし、筆者の理解では、「エコノミメーシス」論文は、『絵画における真理』と共に、たしかにカント美学論の脱構築という問題圏に属すると考えられるが、両者のテーマ・関心には微妙な偏差（ずれ）があることも事実である。それは、本書のテーマである〈ポリティカル・エコノミー〉に関する偏差であると言えるだろう。

（10）Derrida, *op. cit.*, p.58.（邦訳、七–八頁。）

（11）Cf. Immanuel Kant, ***Kritik der Urteilskraft***, in: ***Kant's gesammelte Scriften***, Hrg. Königlich Preußischen Akademie der Wisssenschaften. Band V, 1913, §43, §51.（『カント全集８　判断力批判　上』牧野英二訳、岩波書店、一九九九年、第四三節・第五一節参照。）以下、『判断力批判』からの引用は、***KdU*** と略する。

（12）Derrida, *op. cit.*, p.60.（邦訳、一四頁。）

（13）カント自身の言葉では、次のように述べている。「自由による生産、すなわちその働きの根底に理性を置く選択意志による生産だけが、技術と呼ばれるべきであろう」（Kant, *KdU*, §43.（邦訳、第四三節。））。

（14）Derrida, *op. cit.*, p.60.（邦訳、一二頁。）

（15）Cf. *ibid.*, p.61.（邦訳、一四頁参照。）その類似点としてデリダは、「自由の欠如、規定された合目的性、有用性、規範の有限性、理性を欠き想像力の戯れを欠いたプログラムの固定（"manque de liberté, finalité determinée, utilité, finituce du code, fixité du programme sans raison et sans jeu de l'imagination."）」（*ibid.*, p.61.（邦訳、一四頁。））などをあげている。

（16）*ibid.*, p.59.（邦訳、一〇頁。）

（17）Cf. Jacques Derrida, *La vérité en penture*, Flammarion, 1978, p.134.（デリダ『絵画における真理　上』高橋允昭・安部宏慈訳、法政大学出版局、一九九七年、一九〇頁参照。）

（18）Derrida, *op.cit.*, p.62.（邦訳、一七頁。）

（19）*ibid.*, p.58.（邦訳、七頁。）

（20）デリダは「エコノミメーシス」論文では、その後、バタイユの「エコノミー」論には言及せず、「口例性」というタイトルを設けて「口」にまつわる論点へと移動してしまう。「口例性」の節では、詩人の詩が言語に関わり、「類比《アナロジー》」の秩序が「口」をめぐるロゴスの問題へとつながることを指摘し、「吐き気」の問題へと向かっていく。さらにデリダは、カントの『人間学』を参照しながら、カントが述べる五感の階層秩序についても言及し、それを崇高論へと展開させる。この問題については、本章第3節で詳述する。

（21）吉田裕『バタイユ——聖なるものから現在へ』名古屋大学出版会、二〇一二年、三三二頁。

（22）Georges Bataille, *La part maudite*, Minuit, 1949(1967), p.79.（『呪われた部分』生田耕作訳、二見書房、一九七三年、三六頁。）

（23）*ibid.*, p.79.（邦訳、三五–三六頁参照。）

(24) 吉田、前掲書、一六頁。
(25) Georges Bataille, *Œuvres complètes de Georges Bataille*, V, 1987 p. 215.（『内的体験』出口裕弘訳、平凡社、一九九八―二〇〇二年、四〇九頁。）
(26) 以上のようなバタイユの思想の中でも、特に重要なのが「労働」の問題である。なぜなら、「労働という隷属的な活動が見出されるまでは、世界は聖なるものだった」とバタイユは考えるからである。つまり「労働」が起こる以前に、まずわれわれの頭の中には、「何かのために何かを作る」というアイデアが必要となる。そしてそれを達成させるためには、ある特定の時間、即座に利益を享受することを我慢するという意味で、自己の欲望をコントロールすることが必要となる。それゆえ「働く」ということは、理性の発生源だとバタイユは考えたのである（ミシェル・シュリヤ『G・バタイユ伝　下　一九三六―一九六二』西谷修他訳、河出書房新社、一九九一年、一七九頁）。バタイユが未来に希望をもつようなことは決してなかったにせよ、二つの大戦と冷戦の時代に生きてきた中で、救いや現世にまで無関心であったわけではない。バタイユにとって重要なのは、「今・ここ」という瞬間であり、その中に救いを求めることだった。『呪われた部分』で展開されるのは、戦争という暴力に満ちた近代社会への批判であり、人間の文化の根本的な問い直しと言える。
(27) Bataille, *La part maudite*, p.79.（邦訳、三五―三六頁。）
(28) Derrida, Economimesis, p.82.（邦訳、六八頁。）
(29) *ibid.*, p.82.（邦訳、六八頁。）
(30) Kant, *KdU*, S. 307.（邦訳、一九七―一九八頁。）
(31) *ibid.*, S.306.（邦訳、一九七―一九八頁。）
(32) Derrida, *op. cit.*, p.67.（邦訳、二八―二九頁。）
(33) *ibid.*, p.67.（邦訳、三〇頁。）
(34) *ibid.*, p.68.（邦訳、三一頁。）
(35) アリストテレス『詩学』1448b、『アリストテレス全集　17』所収、今道友信他訳、岩波書店、一九七二年、二二―二四頁。
(36) Derrida, *op.cit.*, p.68.（邦訳、三二頁。）
(37) Kant, *KdU*, S.318.（邦訳、二一四頁。）カントはこの節の中で「天才」の特異性を語り、表現における大胆さや普通の規則からの逸脱は天才には許されていることを積極的に語っている。
(38) Derrida, *op. cit.*, p.68.（邦訳、三一頁。）
(39) *ibid.*, p.68.（邦訳、三一頁。）

（40）*ibid.*, p.66.（邦訳、二七頁。）
（41）*ibid.*, p.67.（邦訳、二八頁。）
（42）このことは、カントの「視野の広い考え方」に関する牧野の指摘と密接な関わりがある。牧野はカントの「視野の広い考え方」とは、「たんに自分の心の中に他者の立場をよりよく想像する」というだけにとどまらず、そのためには「自己と他者との「立場交換」とそれが可能となる場所が確保されることが必要である」と述べている。しかもそれは、たんに「普遍的な視野の拡大」を意味するのではなく、「複数の他者との相乗的関係を原理上保持しうるものでなければならない」（牧野英二『遠近法主義の哲学』弘文堂、一九九六年、七四-七五頁）。
（43）Derrida, *op. cit.*, p.58.（邦訳、七頁。）
（44）*ibid.*, p.72.（邦訳、四二頁。）
（45）*ibid.*, p.71.（邦訳、四〇頁。）
（46）*ibid.*, p.82.（邦訳、六八頁。）
（47）*ibid.*, p.71.（邦訳、四〇頁。）
（48）*ibid.*, p.72.（邦訳、四二頁。）
（49）*ibid.*, p.71.（邦訳、四〇頁。）
（50）*ibid.*, p.72.（邦訳、四二頁。）
（51）*ibid.*, p.72.（邦訳、四三頁。）
（52）次章で検討するように、この語はデリダの造語であり、「範例性（exemplarité）」と「口唇性（oralité）」の合成語である。「エコノミメーシス」の日本語訳者の注によれば、後にデリダは「範例的口唇性（oralité exemplaire）」と言い換えている（邦訳、一〇六頁。）。

第5章

（1）本論文では紙幅の制約上、「喪（deuil, mourning）」のテーマまで触れることはできないが、デリダは「体内化」という言葉を、フロイトとは異なる仕方で用いている。「エコノミメーシス」論文とほぼ同時期に書かれた「FORS〔数々の裁き／を除いて〕」（一九七六）でも、デリダは「埋葬室《クリプト》」との関係で「体内化」について詳細に論じている。森村によれば、デリダは「体内化」としての「喪の作業」が『アポリア』としてしかあり得ない」ことを指摘する。つまり「喪の作業」とは、生者が死者を「体内化」する作業に〝失敗〟することで「喪の作業」としても〝失敗〟であるが、「死者」としての「他者」の〈他者性〉が維持されるという意味では、〝成功〟である（森村修「喪の倫理」『現象学会年報24』所収、二〇〇八年、二一頁）。

（2）このことは、ガダマーが「趣味」とは「社会的な現象」であると言ったり、アーレントが第三批判を政治化し公共性の問題を論じたりすることとは根本的に異なる（ガダマー『真理と方法1』轡田收訳、法政大学出版局、一九八六年、五一頁）。第三批判をめぐる、アーレントの政治的読解（カント講義）とデリダの脱構築的読解に関する筆者の解釈については、二〇一三年一〇月六日に開催された日本倫理学会第六四回大会にて口頭発表を行っている（『判断力批判』の「ポリティックス」と「エコノミー」の問題――デリダ「エコノミメーシス」を中心に）。そのため本稿では、この問題に触れないこととする。

（3）ただし、E・アントネリーは、『ならず者たち』でデリダが使用する自己免疫という語は、誤用であり歪曲であると批判している。彼の批判については別稿で検討する予定である（Emanuele Antonelli, “Transparency and the logic of auto-immunity”, in *Lebenswelt 1*, 2011, pp.127-139.）。もちろんデリダは、一九九四年イタリアで行われた会議においてすでに信の概念と自己免疫化の構造について論じている（Cf. Jacques Derrida, *Foi et savoir*, Points, 2001.）。サミール・ハダッドは、こうしたデリダの自己免疫概念に注目し、筆者と近しい関心領域（暴力や民主主義の問題）で自己免疫に関する論文を複数出している。これについても別稿で扱う（Cf. Samir Haddad, *Derrida and inheritance of democracy*, Indiana University Press, 2013.）。

（4）「触発」の問題は、当然カント研究の中でも取り上げられる。しかし本論文は、あくまでデリダの議論に従って考察するため、カント研究としての触発の問題には触れない。

（5）Jacques Derrida, Economimesis, in *Mimesis des articulations*, Aubier –Flammarion, 1975, p.73.（『エコノミメーシス』湯浅博雄・小森謙一郎訳、未來社、二〇〇六年、四七頁。）

（6）デリダが「消費」と「飲食・摂取」という語義をもつ“consommation”を用いていることに注意すべきだろう。デリダにとって、〈エコノミー的秩序〉の語彙としての「消費」と食や味覚に関わる「飲食・摂取」が同一語によって表現されていることを見逃さないのである。

（7）Derrida, Economimesis, p.79.（邦訳、六一頁。）

（8）*ibid.*, p.79.（邦訳、六二頁。）アレルギーの問題については、次節で触れる。

（9）Kant, *KdU*, S.232.（邦訳、九四頁。）

（10）Jacques Derrida, *La vérité en peinture*, Champs essays, 1978, p.60.（『絵画における真理』高橋允昭訳、法政大学出版局、一九九七年、八四頁。）

（11）Kant, *KdU*, S.307.（邦訳、一九九頁。）

(12) *ibid.*, S.308.（邦訳、二〇〇頁。）

(13) ちなみに青柳は、「デリダにとってカントは『範例性』の哲学の先駆者」であったと指摘している（青柳悦子『デリダで読む「千夜一夜」――文学と範例性』新曜社、二〇〇九年、五一頁）。ただし、この部分に関する青柳の指摘は、デリダの「パレルゴン」論文（『絵画における真理』所収）の読解によるものである。青柳は「デリダにおける『範例性』をめぐる考究の詳細な検討を課題」として、本書（六〇〇頁もの大著）を出版している。しかしながら、残念なことに、本書は「エコノミメーシス」論文について触れていないばかりか、デリダ文献一覧にも論文名を掲載していない。

(14) デリダは、「食べること」のテーマで、動物の犠牲を論じていた（Jacques Derrida,《Il faut bien manger》ou le calcul du sujet, in Points de suspension :Entretiens, Éditions Galilée, 1992, pp.269-301. デリダ「「正しく食べなくてはならない」あるいは主体の計算――ジャン＝リュック・ナンシーとの対話」『主体の後に誰が来るのか?』鵜飼哲訳、現代企画室、一九九六年、一四六―一八四頁。ナンシーとの対話は一九八九年に行われている）。また、下記も参照せよ。森村修「なぜ動物は犠牲にされるのか――デリダの「犠牲」論」東北大学哲学研究会編『思索』第四五号第一分冊、二〇一二年参照。

(15) Immanuel Kant, Anthropologie in pragmatischer Hinsicht, in *Kant's gesammelte Schriften*, Hrtg. von der Königlich Preußischen Akademie der Wissenschaften, Band VII, 1917, S.154.（『カント全集15　人間学』渋谷治美訳、岩波書店、二〇〇三年、六三頁。）

(16) デリダは「体内化」という言葉を、フロイトとは異なる仕方で用いている。森村によれば、デリダは「体内化」としての「喪の作業」が「アポリア」としてしかあり得ない」ことを指摘する。つまり「喪の作業」とは、生者が死者を「体内化」する作業に〝失敗〟することで「喪の作業」としても〝失敗〟であるが、「死者」としての「他者」の〈他者性〉が維持されるという意味では、〝成功〟である。森村が強調するように、「喪の作業」に失敗し「体内化」されない死者と共に生きることこそ、「アポリアの経験」であり、その中で生きることこそ、「われわれの記憶の中で「死せる生者＝生ける死者」としての他者を忘却しないための倫理」だからである（森村「喪の倫理」二一一頁）。

(17) 知野ゆり「第10章　カント哲学の食事作法：よく味わってから飲み込むこと」『食餌の技法――身体医文化論Ⅳ』所収、慶應義塾大学出版会、二〇〇五年、二四〇頁。

(18) ここで注意したいのは、デリダがフーコー訳の『人間学』を参照していることである。しかもデリダは、敢えてフーコーの訳を改訳しながら引用文を使用している。筆者は、このようなデリダの作業は、意図的あるいはイデオロギー的であると考えている。ただしこれに関する分析は、本書の主旨と異なるため別稿にゆずる。

(19) 筆者は、デリダの〈テクスト〉を〈倫理-政治的（ethico-political）〉に解読する。それは、P・チャーとS・ゲルラクが引用するデリダの『ならず者』（二〇〇三）に根拠を持っている。そこでデリダは次のように語っていた。「政治的なもの（the

political）についての思考はつねに差延についての思考であったし、差延についての思考はつねに政治的なものについての思考（the thinking *of* the political）であり、すなわち政治的なものの輪郭と限界＝境界についての思考であり、とりわけデモクラシーなるものの謎あるいはその自己免疫的なダブル・バインドをめぐる思考であった」（Pheng Cheah & Suzanne Guerlac ed., *Derrida and the Time of Political*, Duke University Press, 2009, p.39.『デリダ：政治的なものの時代へ』藤本一勇・澤里岳史訳、岩波書店、二〇一二年、八五頁）。われわれは、デリダが、「差延の思考（脱構築的思考）」が「政治的なものについての思考」であるだけでなく、「自己免疫的なダブル・バインドをめぐる思考」であることを認めていることに注意すべきだろう（強調・筆者）。

（20） Immanuel Kant, *Anthropologie in pragmatischer Hinsicht*, Meiner, 2000, pp.42-49.（『カント全集15』渋谷治美訳、岩波書店、二〇〇三年、六二-七〇頁。）以下、『人間学』からの引用は、*ApH* と略する。

（21） Kant, *ApH*, p.45.（邦訳、六五頁。）

（22） Derrida, Economimesis, p.84.（邦訳、七五頁。）

（23） *ibid.*, pp. 84-85.（邦訳、七五頁。）

（24） *ibid.*, p. 84.（邦訳、七五頁。）

（25） *ibid.*, p. 85.（邦訳、七六頁。）

（26） ヴァルデンフェルスも言うように、〈自分が話すのを聴くこと〉は、いかなるものにも比較され得ない純粋な自己-触発として現れる。〈自分が話すのを聴くこと〉と自己-触発との関係については、以下も参照。Bernhard Waldenfels, "Hearing Oneself Speaking: Derrida's Recording of the Phenomenological voice", *The Southern Journal of Philosophy (1993), Vol.XXXII*, University of Memphis, 2007.

（27） Derrida, Economimesis, p.67.（邦訳、二八頁。）

（28） *ibid.*, p.67.（邦訳、二八頁）

（29） Jacques Derrida, *La voix et le phénoméne*, Épiméthée, 1967, p.88-89.（『声と現象』林好雄訳、筑摩書房、二〇〇五年、一七六頁。）

（30） この語がギリシア語由来であるとはいえ、実際にアレルギーという言葉が医学用語として導入されたのは一九〇六年ピルケが"Allergy"という論文で紹介してからだった。つまり、カントの時代には、まだアレルギーという用語は使われていなかったことになる（アレルギーについては、以下を参照。A.B.Kay,100 years of 'Allergy'; can von Pirquet's word be rescued?, *Clinical and Experimental Allergy*, 36, Blackwell Publishing Ltd., 2006, pp.555-559. Allergy Immunology Consultants：http://www.allergyimmunology.com.au/）。

(31) Kant, *ApH*, p.48.（邦訳、六八頁。）

(32) *ibid.*, p.48.（邦訳、六八頁。）

(33) Cf. *ibid.*, p.157.（邦訳、六八頁参照。）

(34) Cf. *ibid.*, pp.42-49.（邦訳、六二-七〇頁参照。）

(35) Immanuel Kant, *Kritik der Urteilskraft*, in: *Kant's gesammelte Scriften*, Hrg. Königlich Preußischen Akademie der Wisssenschaften. Band V, (1790) 1913, S.312.（『カント全集 8 判断力批判 上』牧野英二訳、岩波書店、一九九九年、二〇五頁。）以下、『判断力批判』からの引用は、*KdU* と略する。

(36) 知野ゆり、前掲書、二三七頁。

(37) Derrida, Economimesis, p.92.（邦訳、九六頁。）

(38) 牧野英二『崇高の哲学』法政大学出版局、二〇〇七年、四二頁。

(39) 同書。

(40) Winfried Menninghaus, *Ekel: Theorie und Geschichte einer starken Empfindung*, Suhrkamp Verlag, Frankfurt am Main, 1999.（W・メニングハウス『吐き気』竹峰義和・知野ゆり・由比俊行訳、法政大学出版局、二〇一〇年、二三五頁。）

(41) デリダ「言葉から生へ」『別冊 環――ジャック・デリダ一九三〇-二〇〇四』所収、藤原書店、二〇〇七年、八三頁。

(42) Derrida, Economimesis, p.92.（邦訳、九〇頁。）

(43) 亀井大輔「歴史・出来事・正義――後期デリダへの一視点」『立命館文学 第六二五号』所収、二〇一二年二月、九七四頁。

(44) Derrida, Economimesis, p.79.（邦訳、六二頁。）メニングハウスによれば、〈吐き気を催させるもの〉を「近代的な趣味の指標として初めて規定した人物」のうちの一人であるF・シュレーゲルは、〈吐き気を催させるもの〉に向かう傾向を、芸術から自然に生じる「カタストロフ」であると考えていた。「近代における諸芸術の混乱や主観化が総じて『危機』として捉えられ、〈吐き気を催させるもの〉が『死にゆく趣味の断末魔の痙攣』であると見なされる」（W・メニングハウス、前掲『吐き気』二四〇頁）。

(45) カント研究者であり、メニングハウス『吐き気』の翻訳者の一人でもある知野は、カント研究がこれまで「吐き気」にほとんど興味をもたなかったことを指摘している。メニングハウスの翻訳が出て以降、国内でもそれをなぞる形でカントの「吐き気」に触れる研究書はあるが、知野ほどこだわって分析したものはあまりない。また知野は、ブルデューの解釈は「カントの『吐き気』に対する解釈としてはあまりに一面的である」ことを指摘しているが、デリダについては「この箇所の『吐き気』の重要性に気付いている」として評価している（知野ゆり「吐き気の哲学への助走――カントの場合――」『倫理学年報 第五二

集』日本倫理学会、二〇〇三年、六一-七四頁）。
（46）Kant, *KdU*, S.312.（邦訳、二〇五頁。）
（47）Derrida, Economimesis, p.89.（邦訳、八七頁。）
（48）Kant, *KdU*, S.312.（邦訳、二〇五頁。）
（49）Derrida, Economimesis, p.89.（邦訳、八八頁。）
（50）*ibid*., p.90.（邦訳、九一頁。）
（51）*ibid*., p.91.（邦訳、九二頁。）
（52）*ibid*., p.92.（邦訳、九六頁。）
（53）*ibid*., p.92.（邦訳、九六頁。）
（54）*ibid*., p.92.（邦訳、九六頁。）
（55）すでに第3章第4節で検討したように、「それは何であるのか」という「問いの形式」に取り込まれることによって、「言語のエコノミー」から逃れられなくなるのである。
（56）Cf. Derrida, Economimesis, p.93.（邦訳、九七頁参照。）
（57）また亀井は、前期デリダの批判対象が目的論にあると述べている（亀井、前掲書、九七三頁）。
（58）佐藤康邦『カント『判断力批判』と現代——目的論の新たな可能性を求めて』岩波書店、二〇〇五年、四頁。佐藤によれば、そのことでカントは、目的論と機械論との間の二律背反を克服しようとした。
（59）Kant, *KdU*, S. 248.（『判断力批判　上』一一七頁。）ここでカントが言う「端的に大（schlechthin gross）〔absolument grand（絶対的に大）〕」とは、大きさの量とは無縁であるにもかかわらず、デリダは後に『絵画における真理』の中で、「なぜ崇高は端的に大（l'absolument grand）であって絶対的に小（l'absolument petit）ではないのか」と問いを投げる。この問いは、大小を語るときに、われわれはそこに「絶対的に大きなものは絶対的に小さなものにまさるとするエコノミー」が含まれていると、デリダが考えるからである（Derrida, *La vérité en peinture*, pp. 156-157.（邦訳、二一九-二二〇頁。））。
（60）Kant, *kdU*, S. 312.（邦訳、二〇五頁。）
（61）亀井大輔、前掲「歴史・出来事・正義——後期デリダへの一視点」九七四頁。
（62）Derrida, Economimesis, p.93.（邦訳、九七頁。）デリダが、引用文の中で「（船舶）を立入検査する」「臨検する」「（予告なしに）検疫する」という意味を持つ“arraisonner”という言葉を敢えて用いていることに注意しよう。この語の語幹には、“raison”（理性・理由・良識）という語が隠されており、デリダは、外部からの異物の混入をチェックする「立ち入り検査」や、病原体の侵入に備える「検疫」が理性・良識に基づいてなされることを暗示していると解釈できる。

(63) Jacques Derrida, *La Dissémination*, du Seuil, 1972, pp.108-133.（「プラトンのパルマケイアー」『散種』藤本一勇訳、法政大学出版局、二〇一三年、一四六―一八三頁。）またエスポジトもこの語が、その起源からずっと「配慮＝治療」と「毒」という二重の意味を含んでいたことを指摘し、「近代の免疫化の流れは、このような矛盾を最大限に強化してしまったかのようである」と述べている（ロベルト・エスポジト『近代政治の脱構築――共同体・免疫・生政治』講談社、二〇〇九年、一五七頁）。

(64) Jacques Derrida, *Philosophy in a Time of Terror*, The University of Chicago, 2004, p.124.（「自己免疫：現実的自殺と象徴的自殺」『テロルの時代と哲学の使命』藤本一勇訳、岩波書店、二〇〇四／二〇〇六年、一九一頁。）

(65) *ibid.*, p. 115.（邦訳、一七七頁。）

(66) *ibid.*

(67) *ibid.*

(68) Jacques Derrida, *Voyous*, Galilée, 2003, p.208.（『ならず者』鵜飼哲・高橋哲也訳、みすず書房、二〇〇九年、二八八頁。）

(69) サミュエル・ウェーバー「ならず者民主主義・上」『みすず』五八三号、河野年宏・宮崎裕助訳、二〇一〇年六月、二九頁。

(70) エスポジト、前掲書、一五六頁。

(71) Derrida, Economimesis, p.59.（邦訳、七八頁。）

(72) *ibid.*, p.57.（邦訳、七四頁。）

結論

(1) デリダには『哲学の余白（Marges, de la philosophy）』（一九七二）という著作がある。フランス語の「marge」とは「余白」「欄外」などを意味するが、その形容詞としての「marginal」は「余白の」「辺縁の」という意味であり、英語の「マージナル（marginal）」と同義性を持つ。本書ではデリダの〈マージナル（辺縁）性〉にまで言及できなかったが、今後の課題としたい。

あとがき

本書は、二〇一六年九月に法政大学大学院国際文化研究科に提出し、翌二〇一七年三月に博士(国際文化)の学位を授与された博士論文の一部分、特にフランスの現代哲学者ジャック・デリダの思想に関わる部分について大幅に加筆・修正し、新たに一章を加えたものである。実際には法政大学に提出した筆者の博士論文は、デリダ思想に関わる第三部を含む全三部・一一章から構成されており、注を含めて三六万字にもなる大部なものである。それゆえ、本来であれば、読者諸氏には博士論文全三部・全一一章をすべて一読していただくことではじめて、筆者の博士論文の全容を理解していただけると信じている。

しかし、諸般の事情で、博士論文すべてを一冊にまとめて出版することが困難であることから、筆者にとって最も重要であり、且つ、現在進行中の研究とも関わりの深いデリダ思想に関わる第三部を先行させて出版することにした。それは、デリダ思想を論じた箇所が、博士論文執筆の根本的な動機であるだけでなく、筆者がめざす「間文化研究」にとって要となる研究だからである。また、当該研究の分野が、日進月歩で進展し、新しい解釈が次々と発表されており、筆者の研究もまたこうした研究の流れに棹さすことがめざされているからである。

参考までに、博士論文の概要について、左記に目次のみを示しておきたい。

一見して理解されるように、筆者の博士論文は、理論研究としては、デリダ哲学思想と田辺元の哲学を宗教の孕む暴力性を比較思想的に論じ、また実践的な研究としては、北アイルランド紛争に見られる具体的な国家の暴力性や宗教の持つ暴力性を例に取りながら公権力の暴力性を暴くことがめざされていた。筆者は、自らが所属していた法政大学国際文化研究科で理論と実践を連結させながら、暴力性の諸相を「間文化研究」という立場から論ずることを試みてきた。先に述べたように、筆者にとって理論的・哲学思想的研究は、あくまで理論編という一部にすぎない。筆者が博士論文の全容を理解していただきたいと記した所以である。

本書の各章の初出は、次の通りである。

序論
第1章　「デリダのラディカル無神論と自己免疫概念」比較思想学会、二〇一七年度第一回東京例会、二〇一七年一二月、於：大正大学。
第2章　「メディア化時代の『宗教』——デリダにおける『世界ラテン化』」『異文化』第一六号、法政大学国際文化学部編、二〇一五年四月。
第3章　「作品をめぐる〈境界〉と〈制度〉——デリダ『絵画における真理』の「パレルゴン」解釈を手がかりにして」『法政大学大学院紀要』第七七号、法政大学大学院編、二〇一六年一〇月。
第4章　「デリダ「エコノミメーシス」における「不可能なもの」——『判断力批判』のポリティックス」『現象学年報』第二九号、日本現象学会編、二〇一三年一一月。
「『判断力批判』の「ポリティックス」と「エコノミー」の問題——デリダ「エコノミメーシス」を中心に」第六四回日本倫理学会大会自由課題、二〇一三年一〇月六日、於：愛媛大学。
第5章　「デリダの趣味判断批判における『アレルギー』と『吐き気』の問題——カント『人間学』と五感のポリティックス」第七三回日本哲学会大会自由課題、口頭発表・二〇一四年六月二八日、於：北海道大学。
『異文化』第一七号、法政大学国際文化学部編、二〇一六年四月。

このたび、最初の単著を上梓するにあたり、筆者のこれまでの研究に至るまでの経緯を述べることをお許しいただきたい。筆者が宗教と暴力、テロリズムや公権力について、興味だけでなくそれらがどのように結びついているのかという問題に向かっていったのは、おそらく幼い頃からの関心による。その関心は、筆者がちょうど一〇歳のとき、自宅で一人留守番をしていたさいに、キリスト教系の布教者から天地創造を描いた一冊の絵本冊子を受け取ったことに端を発する。

しかし、なぜ天地創造の内容に興味を持ったのかは、今となってはほとんど思い出せない。それでも筆者は、そこに書かれていた天地創造という内容に疑問を感じた。そしてその疑問を解くために、筆者は、それから近所の教会に通うことにしたのだった。ただ中学受験を控えていたこともあって、教会には結局一年半ほどで通わなくなってしまった。それでもその間はほぼ毎週、説教を聞くために一人で教会へ通っていた。教会に通い、説教を聞けば聞くほど、その内容についてさまざまな疑問や、自分自身で考えることが増えていった。またそれまで意識していなかった宗教に関するニュースにも興味をもつようになった。

そして一四歳のとき、当時筆者が熱心に聞いていた音楽アーティストの曲を聞いたことをきっかけにして、北アイルランド紛争に関心をもつようになった。おそらく、その曲やそのアーティストがいなければ、筆者が宗教と暴力、テロリズムと公権力に関心をもつことはなかっただろう。

筆者がこうした問題に興味や関心をもつだけでなく、現実の世界の中で体験したことがさらに拍車をかけた。筆者が昭和女子大学の一年生のとき（実際には五修生という特別な制度を利用していたため学年は二年生だった）カリキュラムの一貫で、ボストンでの短期留学を経験した。そして現地に到着して六日後、二〇〇一年九月一一日、アメリカ同時多発テロに遭遇したのだった。何よりも衝撃的だったのは、筆者が滞在していたボストンから出発した飛行機が、ニューヨークのＷＴＣ（World Trade Center）のツインタワービルに突っ込み、タワーを倒壊させたことだった。その直後から、ボストンだけでなく、ニューヨークも含めてアメリカ全土が愛国心とキリスト教的な宗教一色になったように感じられた。この世界的大事件は、筆者のこれまで抱いていたアメリカに対するイメージを根底から覆してしまった。筆者はそれ以来、宗教と人間存在について深く考えさせられることになった。

筆者の抱いていたアメリカのイメージは、当時の一〇代の女の子が抱くそれとほとんど似たり寄ったりだった。そもそも今ほどインターネットも普及していないため、インターネットで情報収集をすることもなく、ハリウッド映画、ＭＴＶ、Billboardなどによって形作られたまさにイメージとしてのアメリカだった。

筆者は、九・一一を経験するまで、アメリカ合衆国が強固なキリスト教国家であることに気づかなかった。九・一一以後、テロリストがイスラム教徒らしいという情報が日増しに強調されるに連れて、ボストンの街中が熱狂的な愛国主義とファナティックなまでの信仰心による独特の雰囲気に包まれ始めた。筆者は、アメリカに対して、それまで経験したことのない強い違和感と妙な恐怖心すら抱いたことを今でも覚えている。筆者の考えでは、二一世紀という新しい時代とともに発生した新しいタイプのテロリズムは、メイフラワー号の訪れを想起させるほどにアメリカが根っからの宗教国家であることを露呈した。筆者が感じたのは、神を頂点とした巨大なキリスト教的な宗教共同体としてのアメリカが、三八〇年も昔のそれと異なっていたのは、大量破壊兵器を主軸とした軍事産業によって経済大国となり、自らが世界の頂点であるかのような存在になっていたことである。

その数年後、筆者は卒業論文で「宗教とテロリズム」を題材にして論文を書いた。ちょうどその当時、弟を亡くしたイスラム教徒の女性弁護士が自爆テロを起こした事件が話題になっていた。高学歴であり、且つ女性が自爆テロを起こしたことに、イスラム教徒をはじめ世界の多くの人々が衝撃を受けたように、筆者自身も大変なショックを受けた。宗教国家アメリカと九・一一によって引き起こされた戦争状態について注意を払ってこなかった。諸々の事情から、その後いったん就職したものの、先物取引業界に勤めていたこともあってか、筆者は資本主義社会がもたらす過剰な利益追求社会に疑問を感じるようになった。当時の日本社会では、相次ぐ残虐な出来事や陰惨な事件によって社会や人々がさまざまな仕方で傷つき、苦しみながら、悪い方向に変わっていくことに強い危機感を抱いていた。

そんなとき筆者を学問の道へと再び突き動かしたのは、先に述べたように、一四歳の幼い筆者を触発し、北アイルランド問題に執心させたアイルランド出身のＵ２というグループのボノの一言だった。「誰もが夢見ることはできるが、単に夢見るだけなら寝ていた方がよっぽどマシだ」。

読者諸氏にとってはたわいもない言葉かもしれないが、資本主義社会に疲弊しながらも、何もできない自分にある種の苛立ちを感じていた筆者を動かすには十分だった。筆者は彼の言葉から、物事をあれこれと考えることは重要であるが、考えているだけでは何も変わらないという、ごく当たり前のことを気づかされた。もちろん、筆者のような人間が、一朝一夕で社会を変えるほどの影響力をもつはずがない。しかし、力があろうとなかろうと、どのような人間であれ、何もしなければ、世の中は変わるはずがない。筆者が考える最も重要なことは、何ごとに対しても一歩でも前に踏み出し、小さなことでも何らかの努力をすることである。筆者は、アーレントが言うように、複数性の社会においては、人間関係の網の目の中で一人ひとりの思考と活動が派生的に力をもち得ると考える。アーレントは『人間の条件』の中で、次のように述べている。

> 人間が活動する能力を持つという事実は、本来は予想できないことも、人間には期待できるということ、つまり、人間は、ほとんど不可能な事柄をなしうるということを意味する。それができるのは、やはり、人間は一人一人が唯一の存在であり、従って、人間が一人一人誕生するごとに、なにか新しいユニークなものが世界にもちこまれるためである。(4)

彼女が言うように、一人ひとりのユニークな存在が言論や活動を通じて触れ合うとき、今まで存在しなかった新しい世界が生まれる。私たちは、えてして「暴力はなくならない、社会には必ず悪人がいる、私一人が動いても社会は変わらない」とうそぶきたくなる。たしかに、現実には暴力を根絶させることも、社会の中から極悪人を駆逐することはできないかもしれない。無駄な努力をするよりも、手っ取り早く諦めて、凶悪な殺人事件もエンタメニュースも、たんなる「情報」として聞き流し、私たちの日常生活とはかけ離れた世界の出来事だと思い込むことは必ずしも悪いことではない。そうする方が個人としての人生を楽しむには何事にも囚われず、煩わしくない生き方かもしれない。

しかし、筆者のような不器用で諦めの悪い人間は、自分では何もできないくせに何かをしたい、何かをしなければならないと考えては、自らの無力さを感じながら、モヤモヤとした遣る瀬ない気持ちが取り憑いてしまう。それでいて研究を続ければ続けるほど、モヤモヤ感が拡大することはあっても、一向に小さくなることはなかった。根っから気の弱い筆者は、そういう意味で暗い気持ちになることが多々あった。

それでも、自分がやると決めたことを成し遂げるためには、前に突き進むしかなかった。いつまでも劣等感に苛まれ、自己嫌悪に陥る筆者を何とかここまで引っ張ってくれたのは、ほかならぬ恩師・森村修先生である。先生は、いつまでも弱気で後ろばかりを気にしたり、周りのことに気を取られたり、俯いてばかりいた筆者を時折厳しく注意しながらも、「前だけを見なさい。上だけを見なさい。あなたならできる」と、何度も励まして下さった。森村先生や、筆者をこれまで学問的に導き支えて下さった諸先生方と比べても、筆者の研究などまだ緒に就いたばかりである。その意味で、筆者の研究はこれからが勝負である。

最後に、本書の完成に至るまでにお世話になった、多くの方々に感謝を述べておきたい。学位論文の主査を務めていただいた法政大学国際文化学部・国際文化研究科教授・森村修先生には、哲学的な訓練を受けたことのなかった筆者を哲学・倫理学研究向きに徹底的に改造するべく、手取り足取り長きにわたり熱血指導をしていただいた。ここに、深甚なる謝意を述べたい。森村先生には哲学のみならず、その博学多才な弁論から幅広い学問領域へのアプローチ方法や新しい世界観・思考力を養っていただいた。

また、副査を務めていただいた法政大学文学部・人文科学研究科（哲学専攻）教授・牧野英二先生には、哲学的には素人で、まったくの門外漢だった筆者を、快く大学院の博士ゼミに受け入れて下さり、いつでも他のゼミ生と同じように分け隔てなく熱心に、そして温かく指導して下さったことに心より感謝を申し上げたい。

博士課程での七年という長い間（森村先生には修士課程から博士課程まで九年間！）、両先生の熱心なご指導と支えなしには筆者の学位論文が完成することはなかっただろうし、現在も研究者として続けていくことはできなかったと思う。今、教壇に立って学生たちに何かしら哲学・倫理学を含めて思想的な事柄を教えることができるのも、両先生から滲み出ていた、哲学および学問に対する敬意と愛情を間近で見てきたからだと感じている。

また副査を務めて下さった松本悟先生（法政大学国際文化学部・国際文化研究科・教授）と佐々木一惠先生（法政大学国際文化学部・国際文化研究科・准教授）にも心からお礼を申し上げたい。松本先生には理路整然としたクリアなコメントをいただき、研究者としての視点だけでなく、より実践的な観点から考え直す重要性を教えていただいた。佐々木先生には修士の頃からお世話になり、学問的なご指導はもちろんのこと、弱気な筆者を度々励まして下さり元気とパワーをいただいた。

そして筆者が所属しているそれぞれの学会で貴重なアドバイスを下さった先生方、特に伊藤俊太郎先生（東京大学）、末木文美士先生（東京大学・国際日本文化研究センター）、野家啓一先生（東北大学）にもお礼を申し上げたい。また学会やその他の機会で学問的質問に付き合って下さったサイモン・クリッチリー教授（New York for Social Research）、嶺秀樹先生（関西学院大学）にもお礼を述べたい。

さらに、長い間、牧野先生の博士ゼミで共に学び、多くの助言や励ましを下さった伊藤直樹先生（法政大学）、齋藤元樹先生（高千穂大学）、鵜澤和彦先生（法政大学）、小野原雅夫先生（福島大学）、近堂秀先生（法政大学）、相原博先生（法政大学）、大森一三氏（法政大学）、高屋敷直広氏（法政大学）そして後輩の方々にもお礼を申し上げたい。牧野ゼミでの議論なしには、筆者の学位論文は完成しなかっただろう。そして何よりも、牧野ゼミの皆さんが温かく仲間に入れて下さったことは、筆者にとって掛け替えのない経験となった。

その他、国際文化研究科の諸先生方、先輩や後輩の方々、彩流社の竹内淳夫社長など、実に多くの方々に支えていただいた。そのすべてのお名前を記すことはできないが、ここに謹んで感謝の意を表したい。

また、突然のお願いにもかかわらず装丁のデザインを引き受けて下さったデザイナーの川村たつる先生、そして本書の出版を快諾して下さり、多くのご助言を下さった、北樹出版の古屋幾子氏に心よりお礼を申し上げたい。

そして最後に、これまで弱気な自分を影になり日向になりながらも、先の見えない研究活動を支え続けてきてくれたのは、母・みゆきである。さまざまなことで苦しい日々を過ごしているときでさえ、筆者が正社員としての身分を捨てて、大学院へ進学することを応援してくれ、いついかなるときでも、厳しくも全力の愛情で支えてくれた母には、娘として心の底から感謝しているし、母の娘であることを誇りに思っている。

研究書としては、まだまだ未完成であるけれども、拙い本書を母に捧げることをお許し願いたい。


なお本書は、二〇一八年度法政大学大学院博士論文出版助成を受けて出版される。関係者の皆様には、付記して感謝申し上げたい。

二〇一八年一〇月

■参考文献一覧

一次文献

（1）欧文文献

Amnesty International, *Report on Torture*, London: Gerald Duckworth & Co. Ltd., 1973.（ACT 10/001/1973）

Derrida, Jacques, *L' écriture et la différence*, Paris: Seuil, 1967.（『差異とエクリチュール』上巻、若桑毅他訳、法政大学出版局、一九七七年。同下巻、梶谷温子他訳、法政大学出版局、一九八三年。）

——*De la grammatologie*, Paris: Minuit, 1967.（『根源の彼方に――グラマトロジーについて』上巻、足立和浩訳、現代思潮社、一九七二年。同下巻、一九七四年。）

——*La voix et le phénomène. Introduction au problème du signe dans la phénoménologie de Husserl*, Paris: Press Universitaires de France, 1967.（『声と現象』林好雄訳、ちくま学術文庫、二〇〇五年。）

——*La Dissémination*, Paris: Seuil, 1972.（『散種』藤本一勇他訳、法政大学出版局、二〇一三年。）

——*Marges—de la philosophie*, Paris: Minuit, 1972.（『哲学の余白』上巻、高橋允昭・藤本一勇訳、法政大学出版局、二〇〇七年。同下巻、藤本一勇訳、法政大学出版局、二〇〇八年。）

——*Positions*, Paris: Minuit, 1972.（『ポジシオン』高橋允昭訳、青土社、一九八一年。）

——《Fors》, préface à Nicolas Abraham et Maria Torok, *Cryptonymie. Le Verbier de l'homme aux loups*, Paris: Aubier-Flammarion, 1976.（「Fors――ニコラ・アブラハムとマリア・トロークの角のある言葉」ニコラ・アブラハム／マリア・トローク『狼男の言語標本――埋葬語法の精神分析』港道隆訳、法政大学出版局、二〇〇六年。）

——*La carte poste- de Socrate à Freud et au-delà*, Paris: Flammarion, 1980.（『絵葉書I――ソクラテスからフロイトへ、そしてその彼方』若森栄樹・大西雅一郎訳、水声社、二〇〇七年。）

——*Glas*, Paris: Galilée, 1981.（部分訳「弔鐘」『批評空間』第二期・第一五–二〇、二二–二四号、第三期・第一–四号、鵜飼哲訳、太田出版、一九九七—二〇〇二年。）

——《Economimesis》In : *Mimesis—des articulations*, Paris: Aubier-Flammarion, 1975.（'Economimesis,' In: *Diacritics*, vol. 11, R. Klein tr., 1981.『エコノミメーシス』湯浅博雄・小森謙一郎訳、未來社、二〇〇六年。）

——*La vérité en peinture*, Paris: Flammarion, 1978.（*The truth in painting*, Geoff Benning and Ian McLeod tr., The University of Chicago Press, 1987.『絵画における真理』上巻、高橋允昭・阿部宏慈訳、法政大学出版局、一九九七年。同下巻、阿部宏慈訳、法政大学出版局、一九九八年。）

——*Signéponge*, Paris: Seuil, 1984.（『シニェポンジュ』梶田裕訳、法政大学出版局、二〇〇八年。）

——《Préjugés-devant la loi》In : Jean-François Lyotard et al., *La Faculté de juger*, Paris: Minuit, 1985.（「先入見——法の前に」『どのように判断するか——カントとフランス現代思想』宇田川博訳、国文社、一九九〇年。）

——*Parages*, Paris: Galilée, 1986.（『境域』若森栄樹訳、書肆心水、二〇一〇年。）

——*Derrida au Japon*.（『他者の言語——デリダの日本講演』高橋允昭編訳、法政大学出版局、一九八九年。）

——*Limited Inc*, Paris: Galilée, 1990.（『有限責任会社』高橋哲也他訳、法政大学出版局、二〇〇二年。）

——*Le problème de la genèse dans la philosophie de Husserl*, Paris: Press Universitaires de France, 1990.（『フッサール哲学における発生の問題』合田正人・荒金直人訳、みすず書房、二〇〇七年。）

——*L'autre cap*, Paris: Minuit, 1991.（『他の岬——ヨーロッパと民主主義』堅田研一訳、法政大学出版局、一九九三年。）

——*Donner le temps*, Paris: Galilée, 1991.

——*Spectres de Marx*, Paris: Galilée, 1993.（『マルクスの亡霊たち』増田一夫訳、藤原書店、二〇〇七年。）

——*Force de loi*, Paris: Galilée, 1994.（Force of Law: The "Mystical Foundation of Authority", Drucilla Cornell, Michel Rosenfeld and David Gray Carlson eds., in *Deconstruction and the Possibility of Justice*, tr., Mary Quaintance, Routledge, 1992.『法の力』堅田研一訳、法政大学出版局、一九九九年。）

——*Politiques de l'amitié*, Paris: Galilée, 1994.（『友愛のポリティックス』全二巻、鵜飼哲・大西雅一郎・松葉祥一訳、みすず書房、二〇〇三年。）

——*Apories. Mourir—s'attendre aux《limites de la vérité》*, Paris: Galilée, 1996.（『アポリア』港道隆訳、人文書院、二〇〇〇年。）

――*Le monolinguisme de l'autre—ou la prothèse d'origine*, Paris: Galilée, 1996.(『たった一つの、私のものではない言葉――他者の単一言語使用』守中高明訳、岩波書店、二〇〇一年。)

――《Foi et Savoir》aux limites de la simple raison, in *La Religion*, Paris: Seuil, 1996.("Faith and Knowledge: The Two Sources of 'Religion' at the Limits of Reason Alone", In: Gil Anidjar ed., *Acts of Religion*, London: Routledge, 2002.「信仰と知――たんなる理性の限界内における「宗教」の二源泉」『批評空間』第二期・第一一・一二・一三・一四号、松葉祥一・榊原達哉訳、太田出版、一九九六―一九九七年。「世紀と赦し」『現代思想』鵜飼哲訳、青土社、二〇〇〇年一一月号。)

――"Remarks on Deconstruction and Pragmatism", In Chantal Mouffe(ed.), *Deconstruction and Pragmatism*, London: Routledge, 1996.(「脱構築とプラグマティズムについての考察」シャンタル・ムフ編『脱構築とプラグマティズム――来たるべき民主主義』法政大学出版局、二〇〇二年。)

――*Deconstruction in a Nutshell : A Conversation with Jacques Derrida*, In: John D. Caputo(ed.), New York: Fordham University Press, 1997.(ジョン・D・カプート編『デリダとの対話――脱構築入門』高橋透他訳、法政大学出版局、二〇〇四年。)

――*Donner la mort, L'éthique du don Jacques Derrida et la pensée du don Colloque de Royaumont décemble 1990*, Paris: Métailié-Transition, 1999.(『死を与える』廣瀬浩司・林好雄訳、ちくま学芸文庫、二〇〇四年。)

――*Papier Machine*, Paris: Galilée, 2001.(『パピエ・マシン』上下巻、中山元訳、ちくま学芸文庫、二〇〇五年。)

――"Above All, No Journalists! ", *Religion and Media*, Stanford University Press, 2001.

――"I Have a Taste for the Secret", *A Taste for the Secret*, London: Polity, 2001.

――*Marx & Sons*, Paris: PUF-Galiée, 2002.(『マルクスと息子たち』國分功一郎訳、岩波書店、二〇〇四年。)

――*Voyous, Deux essays sur la raison*, Paris: Galilée, 2003.(『ならず者たち』鵜飼哲・高橋哲也訳、みすず書房、二〇〇九年。)

――Le《concept》du 11 septembre, avec Jürgen Habermas, Paris: Galilée, 2004.(「自己免疫――現実的自殺と象徴的自殺」ユルゲン・ハーバーマス/ジャック・デリダ/ジョヴァンナ・ボラッドリ『テロルの時代と哲学の使命』藤本勇一訳、岩波書店、二〇〇四年。)

（2）邦文文献

J・デリダ／P・パットン／T・スミス編『デリダ、脱構築を語る』谷徹・亀井大輔訳、岩波書店、二〇〇五年。

二次文献

（1）欧文文献

Altheide, David L. and Robert P. Snow, *Media Logic*, Thousand Oaks: Sage Publications, 1979.

Antonelli, Emanuele, "Transparency and the logic of auto-immunity", in *Lebenswelt 1*, 2011.

Arendt, Hannah, *The Human Condition*, Chicago: The University of Chicago Press, 1958.（『人間の条件』志水速雄訳、ちくま学芸文庫、一九九四／二〇〇四年。）

———*Eichmann in Jerusalem: A Report on the Banality of Evil*, London: Penguin Books, 1977/1994.（『イェルサレムのアイヒマン』大久保和郎訳、みすず書房、一九六九／一九九五年。）

———*Lectures on Kant's Political Philosophy*, Chicago: The University of Chicago Press, 1982.（『カント政治哲学の講義』浜田義文訳、法政大学出版局、一九八七年。『完訳　カント政治哲学講義録』仲正昌樹訳、明月堂書店、二〇〇九年。）

Austin, John Langshaw, *How to Do Things with Words*, Oxford: Oxford University Press, 1962.（『言語と行為』坂本百大訳、大修館書店、一九七八／一九八五年。）

Bataille, Georges, *La part maudite*, Paris: Minuit, 1967.（『呪われた部分』生田耕作訳、二見書房、一九七三／一九九五年。）

———*La limite de l'utile*, Paris: Gallimard, 1976.（『呪われた部分　有用性の限界』中山元訳、筑摩書房、二〇〇三年。）

Beardsworth, Richard, *Derrida & political*, London: Routledge, 1996.

Beiner, Ronald, *Political Judgment*, London: Methuen & Co. Ltd., 1982.（『政治的判断力』浜田義文訳、法政大学出版局、一九八八年。）

Bellaby, Ross W., *The Ethics of Intelligence*, London: Routledge, 2014.

Bennington, Geoffry, *Derrida*, Chicago: The University of Chicago Press, 1993.

Borradori, Giovanna, *Philosophy in a Time of Terror: Dialogues with Jurgen Habermas and Jacques Derrida*, Chicago: University of Chicago, 2003.（『テロルの時代と哲学の使命』藤本一勇・澤里岳史訳、岩波書店、二〇〇四年。）

Caputo, John D., *The Prayers and Tears of Jacques Derrida*, Bloomington: Indiana University Press, 1997.

———*On Religion*, London: Routledge, 2001.

———'Dreaming of the Innumerable', in *Derrida and Feminism: Recasting the Question of Woman*, London: Routledge, 1997.

Cheah, Pheng & Suzanne, Guerlac ed., *Derrida and the Time of Political*, Durham: Duke University Press, 2009.（『デリダ：政治的なものの時代へ』藤本一勇・澤里岳史訳、岩波書店、二〇一二年。）

Cornell, Drucilla, *The Philosophy of the Limit,* London: Routledge, 1992.（『限界の哲学』仲正昌樹訳、御茶の水書房、二〇〇七年。）

Cornell, Drucilla, Michel, Roseneld and David, Gray Carlso (eds.), *Deconstruction and the Possibility of Justice*, London: Routledge, 1992.

Courtine, Jean-François et Michel, Deguy al., *Du Sublime*, Paris: Éditions Berlin, 1988.（『崇高とは何か』梅木達郎訳、法政大学出版局、一九九九年。）

Critchley, Simon, "Appendix 2: Habermas and Derrida Get Married", in *The Ethics of Deconstruction: Derrida and Levinas*, 2nd Edition, Edinburgh: Edinburgh University Press, 1999.

Culler, Jonathan, *On Deconstruction*, Ithaca: Cornell University Press, 1985.

Custer, Olivia, *l' example de Kant*, Leuven: Peeters-Bibliothèque Philosophique de Leuven, 2012.

De Vries, Hent and Samuel, Weber, *Religion and Media*, Redwood City: Stanford University Press, 2001.

———*Religion and Violence,* Baltimore: Johns Hopkins University Press, 2002.

Dooley, Mark, *A passion for the impossible*, State University Plaza: State University of New York, 2003.

Fabbri, Lorenzo, *The Domestication of Derrida*, London: Continuum, 2008.

Foucault, Michel, *Introduction à l'Anthropologie*, Paris : Librairie Philosophique, 2008.

Gelven, Michael, 'Is sacrifice a virtue?', *The Journal of Value Inquiry* 22, DeKalb: Northern Illinois University Press,1988.

Haddad, Samir, *Derrida and inheritance of democracy*, Bloomington: Indiana University Press, 2013.

Hansen, Mark, *Embodying Technesis: Technology beyond Writing*, Ann Arbor: The University of Michigan Press, 2000.

Heidegger, Martin, *Der Ursprung des Kunstwerkes*, Stuttgart: Philipp Reclam Jun Verlag, GmbH, 1986.（『芸術作品の根源』関口浩訳、平凡社、二〇〇八／二〇一三年。）

———Sein und Zeit, Tübingen: Max Niemeyer, 1993.（『存在と時間』上・中・下、桑木務訳、岩波書店、一九六〇年。原佑・渡辺二郎訳、中央公論社、一九八〇年。）

Hjarvard, Stig, 'The Mediatization of Society' *Nordicom Review*, vol.29, No.2, 2008.

———'The mediatisation of Religion: Theorising religion, media and social change', *Culture and Religion*, vol.12, No.2, London: Routledge, 2011.

———*The Mediatization of Culture and Society*, London: Routledge, 2013.

Ignatieff, Michael, *Lesser Evil: Political Ethics in an Age of Terror*, Princeton: Princeton University Press, 2005.（『許される悪はあるのか?・テロの時代の政治と倫理』添谷育志・金田耕一訳、風行社、二〇一一年。）

Johnson, Christopher, *System and Writing in the Philosophy of Jacques Derrid*a, Cambridge: Cambridge University Press, 1993.

Kant, Immanuel, *Kritik der reinen Vernunft*, 1. Auflage 1781, In: *Kants gesammelte Schriften*. Hrsg. Von Königlich Preußischen Akademie der Wissenschaften, Band IV, Berlin, 1904-11.（『カント全集４　純粋理性批判』上下巻、有福孝岳訳、岩波書店、二〇〇一年。）

———*Kritik der Urteilskraft*, In: *Kants gesammelte Schriften*. Hrsg. Königlich Preußischen Akademie der Wissenschaften, Band V, Berlin, 1913.（『カント全集８　判断力批判』上下巻、牧野英二訳、岩波書店、一九九九年。）

———*Die Religion innerhalb der Grenzen der bloßen Vernunft*, In: *Kants gesammelte Schriften*. Herausgegeben von der Königlich Preußischen Akademie der Wissenschaften, Band VI, Berlin, 1914.（『カント全集10　たんなる理性の限界内の宗教』北岡武司訳、岩波書店、二〇〇〇年。）

———Anthropologie in pragmatischer Hinsicht, In: *Kants gesammelte Schriften*, Hrsg. von der Königlich Preußischen Akademie der Wissenschaften, Band VII, Berlin, 1917.（『カント全集15　人間学』渋谷治美訳、岩波書店、二〇〇三年。）

Kay, A.B., 100 years of 'Allergy'; can von Pirquet's word be rescued?, *Clinical and Experimental Allergy*, 36, Oxford: Blackwell Publishing Ltd., 2006.

Krämer, Sybille, *Medium, Bote, Übertragung: Kleine Metaphysik der Medialität*, Berlin: Suhrkamp Verlag, 2008.（『メディア、使者、伝達作

用——メディア性の「形而上学」の試み』宇和川雄他訳、晃洋書房、二〇一四年。）

Kluckhohn, Clyde and W. H. Kelly, "The Concept of Culture," In R. Linton (ed.), *The Science of Man in the World Crisis*, New York: Columbia University Press, 1945.

Krotz, Friedrich, 'A Concept with which to grasp media and societal change' *Mediatization: Concept, Changes, Consequences*, Bern: Peter Lang Publishing, 2009.

Lacoue-Labarthe, Philippe, et Jean-Luc, Nancy (ed.), *Les fins de l'homme : à partir du travail de Jacques Derrida*, Paris : Galilée, 1981.

Lacoue-Labarthe, Philippe, *La fiction du politique : Heidegger, l'art et la politique*, Paris: Christian Bourgois Editeur, 1988.

Livingstone, Sonia, "On the mediation of everything," *Journal of Communication*, 59 (1), 2008.

Lundby, Knut, *Mediatization: Concept, Changes, Consequences*, New York: Peter Lang Publishing, 2009.

Mall, Ram Adhar, *Intercultural Philosophy*, Lanham: Roman & Littlefield Publishers Inc., 2000.

May, Reinhard, *Heidegger's hidden sources: East Asian influences on his work*, London: Routledge, 1996.

Mauss, Marcel and Hubert, Henri, *Sacrifice*, Chicago: University of Chicago Press, Revised ed., 1981.（『供犠』小関藤一郎訳、法政大学出版局、一九八三／二〇〇七年。）

Mazzoleni, Gianpietro and Winfried, Schulz, '"Mediatization" of Politics: A Challenge for Democracy', *Political Communication*, 16:3, London: Routledge, 2010.

McCain, Kevin, *Thinking the Excess: Derrida's General Economy*, Montreal: Concordia University, 2006.

McDougall, J., *Media Studies: The Basics*, London: Routledge, 2012.

Mason, Mark, Exploring 'the Impossible': Jacques Derrida, John Caputo and the Philosophy of History, London: Routledge, 2006.

Mauro Sa Martino, Luis, *The Mediatization of Religion: When Faith Rock*s, Farnham: Ashgate Publishing Limited, 2013.

Menninghaus, Winfried, *Ekel: Theorie und Geschichte einer starken Empfindung*, Frankfurt am Main: Suhrkamp Verlag, Frankfurt am Main, 1999.（『吐き気』竹峰義和・知野ゆり・由比俊行訳、法政大学出版局、二〇一〇年。）

Merriam, Charles E., *Political Power: Its Composition and Incidence*, New York: Whittlesey House, McGraw-Hill, 1934.（『政治権力（下）』斉藤真・有賀弘訳、東京大学出版会、一九七三年。）

Moloney, Ed., *A Secret History of the IRA*, London: Penguin books, 2002.

Morgan, David, 'Mediation or mediatisation: The history of media in the study of religion', *Culture and Religion*, Col.12, No.2, London: Routledge, 2011.

Morton, Stephen, *Gayatri Chakravorty Spivak*, London: Routledge, 2003.(『ガヤトリ・チャクラヴォルティ・スピヴァク』本橋哲也訳、青土社、二〇〇五年。)

Mouffe, Chantal ed., *Deconstruction and Pragmatism*, London: Routledge, 1996.（C・ムフ編『脱構築とプラグマティズム』青木隆嘉訳、法政大学出版局、二〇〇二年。）

Naas, Michael, *Miracle and Machine: Jacques Derrida and the Two Sources of Religion, Science, and the Media*, New York: Fordham University Press, 2012.

Olkowski, Dorothea, 'Kolossos: The Measure of a Man's Cize', *Feminist Interpretations of Jacques Derrida*, University Park: Penn State University Press, 1997.

Partick, Morag, "Excess and Responsibility: Derrida's Ethico-Political Thinking), *Journal of the British Society for Phenomenology*, 28:2,1997.

Pogge, Thomas, "Preface," in: Thomas Pogge and Keith Horton(eds.), *Global Ethics: Seminal Essays, Global Responsibilities Vol.II*, St.Paul: Paragon House, 2008.

River, Charles ed., *The Islamic State of Iraq and Syria: History of ISIS/ ISIL*, CreatSpace Independent Publishing Platform, 2014.

Robertson, Roland 'Glocalization: Time- Space and Homogeneity-Heterogeneity', *Glogal Modernities*, Mike Featherstone ed., Thousand Oaks: SAGE Publications Ltd., 1995.

Rorty, Richard, *Consequences of pragmatism*, Minneapolis: The University of Minnesota Press, 1982.（『哲学の脱構築　プラグマティズムの帰結』新装版、室井尚他訳、御茶の水書房、一九八五／一九九四年。）

———*Contingency, Irony, Solidarity*, Cambridge: Cambridge University Press, 1989.(『偶然性・アイロニー・連帯』斎藤純一他訳、岩波書店、二〇〇〇年。)

———*Philosophy as cultural politics*, Cambridge: Cambridge University Press, 2007.（『文化政治としての哲学』冨田恭彦・戸田剛文訳、岩波書店、二〇一一年。）

Sallis John, (ed.), *Deconstruction and Philosophy,* Chicago: University of Chicago Press, 1987.

Sen, Amartya, *The Idea of Justice*, London: Penguin books, 2009.(『正義のアイディア』池本幸生訳、明石書店、二〇一一／二〇一二年。)

Spivak, Gayatri Chakravorty, “Limits and Openings of Marx in Derrida” In: *Outside in the Teaching Machine*, London: Routledge, 1993. (「デリダにおけるマルクスの限界と可能性」『現代思想――特集・スピヴァク――サバルタンとは誰か』二七巻-二八巻、長原豊訳、青土社、一九九九年。)

Strömbäck, Jesper, ‘Four Phases of Mediatization: An Analysis of the Mediatization of Politics, *International Journal of Press/ Politics,* 13 (3), Thousand Oaks: Sage Publications, 2008.

Strömbäck, Jesper and Frank, Esser, “Making sense of mediatization of politics”, *Journalism Studies*, London: Routledge, 2014.

Swearingen James, Joanne Cutting-Gray, *Extreme Beauty*, London: Continuum, 2002.

Thom, René, *Stabilité Structurelle et Morphogénèse, Essai d'une théorie générale des modéles,* Paris: Benjamin, 1972. (『構造安定性と形態形成』彌永昌吉・宇敷重広訳、岩波書店、一九八〇年。)

Tsudumi, Tsuneyoshi, Die Rahmenlosigkeit des japanischen Kunststils, In: *Zeitschrift für Ästhetik und allgemeine Kunstwissenschaft*, vol. 22, 1928.

Waldenfels, Bernhard, Hearing oneself speak: Derrida's recording of the phenomenological voice, *Jacques Derrida: Critical Assessments of Leading Philosophers*, London: Routledge, 2002.

Watson, Stephen, ‘Regulations: Kant and Derrida at the End of Metaphysics’, *Deconstruction and Philosophy*, Chicago: The University of Chicago Press, 1987.

Weingast, Barry R. and Donald A. Wittman, *The Oxford Handbooks of Political Economy*, Oxford: Oxford University Press, 2006.

Welsch, Wolfgang, *Ästhetisches Denken,* Berlin: Reclam, 1990. (『感性の思考』小林信之訳、勁草書房、一九九八年。)

Wicks, Robert L., *European Aesthetics*, London: Oneworld Publications, 2013.

Wijfjes, Huub, *Mediatization of Politics in History,* Leuven: Peeters Bvba, 2009.

(2) 邦文文献

相原博「カント『判断力批判』における「自然の解釈学」の意義」法政大学大学院、二〇一四年。

青柳悦子『デリダで読む「千夜一夜」——文学と範例性』新曜社、二〇〇九年。

上利博規「「絵画における真理」をめぐるデリダの言説」『人文論集』第五四号(2)、静岡大学、二〇〇四年一月。

——「非現前的表現としての自画像」第五五号(1)、静岡大学、二〇〇四年七月。

——『デリダ』清水書院、二〇一四年。

秋富克哉『芸術と技術　ハイデッガーの問い』創文社、二〇〇五年。

秋富克哉・関口浩他共編『ハイデッガー『存在と時間』の現在』南窓社、二〇〇七年。

淺野章「ハイデガーと宗教」『日本大学大学院総合社会情報研究科紀要』10号、二〇〇九年。

東浩紀『存在論的、郵便ジャック・デリダについて』新潮社、一九九八年。

アリストテレス「詩学」『アリストテレス全集17』今道友信・村川堅太他訳、岩波書店、一九七二年。

アルマン・ニヴェル『啓蒙主義の美学　ミメーシスからポイエーシスへ』神林恒道訳、晃洋書房、二〇〇四年。

アーレント・ハンナ『全体主義の起源3』大久保和郎・大島かおり訳、みすず書房、一九七四／二〇〇六年。

——『アーレント政治思想集成2』齋藤純一他訳、みすず書房、二〇〇二年。

——『思索日記Ⅰ　一九五〇-一九五三』青木隆嘉訳、法政大学出版局、二〇〇六年。

——『責任と判断』中山元訳、筑摩書房、二〇〇七年。

今村仁司『暴力のオントロギー』勁草書房、一九八二年。

——『排除の構造』青土社、一九八五年。

岩隈敏「実践的判断力について——カントにおける善と美（2）」『福岡大學人文論叢』三八(3)、福岡大学、二〇〇六年一二月。

——「カントにおける善と美」『福岡大学研究部論集A』人文科学編四、二〇〇四年九月。

岩野卓司「ジョルジュ・バタイユの「普遍経済（économie générale）」」『明治大学教養論集』通巻三九三号、二〇〇五年三月。

——『贈与の哲学 ジャン=リュック・マリオンの思想』明治大学出版会、二〇一四年。

上杉富之・佐山淳史編『グローカル研究の実践的展開：社会・文化のグローカル化に対応した研究・教育環境の整備』成城大学民俗学

研究所グローカル研究センター、二〇〇九年。

ウェルデニウス『ミメーシス――プラトンの芸術模倣説とその現代的意味』渡辺義治訳、未來社、一九八四年。

宇都宮芳明『カントと神――理性信仰・道徳・宗教』岩波書店、一九九八年。

エスポジト・ロベルト『近代政治の脱構築 共同体・免疫・生政治』岡田温司訳、講談社、二〇〇九年。

――『三人称の哲学 生の政治と非人称の思想』岡田温司監訳、講談社、二〇一一年。

エルンスト・H・ゴンブリッチ『規範と形式〔ルネサンス美術研究〕』岡田温司・水野千依訳、中央公論美術出版、一九九九年。

太田直道『カントの人間学――反省的判断論の構造と展開』晃洋書房、二〇〇五年。

小野寺功『絶対無と神』春風社、二〇〇二年。

小野原雅夫『判断力の問題圏』晃洋書房、二〇〇九年。

小田部胤久『芸術の逆説』東京大学出版会、二〇〇一年。

――『象徴の美学』東京大学出版会、一九九五年。

門屋秀一『カント第三批判と反省的主観性』京都大学学術出版会、二〇〇一年。

亀井大輔「歴史・出来事・正義――後期デリダへの一視点」『立命館文学』第六二五号、二〇一二年。

金田晋『芸術作品の現象学』世界書院、一九九〇年。

川崎修『ハンナ・アーレントの政治理論　アーレント論集Ⅰ』岩波書店、二〇一〇年。

――『ハンナ・アーレントと現代思想　アーレント論集Ⅱ』岩波書店、二〇一〇年。

――『政治的なるもの」の行方』岩波書店、二〇一〇年。

川谷茂樹「デリダの正義論――カント倫理学との対質」『北海道学園大学学園論集』第一四二号、二〇〇九年。

河本英夫・佐藤康邦編『感覚――世界の境界線』白菁社、一九九九年。

木幡順三『美意識の現象学――美学論文集――』慶応通信、一九八四年。

ギュンター・ペルトナー『美と合目的性』渋谷治美訳、晃洋書房、一九九六年。

クラウス・グリム『額縁の歴史』木村三郎・千速敏男監修、前掘信子訳、株式会社リブロポート、一九九五年。

小森謙一郎『デリダの政治経済学――労働・家族・世界』御茶の水書房、二〇〇四年。

佐々木雄大「〈エコノミー〉の概念史概説――自己と世界の配置のために」『ニュクス1』堀之内出版、二〇一五年。

佐藤康邦『カント『判断力批判』と現代――目的論の新たな可能性を求めて』岩波書店、二〇〇五年。

下河辺美知子「暴力と赦し――アレントからデリダをへて21世紀世界の新たなるレトリックを求めて」『人文・自然研究』一橋大学教育開発センター、二〇一一年。

シュミット・カール『政治的なものの概念』田中浩・原田武雄訳、未來社、一九七〇年。

『西洋美術研究』編集委員会『西洋美術研究 九号――特集 パレルゴン 美術における付随的なもの』三元社、二〇〇三年。

高津春繁『ギリシア語文法』岩波書店、一九六〇年。

高橋哲哉『国家と犠牲』日本放送出版協会、二〇〇五年。

――『犠牲のシステム 福島・沖縄』集英社新書、二〇一二年。

高橋允昭『デリダの思想圏』世界書院、一九八九年。

高峯一愚『カント判断力批判注釈』論創社、一九九八年。

竹内敏雄監修『講座＝美学新思潮4　芸術と技術』美術出版社、一九六六年。

多田富雄『免疫の意味論』青土社、一九九三年。

田島樹里奈「20世紀の暴力を「思考」した女」『〈境界〉を生きる思想家たち』法政大学出版局、二〇一六年。

立花史「デリダ美学の研究」『現代思想』四三巻二号、二月臨時増刊号、青土社、二〇一五年。

田村均「自己犠牲の倫理学的分析」『名古屋大学文学部研究論集・哲学』四三巻、名古屋大学文学部、一九九七年。

チエシュコ・マルティン『古典ギリシア語文典』平山晃司訳、白水社、二〇一六年。

知野ゆり「吐き気の哲学への助走――カントの場合――」『倫理学年報　第五二集』日本倫理学会、二〇〇三年。

――「第10章　カント哲学の食事作法：よく味わってから飲み込むこと」『食餌の技法――身体医文化論Ⅳ』所収、慶應義塾大学出版会、二〇〇五年。

寺田俊郎・舟場保之編著『グローバル・エシックスを考える――「九・一一」後の世界と倫理』梓出版社、二〇〇八年。

デリダ、ジャック「希望のヨーロッパ」『別冊　環　ジャック・デリダ一九三〇－二〇〇四』藤原書店、二〇〇七年。

中井正一『中井正一全集3』美術出版社、一九八一年。

中沢新一『フィロソフィア・ヤポニカ』集英社、二〇〇一年。

永田宏志『哲学と民主主義』古明地書店、一九四八年。

仲正昌樹『〝法〟と〝法外なもの〟――ベンヤミン、アーレント、デリダをつなぐポスト・モダンの正義論へ』御茶の水書房、二〇〇一年。

バウムガルテン『美学』松尾大訳、近代美学双書、一九八七年。

浜野喬士『カント『判断力批判』研究――超感性的なもの、認識一般、根拠』作品社、二〇一四年。

バンヴェスト・エミール『インド＝ヨーロッパ諸制度語彙集 Ⅱ王権・法・宗教』前田耕作監修、言叢社、一九八六年。

バーンスタイン・リチャード・J「第8章 アーレント」『根源悪の系譜――カントからアーレントまで』菅原潤訳、法政大学出版局、二〇一三年。

廣瀬浩司『デリダ きたるべき痕跡の記憶』白水社、二〇〇六年。

藤枝晃雄・谷川渥編著『芸術理論の現在』東信堂、一九九五年。

プーランツァス・ニコス『資本主義国家の構造Ｉ 政治権力と社会階級』田口富久治・山岸紘一訳、未來社、一九七八／一九八七年。

前田護郎編『聖書 世界の名著13』中央公論社、一九七八／一九九八年。

松本浩治『デリダ・感染する哲学――秘められた発生の問題』青弓社、一九九八年。

牧野英二「カントの共通感覚論」『カント読本』所収、法政大学出版局、一九八九／一九九四年。

――『遠近法主義の哲学』弘文堂、一九九六年。

――『崇高の哲学』法政大学出版局、二〇〇七年。

――『「持続可能性の哲学」への道――ポストコロニアル理性批判と生の地平』法政大学出版局、二〇一三年。

――「異文化間哲学における他者理解の課題――歴史と文化のハイブリッド化現象と境界をめぐって」多文化関係学会基調講演原稿、二〇一四年一一月九日。

マルセル・エナッフ「純粋贈与のアポリアと相互性の狙い――デリダの『時間を与える』について」『デリダ：政治的なものの時代へ』所収、二〇一二年。

三上真司『レリギオ〈宗教〉の起源と変様』横浜市立大学新叢書06、春風社、二〇一五年。

ミシェル・シュリヤ『G・バタイユ伝　下　一九三六—一九六二』西谷修他訳、河出書房新社、一九九一年。

宮坂和男『哲学と言語——フッサール現象学と現代の言語哲学』ナカニシヤ出版、二〇〇六年。

宮崎祐助「反復可能性の法——デリダ『有限責任会社』と行為遂行性の問題」『東洋大学教養学部哲学・科学史論叢第三号、二〇〇一年。

——「判断の崇高——カント『判断力批判』と美学の崩壊」『哲学・科学史論叢』第六号、東京大学教養学部哲学・科学史部会、二〇〇四年。

——『判断と崇高——カント美学のポリティクス』知泉書館、二〇〇九年。

森村修「友か敵か——デリダの「責任の無限性」について」『異文化8』法政大学国際文化学部、二〇〇七年。

——「喪の倫理」『現象学会年報24』現象学会、二〇〇八年。

——「『ヨーロッパ』という問題——テロルと放射能時代における哲学」『国際文化研究への道——共生と連帯を求めて』彩流社、二〇一三年。

山口功二他編『メディア学の現在』世界思想社、二〇〇七年。

山脇直司『グローカル公共哲学』東京大学出版会、二〇〇八年。

ヤング＝ブルーエル・エリザベス『ハンナ・アーレント伝』荒川幾男・原一子他訳、晶文社、一九九九年。

湯浅博雄『聖なるものと〈永遠回帰〉——バタイユ・ブランショ・デリダから発して』ちくま学芸文庫、二〇〇四年。

吉田裕『バタイユ　聖なるものから現在へ』名古屋大学出版会、二〇一二年。

米澤有恒『芸術を哲学する』世界思想社、一九九七年。

——『アートと美学』萌書房、二〇〇八年。

その他

（1）和文事典

有福孝岳・坂部恵他編『カント事典』弘文社、一九九七年。
木田元・野家啓一他編『現象学事典』弘文社、一九九四年。
デュフール・X・レオン編『聖書思想事典』三省堂、二〇〇七年。
廣松渉・子安宣邦他編『岩波 哲学・思想事典』岩波書店、一九九八年。

事項索引

ア行

カ行

サ行

タ行

人名索引

ア行

カ行

サ行

タ行

ナ・ハ行

マ行

ヤ・ラ・ワ行

著者略歴

田島　樹里奈（たじま　じゅりな）

1983年1月18日生まれ
2017年3月　法政大学大学院国際文化研究科 博士後期課程修了
　　　　　博士（国際文化）
現　　在　法政大学・法政大学大学院（兼任講師）、神奈川工科大学（非常勤講師）、
　　　　　日本女子大学（非常勤講師）

主要業績
論文
「デリダ「エコノミメーシス」における「不-可能なもの」――『判断力批判』のポリティックス」（『現象学年報』第29号）、「デリダと田辺における「犠牲」の思想」（『比較思想研究』第40号）、「芸術作品をめぐる〈境界〉と制度――デリダ『絵画における真理』の「パレルゴン」解釈を手がかりにして」（『法政大学大学院紀要』第77号）、「デリダの趣味判断批判における「アレルギー」と「吐き気」の問題――カント『人間学』と五感のポリティックス」（法政大学国際文化学部『異文化』第17号）

共著
「技術-情報社会における感性の喪失――ハイパー資本主義を問い直す」（『哲学の変換と知の越境』法政大学出版局）、「ハンナ・アーレント―― 20世紀の暴力を思考した女《ひと》」（『〈境界〉を生きる思想家たち』法政大学出版局）、「アートのポリティックス――北アイルランドにおける壁画の脱構築的読解」（『国際文化研究への道』彩流社）

デリダのポリティカルエコノミー　――パレルゴン・自己免疫・暴力

2019年 3 月25日　　初版第1刷発行

著　者　田　島　樹里奈

発行者　木　村　慎　也

・定価はカバーに表示　　印刷　日本ハイコム／製本　新里製本

発行所　株式会社　北樹出版

〒153-0061　東京都目黒区中目黒1-2-6

電話(03)3715-1525(代表)　FAX(03)5720-1488(代表)

ISBN978-4-7793-0592-4